《蘇州全書》編纂出版委員會 編

·禹貢長箋

蘇州全書

甲編

古吳軒出版社
蘇州大學出版社

圖書在版編目(CIP)數據

禹貢長箋 / (清) 朱鶴齡撰 . -- 蘇州 : 古吳軒出版社 : 蘇州大學出版社 , 2023.6
(蘇州全書)
ISBN 978-7-5546-2144-8

Ⅰ. ①禹… Ⅱ. ①朱… Ⅲ. ①歷史地理—中國—古代 ②《禹貢》—注釋 Ⅳ. ① K928.62

中國國家版本館 CIP 數據核字(2023)第 099063 號

責任編輯　黄菲菲
助理編輯　黄超群
裝幀設計　周　晨　李　璇
責任校對　李愛華

書　　名　禹貢長箋
撰　　者　〔清〕朱鶴齡
出版發行　古吳軒出版社
地址：蘇州市八達街118號蘇州新聞大厦30F　電話：0512-65233679
蘇州大學出版社
地址：蘇州市十梓街1號　電話：0512-67480030
印　　刷　常州市金壇古籍印刷廠有限公司
開　　本　889 × 1194　1/16
印　　張　42
版　　次　2023 年 6 月第 1 版
印　　次　2023 年 6 月第 1 次印刷
書　　號　ISBN 978-7-5546-2144-8
定　　價　360.00 元

《蘇州全書》編纂工程

總主編

曹路寶　吳慶文

學術顧問

（按姓名筆畫爲序）

王　芳　王　宏　王　堯　王　鍔　王紅蕾　王華寶　王爲松　王衛平
王餘光　王鍾陵　朱棟霖　朱誠如　任　平　全　勤　江慶柏　江澄波
汝　信　阮儀三　杜澤遜　李　捷　吳　格　吳永發　何建明　言恭達
沈坤榮　沈燮元　武秀成　范小青　范金民　茅家琦　周　秦　周少川
周國林　周勛初　周新國　胡可先　胡曉明　姜　濤　姜小青　韋　力
姚伯岳　馬亞中　袁行霈　華人德　莫礪鋒　徐　俊　徐　海　徐　雁
徐惠泉　徐興無　唐力行　陸振嶽　陸儉明　陳子善　陳正宏　陳尚君
陳紅彥　陳廣宏　黃愛平　黃顯功　崔之清　張乃格　張志清　張伯偉
張海鵬　葉繼元　葛劍雄　單霽翔　程章燦　程毅中　喬治忠　鄔書林
賀雲翱　詹福瑞　趙生群　廖可斌　熊月之　樊和平　劉　石　劉躍進
閻曉宏　錢小萍　戴　逸　韓天衡　嚴佐之　顧　薌

《蘇州全書》編纂出版委員會

主　任　金　潔　查穎冬

副主任　黃錫明　張建雄　王國平　羅時進

編　委（按姓名筆畫爲序）

丁成明　王　煒　王　寧　王忠良　王偉林　王稼句　王樂飛　尤建豐
卞浩宇　田芝健　朱　江　朱光磊　朱從兵　李　忠　李　軍　李　峰
李志軍　吳建華　吳恩培　余同元　沈　鳴　沈慧瑛　周生杰　查　焱
洪　曄　袁小良　徐紅霞　卿朝暉　高　峰　凌郁之　陳　潔　陳大亮
陳其弟　陳衛兵　陳興昌　孫　寬　孫中旺　黃啟兵　黃鴻山　接　曄
曹　煒　曹培根　張蓓蓓　程水龍　湯哲聲　蔡曉榮　臧知非　管傲新
齊向英　歐陽八四　潘志嘉　錢萬里　戴　丹　謝曉婷　鐵愛花

前言

中華文明源遠流長，文獻典籍浩如烟海。這些世代累積傳承的文獻典籍，是中華民族生生不息的文脉和根基。蘇州作爲首批國家歷史文化名城，素有『人間天堂』之美譽。自古以來，這裏的人民憑藉勤勞和才智，創造了極爲豐厚的物質財富和精神文化財富，使蘇州不僅成爲令人嚮往的『魚米之鄉』，更是實至名歸的『文獻之邦』，爲中華文明的傳承和發展作出了重要貢獻。

蘇州被稱爲『文獻之邦』由來已久，早在南宋時期，就有『吴門文獻之邦』的記載。宋代朱熹云：『文，典籍也；獻，賢也。』蘇州文獻之邦的地位，是歷代先賢積學修養、劬勤著述的結果。明人歸有光《送王汝康會試序》云：『吴爲人材淵藪，文字之盛，甲於天下。』朱希周《長洲縣重修儒學記》亦云：『吴中素稱文獻之邦，蓋子游之遺風在焉，士之嚮學，固其所也。』《江蘇藝文志·蘇州卷》收録自先秦至民國蘇州作者一萬餘人，著述達三萬二千餘種，均占江蘇全省三分之一强。古往今來，蘇州曾引來無數文人墨客駐足流連，留下了大量與蘇州相關的文獻。時至今日，蘇州仍有約百萬册的古籍留存，入選『國家珍貴古籍名録』的善本已達三百一十九種，位居全國同類城市前列。其中的蘇州鄉邦文獻，歷宋元明清，涵經史子集，寫本刻本，交相輝映。此外，散見於海内外公私藏家的蘇州文獻更是不可勝數。它們載録了數千年傳統文化的精華，也見證了蘇州曾經作爲中國文化中心城市的輝煌。

蘇州文獻之盛得益於崇文重教的社會風尚。春秋時代，常熟人言偃就北上問學，成爲孔子唯一的南方弟子。歸來之後，言偃講學授道，文開吴會，道啓東南，被後人尊爲『南方夫子』。西漢時期，蘇州人朱買臣負薪讀書，穹窿山中至今留有其『讀書臺』遺迹。兩晉六朝，以『顧陸朱張』爲代表的吴郡四姓涌現出大批文士，在不少學科領域都貢獻卓著。及至隋唐，蘇州大儒輩出，《隋書·儒林傳》十四人入傳，其中籍貫吴郡者二人；《舊唐書·儒學傳》三十四人入正傳，其中籍貫吴郡（蘇州）者五人。文風之盛可見一斑。北宋時期，范仲淹在家鄉蘇州首創州學，並延名師胡瑗等人教授生徒，此後縣學、書院、社學、義學等不斷興建，蘇州文化教育日益發展。故明人徐有貞云：『論者謂吾蘇也，郡甲天下之郡，學甲天下之學，人才甲天下之人才，偉哉！』在科舉考試方面，蘇州以鼎甲萃集爲世人矚目，清初汪琬曾自豪地將狀元稱爲蘇州的土産之一，有清一代蘇州狀元多達二十六位，占全國的近四分之一，由此而被譽爲『狀元之鄉』。近現代以來，蘇州在全國較早開辦新學，發展現代教育，涌現出顧頡剛、葉聖陶、費孝通等一批大師巨匠。中華人民共和國成立後，社會主義文化教育事業蓬勃發展，蘇州英才輩出、人文昌盛，文獻著述之富更勝於前。

蘇州文獻之盛受益於藏書文化的發達。蘇州藏書之風舉世聞名，千百年來盛行不衰，具有傳承歷史長、收藏品質高、學術貢獻大的特點，無論是卷帙浩繁的圖書還是各具特色的藏書樓，以及延綿不絕的藏書傳統，都成爲中華文化重要的組成部分。據統計，蘇州歷代藏書家的總數，高居全國城市之首。南朝時期，蘇州就出現了藏書家陸澄，藏書多達萬餘卷。明清兩代，蘇州藏書鼎盛，絳雲樓、汲古閣、傳是樓、百宋一廛、藝芸書舍、鐵琴銅劍樓、過雲樓等藏書樓譽滿海内外，彙聚了大量的珍貴文獻，對古代典籍的收藏保護厥功至偉，亦於文獻校勘、整理裨益甚巨。《舊唐書》自宋至明四百多年間已難以考覓，直至明嘉靖十七年（一五三八），聞人詮在蘇州爲官，搜討舊籍，方從吴縣王延喆家得《舊唐書》『紀』和『志』部分，從長洲張汴家得《舊唐書》『列傳』部分，『遺籍俱出宋時模板，旬月之間，二美璧合』，于是在蘇州府學中椠刊，《舊唐書》自此得以彙而成帙，復行於世。清代嘉道年間，蘇州黄丕烈和顧廣圻均爲當時藏書名家，且善校書，『黄跋顧校』在中國文獻史上影響深遠。

蘇州文獻之盛也獲益於刻書業的繁榮。蘇州是我國刻書業的發祥地之一，早在宋代，蘇州的刻書業已經發展到了相當高的水平，至今流傳的杜甫、李白、韋應物等文學大家的詩文集均以宋代蘇州官刻本爲祖本。宋元之際，蘇州磧砂延聖院還主持刊刻了中國佛教史上著名的《磧砂藏》。明清時期，蘇州成爲全國的刻書中心，所刻典籍以精善享譽四海，明人胡應麟有言：『凡刻之地有三，吴也、越也、閩也。』他認爲『其精，吴爲最』，『其直重，吴爲最』。又云：『余所見當今刻本，蘇常爲上，金陵次之，杭又次之。』清人金埴論及刻書，仍以胡氏所言三地爲主，則謂『吴門爲上，西泠次之，白門爲下』。明代私家刻書最多的汲古閣、清代坊間刻書最多的掃葉山房均爲蘇州人創辦，晚清時期頗有影響的江蘇官書局也設於蘇州。據清人朱彝尊記述，汲古閣主人毛晉『力搜秘册，經史而外，百家九流，下至傳奇小説，廣爲鏤版，由是毛氏鋟本走天下』。由於書坊衆多，蘇州還產生了書坊業的行會組織崇德公所。明清時期，蘇州刻書數量龐大，品質最優，裝幀最爲精良，爲世所公認，國内其他地區不少刊本也都冠以『姑蘇原本』，其傳播遠及海外。

蘇州傳世文獻既積澱着深厚的歷史文化底蘊，又具有穿越時空的永恒魅力。從范仲淹的『先天下之憂而憂，後天下之樂而樂』，到顧炎武的『天下興亡，匹夫有責』，這種胸懷天下的家國情懷，早已成爲中華民族精神的重要組成部分，傳世留芳，激勵後人。南朝顧野王的《玉篇》，隋唐陸德明的《經典釋文》、陸淳的《春秋集傳纂例》等均以實證明辨著稱，對後世影響深遠。明清時期，馮夢龍的《喻世明言》《警世通言》《醒世恒言》，在中國文學史上掀起市民文學的熱潮，具有開創之功。吴有性的《温疫論》、葉桂的《温熱論》，開温病學研究之先河。蘇州文獻中蘊含的求真求實的嚴謹學風、勇開風氣之先的創新精神，已經成爲一種文化基因，融入了蘇州城市的血脉。不少蘇州文獻仍具有鮮明的現實意義。明代費信的《星槎勝覽》，是記載歷史上中國和海上絲綢之路相關國家交往的重要文獻。鄭若曾的《籌海圖編》和徐葆光的《中山傳信録》，爲釣魚島及其附屬島嶼屬於中國固有領土提供了有力證據。魏良輔的《南詞引正》、嚴澂的《松絃館琴譜》、計成的《園冶》，分别是崑曲、古琴及園林營造的標志性成果，這些藝術形式如今得以名列世界文化遺産，與上述名著的嘉惠滋養密不可分。

維桑與梓，必恭敬止；文獻流傳，後生之責。蘇州先賢向有重視鄉邦文獻整理保護的傳統。方志編修方面，范成大《吳郡志》爲方志創體，其後名志迭出，蘇州府縣志、鄉鎮志、山水志、寺觀志、人物志等數量龐大，構成相對完備的志書系統。地方總集方面，南宋鄭虎臣輯《吳都文粹》、明錢穀輯《吳都文粹續集》、清顧沅輯《吳郡文編》先後相繼，收羅宏富，皇皇可觀。常熟、太倉、崑山、吳江諸邑，周莊、支塘、木瀆、甪直、沙溪、平望、盛澤等鎮，均有地方總集之編。及至近現代，丁祖蔭彙輯《虞山叢刻》《虞陽説苑》，柳亞子等組織『吳江文獻保存會』，爲搜集鄉邦文獻不遺餘力。江蘇省立蘇州圖書館於一九三七年二月舉行的『吳中文獻展覽會』規模空前，展品達四千多件，並彙編出版吳中文獻叢書。然而，由於時代滄桑，圖書保藏不易，蘇州鄉邦文獻中『有目無書』者不在少數。同時，囿於多重因素，蘇州尚未開展過整體性、系統性的文獻整理編纂工作，許多文獻典籍仍處於塵封或散落狀態，没有得到應有的保護與利用，不免令人引以爲憾。

進入新時代，黨和國家大力推動中華優秀傳統文化的創造性轉化和創新性發展。習近平總書記强調，要讓收藏在博物館裏的文物、陳列在廣闊大地上的遺産、書寫在古籍裏的文字都活起來。二〇二二年四月，中共中央辦公廳、國務院辦公廳印發《關於推進新時代古籍工作的意見》，確定了新時代古籍工作的目標方向和主要任務，其中明確要求『加强傳世文獻系統性整理出版』。盛世修典，賡續文脉，蘇州文獻典籍整理編纂正逢其時。二〇二二年七月，中共蘇州市委、蘇州市人民政府作出編纂《蘇州全書》的重大決策，擬通過持續不斷努力，全面系統整理蘇州傳世典籍，着力開拓研究江南歷史文化，編纂出版大型文獻叢書，同步建設全文數據庫及共享平臺，將其打造爲彰顯蘇州優秀傳統文化精神的新陣地，傳承蘇州文明的新標識，展示蘇州形象的新窗口。

『睹喬木而思故家，考文獻而愛舊邦。』編纂出版《蘇州全書》，是蘇州前所未有的大規模文獻整理工程，是不負先賢、澤惠後世的文化盛事。希望藉此系統保存蘇州歷史記憶，讓散落在海内外的蘇州文獻得到挖掘利用，讓珍稀典籍化身千百，成爲認識和瞭解蘇州發展變遷的津梁，並使其中藴含的積極精神得到傳承弘揚。

觀照歷史，明鑒未來。我們沿着來自歷史的川流，承荷各方的期待，自應負起使命，砥礪前行，至誠奉獻，讓文化薪火代代相傳，並在守正創新中發揚光大，爲推進文化自信自强、豐富中國式現代化文化内涵貢獻蘇州力量。

《蘇州全書》編纂出版委員會

二〇二二年十二月

凡例

一、《蘇州全書》（以下簡稱『全書』）旨在全面系統收集整理和保護利用蘇州地方文獻典籍，傳播弘揚蘇州歷史文化，推動中華優秀傳統文化傳承發展。

二、全書收録文獻地域範圍依據蘇州市現有行政區劃，包含蘇州市各區及張家港市、常熟市、太倉市、崑山市。

三、全書着重收録歷代蘇州籍作者的代表性著述，同時適當收録流寓蘇州的人物著述，以及其他以蘇州爲研究對象的專門著述。

四、全書按收録文獻内容分甲、乙、丙三編。每編酌分細類，按類編排。

（一）甲編收録一九一一年及以前的著述。一九一二年至一九四九年間具有傳統裝幀形式的文獻，亦收入此編。按經、史、子、集四部分類編排。

（二）乙編收録一九一二年至二〇二一年間的著述。按哲學社會科學、自然科學、綜合三類編排。

（三）丙編收録就蘇州特定選題而研究編著的原創書籍。按專題研究、文獻輯編、書目整理三類編排。

五、全書出版形式分影印、排印兩種。甲編書籍全部采用繁體豎排；乙編影印類書籍，字體版式與原書一致；乙編排印類書籍和丙編書籍，均采用簡體横排。

六、全書影印文獻每種均撰寫提要或出版説明一篇，介紹作者生平、文獻内容、版本源流、文獻價值等情况。影印底本原有批校、題跋、印鑒等，均予保留。底本有漫漶不清或缺頁者，酌情予以配補。

七、全書所收文獻根據篇幅編排分册，篇幅適中者單獨成册，篇幅較大者分爲序號相連的若干册，篇幅較小者按類型相近原則數種合編一册。數種文獻合編一册以及一種文獻分成若干册的，頁碼均連排。各册按所在各編下屬細類及全書編目順序編排序號。

禹貢長箋

〔清〕朱鶴齡　撰

據上海圖書館藏稿本影印。

提要

《禹貢長箋》十二卷，清朱鶴齡撰。

朱鶴齡（一六〇六—一六八三），字長孺，號愚庵，别號松陵散人。明末清初吳江人。明末諸生，爲人耿介，嫉惡如仇，嗜古若渴。入清後絶意仕進，屏居著述。初爲文章之學，箋疏杜甫、李商隱二家詩作，名重一時。及與顧炎武爲友，入驚隱詩社，乃致力經學，能兼采漢、宋，撰述頗豐。著有《尚書埤傳》《詩經通義》《愚庵小集》等。

《禹貢》係《尚書》中一篇，詳載上古政治制度、九州劃分及山川物産等情況，爲我國現存最早地理學名篇。宋元以後，學者從地理學角度研究《禹貢》，使之逐漸獨立於《尚書》之外，成爲專門之學，成果蔚爲大觀。此書定名『長箋』，乃詳加箋注之義。此書裒輯孔安國《傳》、孔穎達《疏》等前賢成説，詳加疏通，依次詮解，間申己説，一編在手，前代諸家之説，眉目清晰可見。書前列《禹貢全圖》等二十五圖，有目無圖。清人胡渭《禹貢錐指》步趨其後，可見《禹貢長箋》無愧爲清初《禹貢》研究之代表性著述。

此書雖未經刊刻，以鈔本流傳，然獲得清代官方認可，乾隆時期已收入《四庫全書》。《四庫全書總目》以爲『其於貢道漕河，經由脉絡，剖析條理，亦較他本爲詳』，雖此書『不及胡渭書之薈萃精博，而旁引曲證，亦時多創獲』，堪稱的評。

《禹貢長箋》素無刻本，僅有稿本、鈔本流傳。本次影印以上海圖書館藏稿本爲底本，原書高二十·五厘米，廣十一·五厘米。稿本經朱鶴齡朱筆修改，塗抹甚多，與普通鈔本面目迥異，可窺朱氏撰述成書之經過，尤爲難得。

朱愚庵前賢禹貢長箋定本

禹貢長箋自序

記稱書教爲疏通知遠夫推之時務有不宜非通也試之異代或不驗非遠也遡覽史籍九職方地理河渠田賦諸書其文皆祖禹貢蓋經國鴻規莫備於此漢世治尚書者始遣防河其時學古入官不分爲兩是以儒效炳然後之人以爲文焉而已即哆口自命專門者類亦苟安舊聞弗加深考黑水莫定其源古河不詳其地九江兩漢眩若追風四列三條迷如辨霧此以攷經生章句猶隔重山況望其斟酌襄今坐而論作而行卓然稱有用之儒哉夫自禹迄今陵谷代變山川往蹟難以深求幸而

漢唐以來諸儒辨論各出以及乘志圖經約畧可據雖其間甲乙牴牾往往有之然而考今証古析同合異亦存其人若復矜一家之言拘千載之惑襲舛仍譌曷可殫詰予竊愍焉兵燹餘生屏居無事爰取註疏大全與百氏之說條貫而衷斷之大約體宗詁訓而旁及史家求為通今適用之學所媿身未履乎方州力止憑乎書卷支離紕繆敢謂必無唯望博雅君子論定而是正焉嗟乎農政不脩漕渠日壞轉運困而搜括頻此世變之所以益亟也有能慨然慕古寬乎休息以上合於底慎成賦之意庶幾死委遺文猶不至磨滅天壤哉

古吳後學朱鶴齡長孺氏題于艾園

凡例十則

李道正曰先正說書多參以史此于禹貢尤當備論者今故余此箋特爲謹

一古人讀書圖先于史山川曲折尤不可廢宣和畫譜有晉唐人所爲大禹治水圖惜不傳近世鄭端簡圖本頗多踈誤今傳采諸家更加訂定庶稱備觀

一此書正註多用二孔氏傳疏蔡氏集傳及大全諸儒之說其與本義相發明者雖別解亦收或入圈外註至於參合時事有關經濟者則另起一行以別之

一漢人去古未遠山川地域皆以孔傳班志及桑欽水經爲據酈道元註多從鄭錄蓋水道既明則地形亦晰夾漈所謂今

之地理以水為主也山海經雖云怪誕自是秦漢以上之書今存其可信者

一地名水道今古懸殊故于辨註特詳近代則考之一統志各省通志及郡邑記載諸書

一子瞻書傳為朱子所稱其合解者備載之若書傳外旁引稱蘇氏

一先儒稱氏仍存名不沒其人也近代著述名家從大全例稱氏其尚門之學亦稱氏餘則直標姓名

一禹貢專行之書昔推鄭端簡圖說近茅光祿有滙疏单行綱

羅綦博但苦散冗複不便覽觀雲間綴之為合註殊多疏舛今則汰其繁稱存其獨解貫其支緒庶令讀者燎然

一書中所引載籍有全錄者有節畧者有取其意而更其詞者有合諸家之說而裁以鄙見者或妄為駁辨或窃有發明則以愚按字別之

一天文地理二者相參今于各州之後先列天官諸書次及職方地志皇輿以一統志為準

一山川形勢用兵所必爭談史所必究今備論于各州之下歷代都會邊防亦併及焉若河工水利賦稅漕渠考覈尤費苦

心。此外無関経文。不敢妄擬。

考定圖經目

禹貢全圖二 一鄭端簡圖本 一艾千子圖本

禹貢與皇輿離合圖一 用夏彝仲本

九州疆域圖九 貢道用艾本

導北條大河之山圖二

導南條江漢之山圖二

導弱水圖一

導黑水圖一

導河全圖二 河源圖併入

導江漢圖一
導濟水圖一
導淮水圖一
導渭水圖一
導洛水圖一以上俱考定鄭本
漆沮圖一考定雍録圖本與鄭本異
九河圖一考定路史圖本
堯禹五服圖一用大全本
九州分野圖一用夏本

山河兩戒圖一　用宋人圖本

冀都洛邑圖一　考定鄭本

關中燕京圖一　考定茅光祿本

漢郡國圖一

唐十道圖一

宋九域圖一　以上俱用茅本

皇明輿地圖一　考定艾本

鎮戍總圖一

河套圖二　以上用茅本

河漕揔圖一考定文本

漕河圖八用茅本

禹貢長箋卷之一

東吴　朱鶴齡長孺撰

門人　　校

金氏履祥曰禹貢禹謨舊皆名夏書以夏史之所述也夫子升禹謨於虞書以著三聖相傳之道列禹貢於夏書以明大禹有天下之本愚按治水命於堯時禹貢成于虞史名為夏書者禹之得王以是功也國語禹賜姓姒氏曰有夏及有天下遂以爲號路史云禹封高密以處于櫟是為有夏曰夏伯世紀云夏今陽翟地志亦云陽翟夏禹國今開封府禹州是

舊陝志則云禹生於夏水長于西羌國號夏蓋因所出夏水以為號也夏水在今臨洮

禹貢

王氏炎曰賦者諸侯以供其國用貢者諸侯以獻于天子挈貢名篇有大一統之義爲林氏之奇曰禹貢實典之體貢是賦稅之總稱田賦包篚皆在其中　丘氏濬曰禹未治水之前地猶未平物之生者未繁田之闢者未盡至是水土既平始可任土作貢分田定稅禹成功後條九州所有以為定法孔子刪書特載于夏書之首以示訓天下俾後世取民之制視

此為準為凡外此別為名目如進奉和買勸借之類皆非經常之法也　貢賦之法堯以前有之治水之後禹復更定其制史記禹會諸侯江南計功而崩因葬會稽晉灼曰會稽本名茅山禹會諸侯於此計功因名會稽　會稽者會計也禹于貢賦蓋始終經理矣屠本畯曰益作禹貢在禹即位之前稷作山經在禹鑄鼎之後按吳越春秋尚書故實顏氏家訓諸書皆云山海經伯益著屠謂益作禹貢稷作山經不詳所本

禹敷土隨山刊木奠高山大川敷說文作數刊漢書作栞

敷分也正義洪水汎濫禹身行九州規謀設法乃使佐己之人如伯益輩分布治之蔡傳分別土地以為九州鄭氏曉曰敷土

者經之為九州孰甲治當先孰高治可緩綿之為五服孰近治宜詳孰遠治宜畧也愚按左傳舉八凱使主后土又孟子舉舜而敷治爲疏以布治訓敷土本此詩傳敷政優優亦訓布盖疆域既定必命官以區理之但言分州義猶未備又按畫野分州本自黄帝周公職録黄帝受命風后授圖割地布九州祭法共工氏霸九州則九州之来久矣洪水之時天下分絶禹治之始復其故盖星文有九野聖人則之而別九州非獨如後世因山川形便也舜攝位分十二州蔡氏虞書傳舜分冀東恒山之地為并州東北醫無閭之地為幽州又分青之東北遼東等處為營州而冀州止有河內之地禹後又為九州故左傳云夏之

方有德也貢金九牧禹承但言九圍九有爾雅九州有幽營而無并青梁其禹制歟職方有幽并而無徐梁營則周制也隨從也刊槎木也正義於時平地盡為流潦鮮有陸行之路故將欲治水隨行山林斬木通道以望觀所當治者則規其形而度其功焉蘇傳隨山者隨其地脉而究其終始也山行多迷刊木以表之且以通道史記行山表木鄭氏曉曰隨山刋木是治水之節目隨汧岐以至碣石隨西傾以至陪尾隨嶓冢以至大別隨岷山以至敷淺原孰為塞水之源而當疏孰為壅水之流而當導蓋林木阻絶不惟水勢難達抑亦人

力難通也奠定也（禮定器于地通名爲奠）凡天下之地勢兩山之閒必有川焉大川之上必有塗焉廣谷大川風氣之所以分故推其高大者先正之然後九州可别曾氏（失名）曰禹因高山大川所限别爲九州又定其山之高峻水之深大者爲其州之鎮秩其祭而使其國主之也愚按高山大川不專五嶽四瀆（五嶽嵩岱衡華恒四瀆江河淮濟）孔傳謂定其差秩祀禮所視如王制五嶽視三公四瀆視諸侯其餘視伯子男然賓以爲一州之紀綱祭氏所謂别州境是也　林氏之奇曰洪範鯀陻洪水記曰鯀障洪水而殛死夫五行相勝之序土能克水鯀執此爲治水

謂開其私鑿夫其地理之正域各定故星土之法皆有九種而在地者皆有高山大川爲之限隔風氣東不通民生其間者亦異俗故禹因高山大川所限别爲九州

之法而隄之障之與水爭勝于隄防之間遏以激其怒而增其勢禹則以水性潤下數土而散之順其條理所以有成功也愚按考工記凡溝逆地阞謂之不行水屬不理孫謂之不行鄭註云阞謂脉理屬讀為注孫順也言造溝必察土之脉絡必順土之條理逆之水必不行林說蓋本此近袁黃亦主之然不如傳註之當又按墨子禹治名山三百周書禹濬七十川其施功不可勝紀以高大者標識則其餘可以類求

鄭樵曰郡縣之設有時而更山川之形千古不易所以禹貢分州必以山川定界使兗州可移而濟河之兗不能移

至舜分爲十二州周職方復分爲九州

梁州可遷而華陽黑水之梁不可遷是故禹貢爲萬世不易之書後之史家主于州縣州縣移易其書遂廢馬貴與曰堯時禹別九州而又與禹異漢承秦分天下爲郡國而復以十三州統之晉時分州爲十九自晉以後爲州冞多所統冞狹且建治之地亦不一所姑以揚州言之自漢以來或治歷陽（今和州）或治壽春（今壽州）或治曲阿（今丹陽）或治合肥（今合肥）或治建業而唐始治廣陵至南北分裂之後務爲夸大僑置諸州以會稽爲東揚京口爲南徐廣陵爲南兖歷陽爲南豫歷城（今濟南府歷城）爲南冀襄陽爲南雍魯郡（今兖州府）

在禹跡為徐州而漢則屬豫州所領陳留（今開封府）在禹跡為豫州而晉則屬兗州所領離析磔裂循名失實而禹貢之九州不復可考矣

冀州

爾雅兩河間曰冀州（郭璞註自東河至西河）釋名其地有險有易帝王所都思按他州皆表識山川冀獨不書馬鄭謂時帝都之使若廣大然蓋聖人以六合為一家以河山為一體而廓然無復疆界之見也　成氏申之曰冀三面距河〻自積石東北流入中國則折而南流雍州在其西故曰西河至華陰折而

南流豫州在其南故曰南河至大伾又折而西北流兖州在其東故曰東河冀在東河之西〻河之東南河之北地最廣今河東河北皆是居天下四分之一舜分為幽并幽州今燕薊幽涿朔莫并州是也并州今太原澤潞晉代汾絳并州是也愚按爾雅燕曰幽州郭璞云自易水至北狄禹貢則合之于冀不言并者兩河間之西河即并州也蓋周分冀為三禹分冀為〻

熊氏禾曰冀州北距長城依山為塞外即北狄之境玁狁匈奴突厥契丹皆居其地有天下者定都建邑長安洛陽之外此亦一會也愚按堯治平陽堯始封于唐今保定府唐縣後徙晉

陽即帝堯都平陽今平陽府臨汾縣舜治蒲坂今平陽府蒲州禹治安邑今平陽府安邑縣西有鳴條岡今夏縣是武云三都相去各二百里漢書言河東土地平易饒鹽鐵曹操亦因河東資實平關中宋子則以平陽蒲坂其地磽瘠朴陋非堯舜不能都此據後世而論耳幽薊在鴈門碣石之間于昜東北為艮萬山皆峙于北萬水皆宗于東所謂成始成終之地後世言建都者形勢之雄無踰於此

班固配十二次班固取三統歷十二次配十二野自胃七度至畢十一度為大梁之次費直周易分野起婁十度蔡邕月令章句起胃一度爾雅大梁昴也昴一名旄頭春秋元命苞昴畢間為天街〻南為華夏街北為夷狄于辰在酉趙之分野屬冀州自尾

十度至南斗十一度為析木之次費直起尾九度蔡邕起
尾四度爾雅析本謂之
津箕斗之間漢津也于辰在寅燕之分野屬幽州自危十
許云天漢之津梁費直起危中十四度蔡邕起危十度娵訾
六度為娵訾之次一名豕韋爾雅作娵觜營室東壁星四
方似口于辰在亥衛之分野左傳星孛及漢申須曰漢水
因名祥也衛顓頊之墟其星為大
水是屬并州春秋緯文耀鉤云太行以東晉天文志昴畢
也至碣石王屋砥柱晉星
趙冀州魏郡入昴一度鉅鹿入昴三度廣平當入昴五度入昴七度中
山入昴一度清河入昴九度信都入畢三度趙郡入畢八
度安平入畢四度河間入畢十度真定入畢十三度尾箕
燕幽州涼州入箕中十度上谷入尾一度漁陽入尾三度

右北平入尾七度西河上郡北地遼西東入尾十度涿郡入尾十六度渤海入箕一度樂浪入箕三度玄菟入箕六度廣陽入箕九度營室東壁衞幷州安定入營室一度天水入營室八度隴西入營室四度酒泉入營室十一度張掖入營室十二度武都入東壁一度金城入東壁四度武威入東壁六度燉煌入東壁八度按左傳帝遷實沈于大夏主參成王滅唐而封太叔爲故參爲晉星趙故晉地而天文志以觜參屬益州衞本受封河内其郡邑皆在冀兖之間于幷州絶不相蒙而天文志以娵訾爲衞屬幷州且以安定天水等郡係之而雲中定襄等郡乃列雍州皆不可曉又帝王世紀云四方々七宿合一百八十二星東方蒼龍三十二星七十五度北方玄武三十五星九十八度西方白虎五十一星八

十度南方朱雀六十四星一百一十二度共為十二次一次三十度有奇各以附其七宿每度二千九百三十二里近世袁黃煩訊其謬謂每度畧廣四百餘里說亦無據

周職方氏河内曰冀州其山鎮曰霍山其澤藪曰陽紆按爾雅秦有陽紆淮南子禹治洪水具禱陽紆高誘註亦以為秦藪既方則屬冀州未詳所在其川漳其浸汾潞通考以潞水在今洛雲縣按潞水有二一在上党一在洛雲岉以汾潞並言當是上党之潞其利松栢其民五男三女其畜宜牛羊其穀宜黍稷東北曰幽州其山鎮曰醫無閭在今廣寧衛西其澤藪曰貕音奚養鄭玄云貕養在長廣漢志長廣屬琅琊一云在萊陽其川河濟其浸菑時鄭玄云菑出萊蕪時出般陽按菑即青州維淄之淄漢志萊蕪屬泰山般陽屬济南其利魚盐其民一男三女其畜宜四擾

馬牛羊豕其穀宜三種黍稷稻正北曰并州其山鎮曰恒山其澤藪曰昭餘祁在太原府祁縣久涸鄭玄云在鄔縣其川虖沱水出雁門鄭玄云在鹵城嘔音甌夷今名唐河鄭玄云出平舒其浸淶易其利布帛其民二男三女其畜宜五擾馬牛羊犬豕其穀宜五種黍稷菽麥稻通典舜以冀州南北濶大分衛水以西為并州燕以北為幽州其分野無淂秦魏衛之交秦置郡為鉅鹿邯鄲上谷漁陽右北平遼西河東上黨太原代郡雁門雲中及三川郡之北境漢武置十三州此為冀州幽州并州後漢魏並因之漢地理志河東本唐堯所居詩風唐魏之國也周成王封弟叔虞于唐

有晉水及叔虞子燮為晉侯魏亦姬姓在晉之南河曲晉獻公滅之以封大夫畢萬詩譜唐地在冀州太行恒山之西太原大岳之野魏地在冀州雷首之北析城之西南枕河曲北涉汾水史記唐在河汾之東方百里正義曰魏城在陝州芮城縣北五里芮城今屬平陽至文公遂有河內河內本殷舊都周分為三國即三監詩風邶鄘衛是也衛為狄滅更屬于晉後韓魏趙自立是為三晉趙地北有信都景帝時為廣川國後復今真定府南宮縣是真定光武并入常山常山中山今真定府定州又得涿郡之高陽鄚州鄉東有廣平鉅鹿光武併入鉅鹿清河今為縣屬廣平河間又得渤海郡之東平舒中邑文安東州成平章武河以北也南至浮水繁陽內黃斥

丘浮水屬勃海餘屬魏郡西有太原定襄本平城今為縣屬太原雲中五原上
党皆趙分上党本韓別都後降趙史記正義上党以北皆太原地邯鄲趙都漢屬趙国今屬廣平
府北通燕涿南有鄭衛漳河之間一都會也其土廣俗雜
大率精悍急高氣勢輕為奸徐堅曰三卿分晉自蒲州畧河東至懷州屬魏自澤潞而南至
衛州盡太原以北屬趙按史記正義華陰蒲坂同丹鄜
延銀綏普州盡河西濱洛之地七國時屬魏自惠王從安
邑徙大梁而河西上郡皆納于秦嵐勝以南石州藺離石
趙邊邑也陽河即秦晉絳澤潞普州皆韓地趙西境也東
至瀛州之東北即營州之境東胡烏丸之地又武灵王畧
中山至寧葭西北至樓煩榆中則邊患趙獨當之故長城
之築始于趙也燕地東有漁陽故城在今密雲縣右北平故城在今薊州遼西故城
在今盧龍縣東遼東西有上谷代郡鴈門南得涿郡之易容城范

陽北新城故安涿縣良鄉新昌及渤海之安次皆燕分樂浪玄菟亦宜屬焉薊燕都南通齊趙渤碣之間一都會也上谷至遼東數被胡寇俗與趙代相類有魚鹽棗栗之饒北隙烏丸夫餘顔師古曰烏丸本東胡也為冒頓所滅餘類保烏丸山因以為號夫餘在長城北去玄菟千里夫音扶東賈真番之利蘇秦曰燕東有朝鮮遼東北有林胡樓煩西有雲中九原南有滹沱易水樓林胡樓煩在嵐勝以北今朔州即林胡今雁門即樓煩今忻顔山後之奚即鮮卑東胡地後漢郡國志冀州刺史部郡國九魏郡鉅鹿常山中山安平故信都明帝名樂成安帝更安平今為縣屬真定河間清河桓帝改甘陵趙國今真定府趙州渤海并州刺史部郡國九上党太原上郡西河五原雲中定襄

雁門朔方（內上郡五原皆應入雍州）幽州刺史部郡國十一涿郡（高帝分上谷置）廣陽（故燕國昭帝改為郡在城在今良鄉縣）代郡上谷漁陽右北平遼東遼西玄菟樂浪遼東屬國而河內河東二郡為司隸校尉部（冀州刺史治鄗幷州刺史治晉陽幽州刺史治薊司隸治河南鄗今真定府高邑縣）唐地理志河東道古冀州域河中（本蒲州河東郡）絳（絳郡）晉（平陽本臨汾郡）慈（文成亦曰南汾州）隰（大寧）石（昌化）太原（本幷州）汾（西河本浩州）忻（定襄析樓煩置）潞（上黨）澤（高平）沁（陽城）遼（樂平析幷州置）為實沉分代（雁門）雲（雲中）朔（馬邑）蔚（安邊）武（今朔州西境）新（今保安州）嵐（樓煩本東會州）憲（本樓煩監牧嵐州刺史領之）為大梁分府二（河中太原）明

十九河北道古幽冀二州域孟（析河南府置）懷（河內）澶（析魏州置）衞（汲郡）

及魏（魏郡）博（博平析魏州置）相（鄴郡本魏郡）之南境為娵訾分。邢（鉅鹿本襄国郡）洺（廣平）惠（本磁州析相洺二州置）貝（清河）冀（信都）深（饒陽析瀛冀定三州置）趙（趙郡）鎮（常山在恒州）定（博陵本高陽郡）及魏博相之北境為大梁分。滄（景城本渤海郡）景（析滄州置）德（平原）為玄枵分。瀛（河間）莫（文安析瀛幽二州置）幽（范陽本涿郡）易（上谷）涿（析幽州置）平（北平）媯（媯川析幽州置）檀（密雲）薊（漁陽析幽州置）營（柳城本遼西郡）為析木津分。都護府一（安東）州二十九（河東採訪使治蒲州河北採訪使治魏州其魏博德滄貝五州通典入兗州初學記河東道即幷冀二州地西南距河北盡朔垂幽冀營三州及兗州北界今並為河北道南距河東至海北盡幽營按唐安東府即漢遼東郡宋史古也漢樂浪玄菟又在遼東郡之東唐悉為東夷地）

冀州境為河北東路府一河間州四冀莫雄（本涿州）霸軍三

乾寧信安保定河北西路府四真定中山（本定州）慶源（本趙州）信德（本邢州）州八相懷衛洺深磁祁保軍四安肅永寧廣信順安（河北路合禹貢兗冀青三州之域而冀兗爲多南濱大河北際幽朔東瀕海岱西壓上党）河東路府三太原隆德平陽州十一絳澤代忻汾遼憲嵐石隰慈（宋史又有麟府豐三州）軍八慶祚（屬平陽）威勝平定岢嵐寧化火山（本嵐州地）保德（亦嵐州地）晉寧（河東路合禹貢冀雍二州之域而冀州爲多西控党項東際常山南盡晉絳北握雲朔）陝西路府一河中州一解軍一慶成（屬河中）及金人以燕京及涿易檀順景薊六州來歸宣和四年增置燕山府路大明一統志古冀州域在山西省則太原（春秋屬晉戰國屬趙秦置）

太原雁門二郡兩漢因之唐曰北都五代唐曰西京宋平北漢徙治榆次置太原府及嵐憲忻代岢州元為冀寧路其地左恒山句注之險右阻太河北方山南孟門

平陽

春秋屬晉戰國屬韓魏後屬趙秦漢為河東郡晉分置平陽郡唐曰晉州宋置建雄軍陞平陽府元曰晉寧其地背負關陝南阻大河北接汾晉西連同華同華

大同

春秋北狄所居戰國屬趙秦置雲中代二郡漢因之東漢末郡廢自陘嶺以北棄之唐置北恒州改雲州石晉賂契丹號西京其地平坡峻扳三面臨邊

潞安

周赤狄潞子國戰國屬韓後屬趙秦置上黨郡唐曰潞州宋陞隆德府其地居天下之脊當河朔之喉

汾州

戰國魏西河地後屬趙秦漢屬太原北魏置西河郡奠置汾州唐宋因之元屬太原路其地山河險固文侯所謂魏國之寶也

五府

沁

戰國屬韓後為趙閼與地秦侯屬上黨隋置沁州宋曰威勝軍

澤

戰國屬韓後為趙長平地漢屬上黨河東北周置高平郡唐宋為澤州其地全有太行之險

遼

戰國屬韓後屬趙秦漢屬上黨唐置遼州其地居太行絕頂東界彰德

三州在河

河南省則彰德春秋屬晉戰国屬鄴地秦屬邯鄲漢置魏郡治鄴東漢徙冀州治焉曹操石虎慕容儁東魏北齊並都之唐曰相州五代置彰德軍其地旁極齊秦跨躡燕趙平廣為岳衛**衛輝**周二監地北為邶南為鄘東為衛戰国屬魏秦屬東郡漢屬河内三国魏置朝歌郡晉改汲郡北魏置義州徙治枋頭唐宋曰衛州其地左孟門右太行南濱大河西際上黨**懷慶**春秋屬晉戰国為魏衛之境秦屬三川郡漢置河内郡唐曰怀州治野王元改怀孟路其地負太行襟太河舟車都會稱陸海**三府在北直隸則順天**秦屬上谷漁陽漢為燕国分置涿郡已為廣陽郡晉為燕范陽二国兼置幽州唐曰范陽遼金元並都之其地左環滄海右擁太行北枕居庸南襟河濟**保定**戰国屬趙秦屬上谷漢屬涿郡及中山信都国隋屬博陵河間二郡宋為保雍等州元改順天路其地四野平坦當倒馬尾橋紫荊三關之會新城白溝河宋與遼分界處**河間**春秋屬晉戰国燕趙之境秦屬上谷鉅鹿漢置渤海郡東漢為河間国隋唐曰瀛州宋置瀛海軍後陞河間府其地西倚

七

太行南枕滹沱東瀕滄海

真定 春秋鮮虞地戰国属趙秦属鉅鹿漢置中山恒山二郡及真定国唐為恒鎮趙三州宋置定州路統定保深祁冀八州軍為重鎮其地面滹水背恒山左接瀛海右抵太行當燕趙之衝

順德 春秋属晋戰国属趙漢属鉅鹿常山置信都国石勒所都隋置邢州唐因之宋陞信德府其地依太行沮漳水古稱形勝之国

廣平 春秋赤狄地後属晋戰国趙所都秦置邯鄲郡漢置廣平国隋曰武安唐宋曰洺州其地介漳潞二水閭北通燕涿南樓鄭衛萬山磅礴肘翼太行

永平 古孤竹国春秋山戎所居戰国属燕秦属遼西右北平二漢因之晋隋唐曰平州五代後陷遼金元改平滦洛其地四塞險固山如游龍所謂盧龍塞也

各府及

延慶 秦漢属上谷晋置廣寧郡唐曰嬀州其地險要南居庸関北龍門衛

保安州 古冀州北境戰国燕趙地秦漢為上谷郡唐曰新州其地在雲中之東

萬全都司 戰国属燕秦漢属上谷唐曰武州元曰宣德其地前望京都後控沙漠左居庸右雲中北陲重鎮

其大名府 戰国魏衛之境兩漢属魏郡魏分置

（陽平郡唐為魏州宋曰北京其地南有鴻溝東有淮潁濮山帶河）則冀兗二州域（滑縣濬縣開州長垣屬冀州）遼東都司（戰國屬燕漢置盖遼二州襄平遼陽地唐征高句驪以安東都護統之後入契丹號東京）則冀青二州域（舜分冀東北為遼州秦以遼州為遼西郡今廣寧以西是當屬冀州）

曹學佺曰兗都平陽河正在西故以河為西河而地曰河東山西者太行山之西秦晉兼得而言三家分晉以後秦并吞之則燕齊韓趙魏之地皆為山東矣國朝以齊為山東晉為山西蓋自太行首尻目之云（平陽蒲絳是太行盡處）

朱子曰冀州山脈從雲中發來雲中正高脊處自脊以西之水入龍門西河自脊以東之水則東流入于海冀州黃河環

繞華山聳于右為虎自華來至中為嵩山是為前案遂去為泰山聳于左為龍淮南諸山為第二重案江南諸山及五嶺又為第三四重案江浙之山多自南來水多北流閩中之山多自北來水多東南流是江南五嶺為冀州第三四案魏氏校曰大地之脉咸祖崑崙而南北二絡昆大北絡發于崑崙之陰折而東行其背為北狄其面為中國其中結為冀都其左結為燕京冀都則恒山祖脉若從天降下為平陽大河三面環之以截龍氣天文北極不動而衆星共冀都正北南面以臨天下上應薇垣乃第一都會堯舜禹由是興為北絡極于幽燕而大河至于入

海與鴨綠江會〔鴨綠江班志作禹營水出女直界之長白山水色若鴨頭故名在朝鮮國城西北斜迤東南入海何三省曰全人謂鴨綠水為混同江〕東夷為其下沙此山水一大交會也其北崇岡千疊而其前平夷千有餘里泰山聳于南誠國家萬年之基但今河徙而南氣不交固又以漕渠故淮泗諸流皆拂經于人事無乃有未盡乎帝都論北龍有燕山即今京師以燕然山脈盡此故曰燕山〔程大昌曰漢竇憲大破北單于稽落山遂登燕然山去塞五千餘里刻石紀漢威德而還燕然山在速邪烏之地速邪烏在漢北非薊之燕山也〕其龍發崑崙之中派綿亘數千里至于闐歷瀚海出虎入貊又萬餘里始至燕然山入中國為燕雲〔北京為山前曰燕大同為〕

(山後曰雲)復東行數百里起天壽山乃落平洋方廣千餘里遼東遼西兩支關截黃河前遶鴨綠後纏而陰恒太行諸山與海中諸島相應近則灤河(在盧龍縣)桑乾河(自渾源州至宛平縣為盧溝河)易河(即古易水)并諸小水界限分明桂文襄(萼)所謂扆山帶海有金湯之固。鄭漁仲(樵)謂天地設險之大莫如江河中原無事則居河之南中原多事則居江之南雖堯舜禹之都于今為河北在昔為河南蓋大河故道自碣石入海碣石在今平州則幽薊皆河南地也自大河南徙懷慶以下河已穿豫入徐僅繞冀西南之半而東則陸走山東河南無復洪流襟帶之舊矣　石晉所賂契丹十六州地幽（今順天地）薊（今薊州）瀛（今河間地）莫（今任丘縣）涿（今涿州）檀（今密雲縣）順（今順義縣）七州在山前新（今保安州）媯（今延慶州）儒（今永寧縣）武（今朔州西境）雲（今大同地）應（今應州）寰（今馬邑縣）朔（今朔州）蔚（今蔚州）九州在山後合契丹所取劉仁恭平（今平州地）營（今昌黎縣）灤（今灤州）三州中國共失州十九（周世宗復關南地即瀛莫二州實失州十七）宋宣和時與金人約攻遼止求石晉故地而不及營平灤後金人復背初議止許宋燕山六州燕山之地易州西北乃金坡關昌平之西乃居庸關順州之北乃古北關景州東北乃松亭關平州之東乃渝關渝關之東乃

金人来路凡此諸關隘為蕃漢之限必得諸關燕山之地始可收然平營灤遼為平州路檀順諸州遼為燕京路海上之盟但云燕雲兩路初謂得燕山可盡有關内之地殊不知平州與燕山自成兩路由是破遼之後金人復據平州據平州則蕃漢雜處雖得燕山無所用之斡離不遂自平州入寇此當時議割燕雲不明地理之誤也輯文獻通考

愚按宋宋琪言國家取燕于雄霸直入非戎戰地當令大軍于易州循孤山涉涿水抵桑乾河出安保寨則東瞰燕城纔及一舍此周德威取燕之路不知山後諸州乃幽薊

肩背德威取燕之易實因李嗣源先下山後八軍守光坐守孤城故能以偏師克之元人取金亦道由雲中則其形勢可見矣太宗伐遼本命潘美出雁門先趨雲朔山後未定而曹彬急圖幽州故有岐溝之敗其失豈在由雄霸進師乎　丘氏濬曰今山前山後皆吾中國地山前七州今為畿甸太行西來連嶺疊巘北歷居庸而東極于醫無閭以為内藩籬山後諸州自永寧四海冶（在宣府鎮）西歷雲代重關列戍以為外藩籬苟得人守禦可無他患惟昌平以東遵化永平一帶往者有大寧都司興營義會等衛在山後

為外障其後移入內地靖難後兀良哈內附徙大寧都司于保定以大寧全地與之即朵顏三衛也自此遼東宣府聲援隔絕藩籬單薄異時外患未必不由于此又曰今日京師勢大非漢唐都關中比關中地被山此則被守太行一帶之險關中帶河此之所襟帶者則大海也然漢邊在北咸陽去朔方千餘里唐邊在西長安去吐蕃亦千餘里嘗觀元人進金史表曰勁卒擣居庸關北拊其背大軍出紫荊口南扼其吭此都燕者防患之炯鑑今京師北抵居庸東北抵古北口西南抵紫荊關近者百里遠者不過三百里所謂居庸則吾之背也紫荊則吾之吭也據

關中者將以搤中國之吭而拊吾之背也勞堪曰秦漢所急在西北上谷北平為緩本朝所急在東北甘肅寧夏為緩秦塞起臨洮漢武置朔方緩東北也故諺曰奴入則于馬邑開玄菟樂浪當時非之本朝反是愚按今邊鎮有九五在冀州之域遼東薊鎮宣府大同山西鎮也薊鎮即大寧鎮山西鎮即三關鎮三關偏頭寧武鴈門也自真定以北至永平關口不下百十而居庸在順天府北紫荊在大同山海喜峰古北黃花鎮俱在薊鎮險阨尤著夫舜分冀為幽并以此二州捍狄使不得接畿甸所以壯京師之藩衛也國家自豐勝淪沒而宣大已失屏蔽興寧內徙而冀北遂為危疆甘衆渭橋之警靡歲蔑有豈非守險之道失乎

正義水性下流治水皆從下為始冀州帝都于九州近北故首從冀起而東南次兖而東南次青而南次徐而南次揚從揚而西次荆從荆而北次豫從豫而西次梁從梁而北次雍〻地最高故在後也自兖以下皆凖地之形勢從下向高從東向西青徐揚三州並為東偏雍高于豫〻高于青徐雍豫之水從青徐而入海也梁高于荆〻高于揚梁荆之水從揚而入海也兖在冀東南冀兖二州之水各自東北入海也冀州之水不經兖州以冀是帝都河為大患故先冀而後兖　王氏炎曰九州之序禹貢始于冀次

以兖而終于雍。職方氏則始于揚，次以荆而終于并。若蓋禹貢言治水之序，職方言遠近之序也。序治水自下而上，序王化先遠而近。林氏之奇曰：洪水泛濫，其始必相水之大勢，順地高下漸次導之。下文所紀導山導水之序是也。此序九州，但各記一州之事及其山川所在施功之曲折，非謂先治一州之水既畢更治一州也。

既載壺口

壺口，地理志在河東北屈縣東南。以有南屈，故稱北屈。春秋為晉屈邑，即夷吾所奔。今平陽府吉州大寧縣是。一統志：壺口山在吉州西七十里。金氏履祥曰：冀雍之交，夾河而

南皆山也壺口乃受河之口龍門則河南出之門也愚按河

蓋從往號壺口處
以殺河勢

自積石北行出塞外阻陰山乃折而東行凡二千里又折而南下壺口當其衝鄭氏曉曰壺口在梁岐二山之南正河流北來南注處禹治冀州之水經始于壺口然必先導碣石九河以達其入海之路下流既疏則上壅自殺是故龍門可鑿伊闕可排也孔傳既載連冀州讀云先施貢賦役載于書蔡傳始連壺口讀云經始壺口以殺河勢蓋本諸孔

治梁及岐

梁山蔡傳在石州離石縣東北司馬彪曰在離石縣西離石漢西河郡治今汾州府永寧

州山西通志在石州東北一百里俗名穀積山按太原交城界水經注呂梁山在今離石北以東可二百餘里河水自楨陵縣漢志屬雲中郡北去雲中城一百二十里南流逕雁門郡治又經西河今汾州府歷呂梁山而為呂梁洪呂梁巨石崇竦壁立千仞河流激盪濤湧波襄昔呂梁未闢河出孟門之上孟門山即龍門之上口大禹所鑿以通河也岐山蔡傳在汾州介休縣汾州府介休縣通志在汾州孝義縣西八十里一名薛頡山水經注勝水在西河岐之山東逕六壁城南魏朝舊置六壁于其下防離石諸胡因為大鎮後置西河郡為隘按二山古河逕之險阨治之所以開河道也傳說謂雍州梁岐非是正義云梁山在左馮

翊夏陽縣西北岐山在右扶風美陽縣西北夏陽今西安府韓城縣美陽今鳳翔府扶風縣彼在河西此在河東又按梁山之見于經者不一矣梁山韓侯受命今韓城縣之梁山也太公踰梁山今岐山縣之梁山也春秋成五年梁山崩壅河三日不流杜註在馮翊夏陽此即韓城梁山春秋時屬秦晉與接境又為霸主故得望而祭之傳所謂晉望是也蔡傳引以証此之呂梁山疑未合黃度謂禹貢冀界逾河自梁至岐包漢三輔于其中看然則禹貢可不言雍州且龍門之河何以謂之西河耶此蓋因傳疏而誤耳　陳氏大猷曰魏志梁山北有龍門禹所鑿河莫險于龍門呂梁

既闢，疑就狹處鑿而廣之，未必如賈讓所謂隳斷天地之性也。

茅氏瑞徵曰：壺口在冀西南河下流，梁岐在冀西北河上流。壺口既鑿寬廣，下通既流，二山始可施功。又曰：壺口，孟門之東山也；梁山，龍門之南山也。禹于壺口之西闢孟門，而始事於壺口；于梁山之北闢龍門，而終事于梁山。

既修太原，至于岳陽。岳，漢書作嶽。

孔傳：高平曰太原，今以為郡名。釋地：廣平曰原，高平曰陸。孔以太原地高，故言高平。今太原府太原縣，漢太原郡治。金氏曰：太原亦險阻，但榆次與平定諸處為高平。即春秋晉陽。因鯀之功曰修。記曰：禹能修鯀之功。岳，太岳，霍山也。地理志：河東彘縣東彘周厲王所奔後漢改永安縣有霍太山太岳在太原西南山南曰陽穀梁傳水北曰陽程大昌云陽日也日出天東驪影斜射凡山之南而水之北恆皆先受照故山以南為陽水以北為陽蔡傳今岳陽縣地堯所都揚雄冀州箴曰岳陽是都是也汾水出太原經太岳東入于河此則導汾水也愚按今河北多有鯀隄太原岳陽帝都所在鯀必極意崇防禹因其舊而修之以成先績也然不以此為始事者蓋必河道通而汾水之來始有可受禹急於河之大鯀急于汾之小此成功之所以殊爾　地理志汾水出太原郡汾陽縣今太原府治陽曲縣北山西南至河東汾陰縣今平陽府榮河縣入河過郡二行千三百四十里水

経汾水出太原汾陽縣北今太原府[illegible]管涔山山海経管涔之山其下多玉汾水出焉而西流注于河管涔山在今靜樂縣東南過晉陽縣東晉水東南流注之括地志晉水出晉陽縣西懸甕山東南流注汾水又南過大陵縣東今大原府文水縣又南過平陶縣東今汾州府平遙縣文水西来注之文水出大陵縣西山文谷至平陶縣東北東入于汾人南入河東界過永安今平陽府霍州縣西又南過平陽晉平陽郡治臨汾今平陽府臨汾縣縣東又逕絳縣故城北今平陽府絳縣春秋晉故都又西過皮氏縣南今平陽府河津縣又西至汾河源陰縣北今平陽府[illegible]西注于河按汾水入河在龍門口故山海経水経俱作西注蔡傳東入于河疑誤鄭樵曰汾水出忻州歷太原汾晉絳蒲等州函史汾水出太泉岢嵐州経靈石趙城洪洞界

愚按汾源出靜樂天池唐書下為

雁門關山西名勝志汾源一出林溪山一出天池天池潛通桑乾水水經注桑乾河水潛承汾陽縣北燕京山之天池方里餘其水澄靜而不流即管涔山谷一名祁連池智伯謂汾水可浸平陽宋取北漢亦壅汾水灌太原是汾水為河東害甚大禹治之自不容緩豈獨以帝都所在哉 九州惟冀州所書曰治曰脩有事之辭也餘皆無事之辭 又凡言既者皆據成功創造曰治沿緒曰修道里附近曰及有所包曰至皆書法

覃懷厎績至于衡漳漳漢書作章

覃懷孔傳近河地名地理志河内郡有懷縣在河之北今懷慶府河内縣地芎曾氏失名曰覃懷平地在孟津之東太行之西淶水出

乎其西淇水出乎其東淶水〻經作拒馬河出代郡廣昌縣淶山東至東平舒入海地理志東南至涿郡容城入河過郡三行五百里淇水一名清水〻經注出河内林慮縣西大號山東至黎陽界南入河容城今屬保定黎陽今大名府濬縣金氏履祥曰太行為河北脊其山脊諸山皆險至太行山盡地始平廣田皆腴是俗稱小江南古覃懷也漳水在河北有二源地理志濁漳水出上黨長子縣今屬潞安府秦上黨郡治鹿谷山御覽註漳水出鹿谷山與發鳩山連麓而在南東至魏郡鄴縣今彰德府臨漳縣古魏郡及相州刺史治合清漳清漳水出上黨沾縣今太原府樂平縣大黽谷一統志出樂平縣沾嶺東北至渤海郡阜城縣今屬河間府縣有胡盧河即古衛漳別名入大河過郡五行千六百八十里水經濁漳水出長子縣發鳩

山海經發鳩之山漳水出焉東逕壺關今屬潞安古黎國縣北又東北過屯留今屬潞縣潞縣北今路安府路城縣又東過武安縣今屬漳德府又東過鄴縣西列人縣南今廣平府肥鄉縣又東北過斥漳縣南今廣平府威縣應劭云章水出治北入河其國斥鹵故名斥漳曹操鑿渠引漳水東入清洹以通河漕在此洹即洹水蘇秦盟六國處在今彰德府安陽縣合衛河又東北過曲周今屬廣平府鉅鹿今屬順德府古鉅鹿郡治縣東酈注漳水又北洚瀆生焉即枯洚又北過堂陽縣西今順德府廣宗縣又東北過信都今順德府邢臺縣下博今真定府深州縣西又東北至阜城縣北與滹沱河地理志滹沱河自代郡鹵城至渤海文安入海過郡六行千三百七十里會又東北逕樂成縣今河間府獻縣古河間郡治成平地理志屬浡海郡縣南又東北過章武縣西今河間河鹽山縣又東

北過平舒縣南山海经發鳩東北百二十里曰少山清漳水出焉大黽谷東至武安入濁漳酈註漳水于武安縣東清水自涉縣東南来注之謂交漳口涉縣今屬彰德沈括曰水清濁相糅為漳漳者文也別也二漳合于上党色如蝃蝀數十里方濶如圭璋之合衡古横通曾氏名旼曰地形東西為横南北為從河自大伾北流漳水東注之則河從而漳横矣馬貴與曰漳水横流入河在今廣平郡西北肥鄉縣界易氏曰洺州洺水縣本漢斥漳縣地屬廣平國有衡漳故瀆俗名阿難渠按水經注阿難渠是魏將河難所致功以平地為難衡漳蒙底導以利衡瀆者洺水即今威縣續之文蓋指漳旁地言　蔡傳桑欽漢河南人著水經以二漳合流歸海唐人亦言漳水能獨達於海請以為瀆而不云入河者

蓋禹之導河自洚水大陸至碣石入海本隨西山杜佑曰西山卽大行恒山下東北去周定王五年河徙砱礫音伶歷則漸遷而東漢初漳猶入河其後河日東取漳水益遠至欽時河自大伾而下已非故道而漳自入海矣　愚按今二漳合流彰德之林縣漢隆慮後漢改林慮經安陽磁州臨漳俱屬彰德至東昌府館陶界入衛河衛河在館陶縣西二里漢名屯氏河隋疏為永濟渠亦曰御河萬曆初漳水北徙入曲周全陽州而館流遂絕自地理志云洚水發源屯留下亂章津故張洎謂洚水卽濁漳而酈道元又謂徒駭瀆連洚漳今故渠湮徙不可復究至闞駰以潞水卽漳考潞水在潞城縣東微子城發源西流合濁

漳則潞與漳其非一水明矣

愚又按魏襄王時史起爲鄴令起曰魏之行田也以百畝（賦田之法一夫百畝）鄴獨二百畝是田惡也漳水在旁西門豹不知用是不智也于是引漳水溉鄴而河内以饒夫起能漳富魏不過師周公溝防蓄泄之法耳嗣後鄭國導涇水而谷口興禾黍之謠鄭當時通渭渠而關中足灌溉之利考地理志所載南海有海浦官江夏有雲夢官又溝洫志言汝南九江諸郡可引淮朔方酒泉諸郡可引河夫水政無不修則地力無不奉豈獨一漳水爲可用哉

厥土惟白壤汝兩反
水去土復其性色肩辨始可興地利定賦法正義九章算術
穿地四為壤五壤為息土則壤是土和緩之名釋名壤瀼也
肥濡意也說文壤軟土也周礼注以萬物自生則言土以人所耕而樹藝則言壤曾氏名失曰冀
州之土豈盡白壤土會之法從其多者論也周礼以土會之
法辨五地之物生五地謂山林川澤丘陵墳衍原隰愚按厥
土謂九土在內禹貢未嘗有穀土之說京土則于兗州特言
之
厥賦惟上上錯厥田惟中中

賦者稅歛之名田所出穀米兵車之類土之已耕者曰田上
上第一等雜出第二等中中第五等正義高下肥瘠共相參
對以為九等不云多者為正少者為錯冀州言上上錯者少
在正下故先言上上而後言錯豫州言錯上中者少在正上
故先言錯而後言上中朱子曰賦入既有常數而又間出他
等者歲有豐凶不能皆如其常故有錯法以通之然則夏法
亦未嘗不通也而孟子以為不善者雖間有通融不若商周
之全通于民也林氏之奇曰冀州先賦後田者畿王冀之地
天子所自治并與場圃園田漆林之類而征之如周官載師

所掌賦非盡出于田也故以賦屬于厥土之下餘州皆田之賦也故先田而後賦陸樹聲曰禹貢九州曰貢者八曰篚者三曰包者二、匭者一、而冀州獨無之蓋畿內之地其物之所有皆屬于王則虞衡澤虞牧人畧人掌之何貢之為周官以九貢致邦國之用、於諸侯而王畿之內則太宰掌其九職九賦而已亦未嘗言貢也按穀米兵車之賦常賦也周礼之九賦又不在常賦之數孔氏穎達曰禹貢之貢與周礼大宰九貢不殊但周礼分之為九耳其賦與周禮九賦全異彼賦謂口率出錢按古民無賦筭口錢貢禹謂起自武帝鄭樵謂起自秦孝公疏似誤魏氏了翁曰賦有分頒之意以井地所

案冀州田所出無定故田入賦故不獨貢賦差異于他州

出獻于王也如禹貢之賦與詩賦政于外左氏悉索敝賦凡
三等上須其式曰賦下以供上曰貢賦通人力所出貢止是
地所產　楊愼曰劉熙云井牧始于黃帝左傳所謂井衍沃
牧皐隰也井即助法牧即貢法孟子云五十而貢考夏小正
三農于公田由此觀之雖夏亦助也井田黃帝良法不應
自禹廢又云洪水方割未遑復舊姑從民宜如禹貢所稱有
天下之後又重定其衍沃則井之皐隰則牧之未可知也
賦出于田而九州之田與賦不並等者何哉冀豫沃衍之
區荆揚魚塩之海他物所出利倍于田所以田輕而賦重

也青徐土狹民瘠雍梁地險患多田土之外雜出不享所以田重而賦輕也夏至商周取民皆什一而授田多寡不同羅泌謂禹時沉菑未遠人功未盡修而可耕之地尚少故家授五十沿歷商周人力寖廣疆土益闢是故商七十而周則百其言固然要以古之百畝非今之百畝也周制六尺為步步百為畝自秦至今皆二百四十步而一畝顏野王云秦孝公以二百三十步為畝周尺當宋尺八寸四分當今營造尺八寸織造尺六寸四分則周之百畝為今二十二畝有奇耳夏田視周之半者亦以尺度代更非田有多寡也夏十二

寸為尺周八寸為尺若亦以六尺為步百步爲畝則夏之五十畝當今田二十四畝有奇視周田畧少矣夫務廣地者荒數口之家治田五十畝必至鹵莽多至百畝必至蕪棄古聖王之厚民也制祿之數敬授之時使之繁碩穎栗少田之入當多田之收故田野治而民用足夏后氏之五十殷七十周百畝政限制之使不得廣種而鮮收也且井田之制世業世祿相傳已久溝涂經界為力甚難三代革命若皆一一更張不太煩擾乎度其時不過更易尺度以為一代之典曰五十曰百止易其名數不易其封植亦畧

舉成數言之耳輯諸家說董穀曰古百步為畝以今弓准之一畝當今四分弱后稷為田一畝
三畎廣尺深尺是橫過一弓直長一百弓也古一夫百畝當今四十一畝播種之區一畝三畝通計百畝三十丈闊
六十丈長三代之制率百步為畝什而籍一漢以二百四十
步為畝三十稅一其制似甚輕然田賦之外有口賦民年三歲
出口錢二十至十四而止有算賦十五歲出算錢百二十至五十六而止武帝征伐四夷
又增口為二十三而更賦代錢月二千已非文景之舊矣
唐因口分世業唐制人授田壹頃八十畝為口分二十畝為世業為租庸調之法
受田者丁歲輸粟二斛稻三斛謂之租隨鄉所出歲輸絹二匹綾絁二丈綿三兩麻三斤非蠶鄉則輸銀十四兩謂
之調每丁歲役二十日不役者日折絹三尺謂之庸以人丁為本開元以後戶籍散

亂田畝賣易楊炎遂作兩稅夏輸無過六月秋輸無過十一月鄭介夫

田自古天下之田無不屬官先王使貧富强弱無以相過各有其田得以自耕故天下無甚貧甚富之民至成周時其法大備畫地爲井八鳩五規二牧九夫以等其高下瀦洫畝澮川涂畛徑以立其限防彊井既定無得侵奪商鞅開阡陌開者廢壞之乃有豪强兼并之患然未明以田與民也官不得治民乃自占爲業耳迄于漢亡兵燹之餘人稀土曠天下之田既不在官亦終不在民但隨力所能至而耕之元魏行均田稍近古唐因而損益之爲法雖善然令民

得賣其口分永業始有券信日漸一日公田盡变為私田而非田永不可復矣蘇氏轍曰唐制授民田有口分永業皆取之于官斂民財有祖庸調皆計之于口其後變為兩稅户無主客以見居為簿人無下中以貧富為差田之在民其漸由以貿易之際不復可知貧者急于售田則稅多而田少富者利于避役則稅少而田多僥倖一興稅役皆弊焉馬貴與曰隨田之在民者稅之而不復間其多寡始于商鞅隨民之有田者稅之而不復視其下中始于楊炎井田之良法壞于鞅祖庸調之良法壞于炎二人之事君子

蓋稱而後之為國者莫不一遵其法一或變之則反至于煩擾無稽國與民俱病則以古今異宜故也又曰禹貢甸服有米粟之輸而餘四服皆無之說者謂王畿之外八州皆以田賦當供者市易貨物故不輸粟然則土貢即租稅也王樵曰諸侯食其稅于國則稅名為祿納其賦于王則賦名為貢漢唐以來任土作貢著之令甲猶曰當其租入然季世苛賦往往租自租而貢自貢矣丘氏濬曰三代貢助徹只是視田而賦之未有戶口之賦夫定稅以丁稽考為難定稅以畝檢覈為易兩稅以資產為宗未必全非也但立法之初謂兩稅外毫無科

寧兵興費廣不能不於稅外別有徵求國初稽古定制以
天下之墾田定天下之賦稅因其地宜為芍則夏稅秋糧
歲有定額惟遂戶編為里甲十年一輪差其法一定而可
守今制為賦者二夏曰稅秋曰糧以用楊炎之兩稅為役者三曰里甲曰均徭曰雜泛而又有銀與力之不同蓋
兼用宋人差雇之法　愚按三代以上之田畝莫盛于夏禹之時定
墾者九百一十萬八千有餘頃西漢以來之田畝莫盛于
平帝之時定墾者八百二十七萬有餘頃唐之墾田莫盛
於貞觀之末凡一千四百四十餘萬頃宋之墾田莫盛于
崇寧之初凡一千四百六十萬餘頃迨乎季世御有不耕

之地，地有不耕之夫而隱田以逃賦漏丁以避役者其弊亦日滋蓋田稅重則府藏倍虛庸調增則戶口益寡理固然也

恒衛既從大陸既作（史記恒作常，作作為）

恒水地理志出常山上曲陽縣〔今真定府定州曲陽縣漢志鉅鹿郡有下曲陽故此加上〕

恒山北谷〔寰宇記大茂山在真定縣西南界即恒山別名禹貢恒水所出〕東入滱水〔水經滱水出代郡灵丘縣高氏山東南過中山上曲陽縣北恒水西來注之又東過唐縣博陵又東北入易水地理志東北入渤海文安入大河過郡五行九百四十里按酈註滱水即溫夷水朱謀㙔云當作嘔夷周礼幷州川曰滹沱嘔夷或云即唐河今唐河曹河徐河諸水並合易水經雄縣達直沽入海〕

薛氏肇明曰恒水入滱水至瀛州〔今河

間府高陽縣今屬保定府入易水水經注易水出涿郡故安縣閻鄉西山東過范陽縣南入濡水又北新城北合滱水東至文安縣英潭沱合又東過東州縣南東入于海故安今保定府易州燕下都北新城漢志屬中山國東州今河間縣地晁氏說之曰今恒水西南流至真定府行唐縣東流入滋水地理志滋水出南行唐牛飲山白陸谷東至鉅鹿新市入滹沱水又南流入衡水非古逕矣衛水地理志出常山郡靈壽縣今屬真定府東北東入滹沱河石璩曰滹沱河出太原府繁畤縣泰戲山下滙為三泉循太行掠晉冀蜿蜒而東注海按滹沱來自忻代經炅壽平山晉州深州衡水武邑至直沽入海班固謂即九河之徒駭誤薛氏肇明曰衛水合滹沱河過信安軍入易真定府志衛水在炅壽縣東北十里俗呼雷溝河高平曰陸大陸地理志在鉅鹿郡鉅鹿縣北愚按爾雅十藪有大陸孫炎

註以廣阿澤當之今順德府鉅鹿縣猶有廣阿澤先儒疑鉅鹿之大陸不與河應而求之向北之地唐杜佑李吉甫謂邢趙深三州（邢州今順德府地趙深二州今屬真定府）皆大陸地得之蓋古河本出西山之麓北流既出信洚（漢志冀州信都縣有洚水故曰信洚）西山勢斷曠然平野上諸水鍾滙于此為藪河水泛濫盤洄其間是為大陸（在洚水之西北九河之東南杜佑曰大陸澤在鉅鹿饒陽界）蘇傳二水已復故道則大陸之地可耕作蔡傳恒衛水小而地遠大陸地平而近河故其成功在田賦之後　茅氏瑞徵曰記此于田賦後可得帝王經畫畿輔之深意是時京師既無覲漕歲入不過千里使

野多曠土，何以佐經費？文賦額最重，寧恐厲民取盈，如覃懷大陸一帶，彌望沃野，皆堪耕作，而洪水初退之時，因之樹蓺，其收必倍，故記之以見力穡為天下倡，亦以賓京師而壯根本也。連言衛漳恒衛者，大河之旁，其地最苦崩嚙橫決，得一二支水疏引穿渠以便灌溉，尤于耕作為易，禹不云乎：濬畎澮距川，此又記衛漳恒衛之旨也。　謹按恒衛二水：：經不載，郡志亦畧。班志稱衛水出靈壽入滹沱。今衛河合淇漳諸水，過臨漳分為二，其一北流至武邑（屬真定府）合滹沱，其一東流經大名、臨清至直沽，會白河入海。（袁黃白白河源出口外白石塘嶺，逕密雲西南，合朝）

河至順義合榆河至通州東北合富河又合通惠及瑞洋諸河凡三百六十里至衛河入海近茅氏疑即經所云衛水然考衛河即漢屯氏河出衛輝府輝縣之蘇門山與衛水源派各別未可強合而為一也又考各志保定府東鹿縣在晉深二州間本禹貢大陸地真定府隆平縣在趙州東南一百里亦大陸地又寧晉縣東南十里有大陸城漢為廣阿縣隋改大陸縣去隆平任縣（屬順德府）俱百餘里漳水滹沱環之水不溢可以耕種

島夷皮服（島漢書作鳥）

海曲謂之島（釋名海中可居曰島）島夷冀東北邊夷說文東北夷曰蕆

貉顔師古曰貉在東北方三韓之屬如今遼東外商朝鮮海西之地朝鮮是遼東外徼一名高麗不附庸于青而徑屬之冀者東夷傳夷有九種畎夷于夷方夷黃夷白夷赤夷玄夷風夷陽夷又一曰玄菟二曰樂浪三曰高驪四曰滿飾五曰鳧臾六曰索家七曰東屠八曰倭人九曰天鄙其貢皮服即爾雅所謂東北方之文皮林氏之奇曰諸夷不責其必貢欲效誠亦不拒也如卉服織皮之類

夾右碣石入于河夾音協碣其謁反

碣石地理志在北平郡驪城縣今永平府撫寧縣西南水經注驪城枕海有石如甬道數十里當山巔有大石如柱形立巨海中潮水大至及退不動不沒不知深淺世名天橋柱漢武嘗登

之以望海，帝昭指爲碣石也。河之入海，舊在碣石。周定王五年河徙，故道故迹固云禹碣周移也。　按秦築長城始自臨洮，至于碣石。杜佑謂碣石在漢樂浪郡　遂城縣東截遼水而入高麗，禹貢石碣石在平州南三十里，則高麗中爲左碣石也。考漢志遂城無碣石，獨高句驪縣有遼山，是小遼水所出耳。且夾右二字相連，此碣石即導山之碣石也，杜説鑿而無當，故不記。

袁昭曰：碣石舊在河口海濱，因[illegible]海漸入海，遂去岸五百里。

夾右　正義：夾行此山之右。蘇傳：河自碣石山南渤海之北入海，夾，扶也。自海入河，逆流而西，右顧碣石如在扶掖。咸良又曰：惟舟之涉乎左，故見山之峙乎右；惟行之折而西，故見山之在其表。袁黃曰：碣石在今撫寧縣西南海中，永平府志：碣石在昌黎西北二十里。離岸三十里。蓋古滄州與平州相對，自滄州望之則離岸五百里，自平州言之止三十里耳。北邊貢賦之來，在五百里之海內行舟，則

[illegible]河入于海，傳云入于渤海，渤海郡當入海處，今名滄州，渤海北[illegible]碣石五百[illegible]
滄渤海郡今
河間府滄州

碣石改在其右蔡傳謂離岸五百里應止據滄州志而言又謂潦濡滹易之水皆中高不與河通亦誤濡易滹沱諸水去帝都近縱使入河亦不由行潦水又在塞外安得由之易滹沱見前濡水出涿郡故安縣西北獨山東流與易水合南注拒馬水遼水出塞外衛皐山東南入遼東郡襄平房縣至安市縣入海地理志行千二百五十里朱子曰冀州三面距河其建都實取轉漕之利朝會之便故九州之終皆言達河以紀入都之道冀帝都亦曰入河者爲北境絕遠者言之明海道亦可至也　鄭氏曉曰碣石有二一在廣東南海口一在冀州北海口此碣石當河入海之衝関鎖水口殆天造也自河旁地淪于海碣石

遂去岸五百里其地今為遼東西南小海漢王横言大風海溢即今小海

其西即冀河入海故道山海關至薊州豐潤一帶是也未有

小海時遼東亦不屬兗者蓋必入山海關從永平薊州方至

兗遠矣若屬青州片帆可達故唐虞時遼東屬青遼西屬冀

今碣石在山海關關在撫寧其北為山其南為海山自居庸而東其勢漸

南海自直沽而東直沽在順天府武清縣衛白二河合流于此入海其勢漸北轉入

遼境金復州南岸即登萊二府界也秦始皇起黃腄地理志黃縣腄

縣屬東萊瑯琊負海之粟轉輸河北在渤方唐時亦通海運于此杜

甫詩雲帆轉遼海秔稻來東吳此其證也國初山東之賦浮

辨詳兗州

辨詳青州

海給遼今山海城南泊舟遺址猶存而運道久廢不復講矣遼東蓋州衛有梁房關海運州由此入遼河金州衛有旅順關海運舟至此登岸愚按碣石與島夷連書此即島夷入貢之道也夫帝王之治夷貊限山截海視若鱗介三代之時北狄憑陵而肅慎入貢楛砮亦以隔在遼海之外內地夷險無由習知其制之亦易也後世三韓來助梟騎漢高祖始資其力矣鮮卑易種遼西晉武帝始弛其防矣資其力則彼之求難厭弛其防則我之情易得久而伺隙乘便禍亂遂深乃知島夷制貢紆道海曲既使就我戎索又不使狎我井疆其為中國慮豈不至深遠哉

石以世相沿為以禹時河自碣石入海者誤也河自在渤海郡海郡海今東河間之間入海想在今衛河入海之處今鹽山以東地郡海一帶為下稍而之北為平昌樂則地勢斷為海之岩易近海地形不改禹時之地當亦在其外今州河既決去由聊城入海之理也大抵河未在碣石入于河者

鄭氏曉曰冀州河水盤旋而繞其三面群山拱抱而析為數支禹之治水始于西北壺口梁岐遂至太原而南盡岳陽諸山皆列峙于大河之東與雍州隔境自此而又東則有覃懷衡漳蓋平曠之區非山麓之阻大抵與豫州對境若恒衛大陸又皆直在帝都之東境而與兖州接壤矣宋時自雍州今保定府雄縣東際于海多積水遼人患之不敢由此入寇蓋宋失燕薊以内地為邊故恃塘濼以限戎馬亦因以溉田而積穀元泰定中虞集言京師之東瀕河數千里北極遼海南濱青齊萑葦之場也海潮日至淤為沃壤

鄭樵曰自河南循懷慶以下宋有豫入徐往處州西南之界

海水陽溪入河之道雖設碣石高嶋其右由海入河里之如在右碣石是臣豐其田海入河之形而北濱河之自碣石入河也程泰之大昌雖有辨而不得結于諸家之說甚確勒說不同又不足道矣丙子五月蔡

極百程

請用浙人之法築塘捍水為田仁文莊以潞白諸水于直沽直瀉入海灌溉不多欲于沿海諸處依禹貢逆河之法截斷河流築長隄以攔醎水之入疏溝澮以導淡水之來此即虞伯生遺意聽富民欲得官者合其衆分授以地能以萬人耕者授以萬人之田為萬夫長千夫百夫亦如之三年視其成以地之高下定額以次漸征之五年有蓄積命以官就所儲給之祿十年不廢得世襲如軍官之法則東海民兵數萬可以近衛京師外禦島夷遠寬東南民力順帝時脫脫言京畿近水地西自西山南自保定河間北抵檀順東及遷民鎮若募江南人耕種歲入必多不煩海運本朝徐貞明言京

東輔郡皆負山控海負山則泉深而土澤控海則潮淤而壤沃諸州邑泉從地湧一決即通皆可田其言十四利甚悉今北方但地平廣有水泉可引處皆堪種稻周官設稻人掌稼下地盡為此也況在甸服之内治農尤根本重務昔北齊稽瞱曾開幽州督亢舊陂在今涿州歲收稻粟數十萬石誠得若人而任之因水陸之便建阡陌濬溝渠廣灌溉數年之後地無遺利豈至以西北之人全仰食于東南哉

輯諸家說

禹貢長箋卷之二

東吳　朱鶴齡長孺撰

濟河惟兗州濟漢書作泲兗史記作沇○即兗

爾雅濟河間曰兗州註自河東至濟釋名兗州取沇水爲名一云其地平衍無高山故曰兗孔傳東南據濟西北距河正義據謂跨之距至也濟河之間相去路近兗州之境跨濟而過東南越濟水西北至東河也鄭曉曰註言至者止至其處據者過其處距者不及其處熊氏禾曰兗州當河下流西距河東距濟北濱海南接徐豫之境濟古文作泲其從水從齊者地志出常山郡房子縣贊皇山今眞定有臨城贊皇二縣臨城

即房子也東至鉅鹿郡廮陶縣今真定府寧晉縣入泜然水經注云二濟同名則沛之訛為濟舊矣章後卿曰黃河舊道三代以前自宋衛州之黎陽縣境折而北流故北京及河北東路諸州在河之東即古兗州之域自周定王時舊道湮塞秦漢以還河隄屢壞秉上流之勢決而東下故兗州之域隔在河北而河東之名乃移在并州　王氏炎曰漢元光中武帝河徙東郡更注渤海繼決瓠子在今大明府開州西南又決魏郡之館陶大名古魏地館陶今東昌遂分為屯氏河地理志屯氏河在館陶東北至渤海郡章武縣入海過郡四行千五百里章武故城在今河間塩山縣也大河在西屯河在東二河相並而行永光中

按水經大河故瀆北出為屯氏河古時深廣與大河等今衛河經館陶合漳水說者謂即屯氏故道自河東南流道淮入海而衛河但資百門泉水以通轉漕、一注

元帝又決清河靈鳴犢口地理志河水自貝縣別出為靈鳴犢河東北至蓨入屯氏河靈鳴犢在今東昌府高唐州孔子臨河而嘆處、蓨縣今河間府景州音條、（在平原西北三十里鳴犢河在今東昌府）（在三十五里）分流入博州今東昌府聊城縣屯河始塞後又決平原東入齊入青以達於海而下流遂與漯為一王莽時河遂行漯川在今東昌府地大河不行于大伾之北而道于相魏之南今大名府內黃縣古相地則山澤在河之濱者支川與河相貫者悉皆易位而與古不合矣愚按水經云大河故瀆北出為屯氏河古時深廣與大河等故酈道元疑即禹貢洚水今衛河經館陶合漳水說者謂即屯氏故道自河東南流道淮入海而衛河但資百門泉水以通轉漕

班固取十二次自軫十二度至氐四度爲壽星之次費直起軫七度蔡邕起軫六度爾雅壽星角亢也註云數起角亢列星之長故曰壽于辰在辰鄭之分野按左傳歲在星紀淫于玄枵梓慎以爲宋鄭必饑鄭地後爲韓所都故帝王世紀作韓分野然考地理志此分野當屬衛與宋鄭韓皆無與屬兗州廣雅北斗七星三爲机机爲青兗州晉天文志角亢氐鄭兗州東郡入角一度東平任城山陽入角六度泰山入角十二度濟北陳留入亢五度濟陰入氐二度東平入氐七度

周職方氏河東曰兗州其山鎮曰岱山其澤藪曰大野漢書作泰埜其川河泲其浸盧維鄭玄云盧當作雷即雷夏維當作雍即灉水顔師古云盧水在

濟北盧縣鄭註非是其利蒲魚其民二男三女其畜宜六擾馬牛羊犬豕雞其穀宜四種黍稷稻麥通典兗州衛其分野兼得魏宋齊趙之交秦置郡為東郡碭郡之東北境齊郡之北境鉅鹿上谷二郡之東境漢地理志今東郡及魏郡之黎陽河内之野王朝歌皆衛分衛為狄滅齊桓公更封衛于河南曹楚丘杜預云在濟陰成武西南是為文公子成公徙帝丘今之濮陽是也今東昌府濮州濮陽本顓頊之虛故謂帝丘秦滅濮陽置東郡後漢郡國志兗州刺史部郡國八陳留東郡東平故梁國景帝分為濟東國宣帝改任城章帝分東平置泰山濟北分泰山置山陽故梁景帝分置故城在今金鄉縣

濟陰（故梁景帝分帝別為定陶國）置宣通考漢時為郡國九郡則東魏泰山濟陰平原清河渤海千乘（故城在今陽信縣）國則東平（光武并十三州兗州刺史治昌邑晉武帝平吳分十九州兗治廩昌邑今兗州府金鄉縣廩丘今東昌府范縣）唐地理志河南道古兗州域濮為大火分兗為降婁分齊棣為玄枵分滑為娵訾分（唐河南道合古豫兗青徐之域棣訪使治陳留內為兗州通典為青州）通典唐分置十五部古兗州為河南道靈昌（滑州本東郡）濮城（濮州）濟陽（濟州）東平（鄆州）昔郡河北道魏郡（魏州）平原（德州）樂安（棣州析滄州置）景城（滄州）清河（貝州）昔郡宋史京東東路則濟南府（本齊州）京東西路則濮州京西北路則滑州河北東路則大名（本魏郡）開德

本澶州二府滄博棣德濱恩本貝州六州及永靜軍即景州河北
西路則濬州本通利軍端拱初以滑州黎陽縣建通利軍屬河北路通考又有鄆州共州十四大
明一統志古兗州今山東省東昌府春秋齊西鄙聊攝墅秦置東郡漢為東郡
濟陰清河三郡境晉屬平原國隋唐為博州宋為濮州其地當宋魏齊魯之衛土平沃漕河所經濟南府
禹貢青西兗北之地春秋戰國並屬齊秦屬齊郡漢為濟南國又為平原千乘泰山渤海四郡境北魏屬隋唐並為齊
州宋為興德軍陞濟南府其地東有瑯琊即墨之饒西有濁河之限南有泰山北有渤海則兗青二州
域齊河禹城臨邑長清肥城青城陵縣泰安州新泰萊蕪德州德平ゝ原武定陽信海豐樂陵商河濱州利津霑
化蒲臺屬兗州兗州府春秋魯地秦為薛郡漢為魯國及泰山ゝ陽郡東漢分置任城國唐曰兗州宋改襲
慶府其地東盤瑯琊西控鉅野北走厥固南馳五鄉阿濟間一都會則兗徐二州域陽穀東阿平陰

東平汶上壽張屬兖州按徐州曰東原底平則東平恐應入徐州北直隸大名府（詳見冀州）則冀兖二州域（元城大名南樂清豐内黄開州長垣東明魏縣屬兖州）河南省開封府（詳見）豫州則兖豫二州域（延津封丘原武陽武頁城屬兖州）

司馬氏光曰兖州境包今之河朔漢兖州界在今河陽非禹貢舊境也馬貴與曰兖州舊疆介于河濟地非險固雜數國兩漢以後兖州所領郡國東境則入青州西境則兼入荆河州及西晉之末為戰爭之地三百年間傷民彌甚其分割不得而詳為愚按周併徐入青又分青入兖自濟以南皆屬焉則周時之兖已非復禹貢疆域今兖州府

畧及海岱東南郡邑在徐州域者十之七八西北郡邑在兗州域者十之二三其府治實春秋及漢之魯國與秦之薛郡

九河既道

孔傳河水分為九道在此州界平原以北是爾雅九河徒駭一太史二馬頰三覆釜四胡蘇五簡六絜七鉤盤八鬲津九李廵注徒駭禹疏九河以徒衆起故曰徒駭太史禹大使徒衆通其水道故曰太史馬頰河勢上廣下狹狀如馬頰也覆釜水中多渚形如覆釜胡蘇其水下流胡下蘇流也簡大也

河水大而深也絜苦也言河水多山石治之苦絜鈎盤言河水曲如鈎屈折如盤也鬲津河水狹小可鬲以為津也正義河從大陸東畔北行而東北入海冀州東境至河之西畔水分大河東為九道漢成帝時許商上書言古記九河之名有徒駭胡蘇鬲津今見在成平今河間府獻縣地理志屬渤海郡東光今屬河間府地理志東光有胡蘇亭屬渤海郡鬲縣今河間府鹽山慶雲二縣皆是地理志屬渤海郡界中自鬲津以北至徒駭其間相去二百餘里是知九河所在徒駭最北鬲津最南蓋徒駭是河之本道東出分為八支徒駭在成平胡蘇在東光鬲津在鬲縣其餘不復知也爾雅九河之次從

吳氏祖謙曰禹不惜數百里地疏為九河以分殺其勢善治水者不與水爭地也鄭氏曉曰河流下趨海潮上湧勢必激盪陂而為九河在滄州之北平州之南 按曰九河原未有定處當河北奔衝決無常皆以為黃河昔書無之行而無之者也

北而南既知三河之處則餘六者太史馬頰覆釜在東光之北成平之南簡絜鉤盤在東光之南鬲縣之北也今河間弓高（弓高故城在今景州）以東至平原鬲津往往有其遺處（左傳疏九河故道河間成平以南平原鬲縣以北）愚按九河故道漢世近古止得其三（徒駭胡蘇鬲津）唐宋人考據遂得其七（杜佑通典云覆釜在德州安德李吉甫元和郡邑志云馬頰在德州平原東南樂史寰宇記云鉤盤在樂陵東南從德州平昌來歐陽忞輿地記合簡絜為一云在臨津并徒駭胡蘇鬲津為七臨津唐屬景州）而太史竟不知所在（齊乘云清滄二州之間有古河隄岸數重地皆沮洳沙鹵太史河當在其地）朱子孟註分簡絜為二（從爾雅）蔡傳合之為一（從輿地記）而謂其一即河之經流今南皮縣（屬河間府）明有簡河何嘗合絜為

一且徒駭是河之本道九者之外安得更有經流乎道即禹
所播之道滙疏云禹播為新河者八并河身而九呂氏祖謙
曰禹不惜數百里地疏為九河以分其勢善治水者不與水
爭地也鄭氏曉曰此處河流下趨海潮上壅勢必激盪須分
為九河在滄州之北平州之南馬貴與曰滄州居九河下流從州取海上路趨平州又符
家塞則恐尺嵩薊愚按兗地平廣演迤無兩崖之束所以河患尤甚
禹自下流導之施功當最先或謂治水始于疏壺口鑿龍門
者非是　鄭樵曰按圖志瀛州有成平故城又有徒駭河永
靜軍宋屬河北東路有東光縣東連滄州有胡蘇亭蓋因河命名而

滄州復有鬲津鉤盤太史河之名鬲縣故城在德州東滄北境鬲說禹導河至頓丘今大名府清豐縣開州古漢頓丘地分為二渠一曰漯川出武陽至千乘入渤海詳後一曰北瀆出貝丘今東昌府清平縣至大陸北播為九河同為逆河入于海鄭氏云九河齊桓公塞之而北瀆至王莽時亦絕故世謂王莽河今在永靜軍寰宇記大河故瀆在大名府東南三里俗名王莽河水經注故瀆經元城西北至沙丘昔禹播九河自此始也元城今屬大名府沙丘在今河間府阜城縣然每疑禹所導無二河按武帝元光三年春河水徙頓丘東南流入渤海是為朝城之漯河朝城漢東武陽今屬東昌府漯水東北過濮陽別出為鄃子河漢武時河決瓠子發卒塞之又東北過東武陽為漯河又東北過大名館陶別出為

蓋唐以禹河入海碣石不經渤海矣胡渭云二渠東于兗冀之界禹河入海蓋在碣石渤海北距碣石五百餘里而河入渤海乃漢元光三年河徙東郡而東注四瀆禹時河入渤海稱孔心注

屯氏河又東北逕清河是與別出為鳴犢河今皆絕然則今河之入海者入渤海爾禹貢所謂入于海者由碣石之海北犢乃禹所導之河其後河奔漯川入于渤海故瀆遂絕蓋故瀆在北漯川在東河决而東勢則然也恐非齊桓所塞自河决漯川之後北瀆遂微九流皆絕王莽河上承北瀆下入逆河為一河徹通奈北勢高故後亦絕但由漯川爾酈道元謂九河碣石苞淪于海蔡傳亦謂滄州之地北接平州相去五百餘里九河當在其地後為海水淪沒又前言夾右碣石則九河入海之處有碣石在其西北岸今平州正南碣石尚卓立海中去岸五百餘里

可以爲証按九河故道在滄瀛景德之間説者求于此而不得以爲淪入于海不知河昔北流故分爲九道後世河身既徙則九河漸湮縱非海水淪没其故蹟可得而復求乎又鄭玄據春秋緯寶乾圖以爲齊桓公塡閼八流以自廣而止存徒駭夫神禹至齊桓千百五年矣支流漸絶餘流獨行亦理勢如此非齊桓貿曲防之禁而塞之也大率河底常高今于開封境測其中流冬春深僅丈餘夏秋亦不過二丈餘水行地上初無長江之淵深故自古頻河之地每有非常之水何必驟盈盈則决每决必瀰漫橫流深者成渠以漸成河淺者

淤澱以漸成岸數年之後下流既淤則中流河底又以漸而高而河又不容于不徙矣既徙之後其丈餘深之故跡風塡沙壅復為平陸無足怪者所以不可復尋也今河間府慶雲縣尚有古黄河廣可三里許兩岸隄皆高丈餘慶雲距滄州百四十里天津三百餘里九河非海湮其理明甚辯王方麓諸家說地理志故大河在魏郡鄴縣東北入海韓邦奇曰古河自鞏縣歷懷衛彰順洺真數郡今止長垣開州清豐畧見其跡然亦非禹時故道也韓苑洛曰據山東通志禹穨在商河覆釜在海豐鉤盤在德平鬲津在樂陵徒駭在齊河皆濟南府屬今真定府南三百里方是濟南北境真定去濟南東西六百餘里

徐常吉曰今衛河入海之道即九河九(?)海處處(?)東光以北無有下於此者古今當而長蘆將(?)以迄津海不可考亦凡海水易溢之地古時皆有捍堤今淮安嘉興皆然獨瀛一

永平府碣石山在海東南[illegible]

古河自洚水直趨而北至大陸皆真定地又河播為九河周永平河間地也不應河至大陸折而東反回流而南以至濟南之境滄州古志徒駭在滄州廢清池縣太史在本州南皮縣治北馬頰在景州東光縣界胡蘇在滄州慶雲縣西南簡絜在南皮縣城外鉤盤在獻縣東南鬲津在慶雲縣一云在濟南府樂陵縣西二十里古鬲津當在今河間滄南之間其地相去不遠當是九河故道古志得之土人可徵也

李垂曰兩漢而下言水利者屢欲求九河故道而疏之今考圖志並在平原而北且河壞澶今大名府開州滑今大名府滑縣未至

常為沮洳雈苻之場明北海之害益可知王横傳人似今自然之淪海漸浸數百里則自津以今滄瀛之地桑田為海矣莽地率沒于潮九河入海碣石方九河未役于海之時今海岸東北五百自里平地大木犹存然下滄瀛之地陸也濵海不過之千海水更引之而北斜行往五百里北皆為郡若此何云足以知碣石初郎碣石沉沒河其誤明矣

平原而上已決矣，九河奚利哉。夏允彝曰：入海之所固宜分疏之，使速泄，下流速泄則上流不壅，河之利也。若未及于海，則流分力弱，無以刷沙，適壅之矣。故曰河不兩行，兩行猶不可，況九河歟。　愚按賈誼新書大禹鬟河而導之九牧，呂氏春秋禹剔河而導九岐，劉向說苑禹釃五湖而定東海。鬟本髮名，義取環曲；剔本梳剔，義取疏通；釃本灑酒，義取澄清。後之言治河者，其法不出乎此。又按河不安流，始于阡陌開而溝洫廢。古溝洫即後世之渠，今江南水患少者，以渠多而水勢分耳。

雷夏既澤

雷夏地理志在濟陰郡城陽縣西北水經注雷澤在城陽縣故城西北十餘里濮城陽縣今東昌府濮州山東通志雷澤在兗州府曹州東北六十里今闕濟水經其北山海經雷澤中有雷神龍身而人頰鼓其腹則雷馬端臨曰本夏澤以有雷神故名澤水之鍾也風俗通水草交厝曰澤澤者言其潤澤萬物以阜民用也孫氏覺曰既澤向未爲澤今始爲澤既緒向已爲澤今復舊也　金氏履祥曰濮州雷澤縣故城在今濮州隋縣西北有雷夏陂東西二十里南北十五里計古雷夏必大于今愚按諸家以雷夏爲濟水所鍾鄭端簡曉謂雷夏在濟水之南雷夏

與濟在二處，與大野不同，故不言既豬而言既澤，是雷夏乃濟所經，非濟所滙也。考水經注，瓠河在雷澤北，河形如瓠，故名瓠河口。發源魏郡白馬，以其下流在濮州東南七十里。自鄆城今屬兖州府東北逕范縣今屬東昌府與濟渠合，則雷夏在後世又為河濟二流纏絡。陳師道云：即黃河故道，今呼沙河。山東名勝志：黃河自濮州治東南三十里合瓠子河，東北流入會通河。王綱振曰：雷夏、大野、菏澤、孟豬、滎，皆濟水也，或為所絕，或為所經，或為所溢，然實分二派：一派出河入海，而會于汶，此兖州雷夏、豫州菏澤、孟豬之濟也；一派從淮入海，而合于泗，此徐州大野之濟也。愚按水經注，南為菏澤，北為濟瀆，又酈注菏

凡經通水草交厝曰澤言瀦澤者地氏說曰既澤而未成澤今按為澤既瀦而已為澤今後日無呂氏祖謙曰泥水川流賦法相特而達于海未任之有所旧識

以注古濟不分二流此說俱未之暢其考

菏北云今泗入淮

不可達海則相距數百里之地因直繫以為岸隄之有所容也

水又東與鉅野黃水合則豫徐之濟政是一派至別為二似

此堤考証

誤　又按援神契云舜生姚墟應劭謂與雷澤相近樂史言

括地志濮州雷澤縣有歷山舜

姚墟西十三里為雷澤舜所漁也馬端臨亦以今考嬀汭歷

山皆在平陽城陽相去甚遠不應經此發跡或云雷首山下

有雷澤者近之濟南府城南有歷山俗傳即舜耕處曾子固

嘗辨其非疑此亦傳者失實

灉

沮會同灉漢書作雍

此論

爾雅水自河別為灉濟別為濋沮有楚音京相璠曰六國時沮楚同濋字說文不載王

氏矣曰灉出曹州今屬兗州府沮出濮陽今大名府滑縣古東郡治故城在開州二

下流相合

陸志九域志濮州有沮澤而禹貢灉沮之沮

周氏希聖曰會同朝宗皆諸侯見天子之禮而以為喻

水勢均故曰會同時見曰會殷見曰同皆諸侯見天子之禮周禮鄭氏曉曰河之南濉水出為濟之北沮水出為今亦異流而同歸也孔傳注疏謂二水會合而同入雷夏之澤者誤陳氏經曰兖州畧不及山知多平地河患為甚也說文濉水在宋又曰汳水汳今作汴蓋避反字羅華云是隋煬帝所易鄭端簡謂汳音汴非汴水也豫州有汴水似未然受陳留浚儀今開封府祥符縣陰溝酈道元曰陰溝水出陽武縣至大梁合蒗蕩渠東南流同受鴻溝之目其川流之會左瀆東道者即汳水也至蒙在今歸德府城東南有大蒙城北蒙城大蒙城即蒙亳為濉水東入于泗水經注汳水出陰溝東逕雍丘縣北今開封府杞縣又東逕濟陽考城縣南今歸德府考城縣梁國睢陽縣北今歸德府商丘縣至蒙縣入睢水按睢水經睢陽縣南

汳水北來注之是濉之下流南入睢水桑欽云汳水至蒙縣為睢水疑誤睢水出陳留縣西蕩蒗渠地理志蒗蕩渠在河南郡滎陽縣西南首受濟東南至陳入潁過郡四行七百八十里桑欽云出梁國鄢縣亦誤東逕雍丘城北又東逕寧陵今屬歸德府睢陽縣南又東逕芒縣北今歸德府永城縣東漢臨睢相縣南今徐州沛縣漢沛郡治又東逕彭城靈壁東今鳳陽府宿州睢陵縣北今淮安府邳州睢寧縣又東南逕下相城南今淮安府邳州應劭曰下相水出沛國相縣故此加下入于泗謂之睢口地理志睢水首受蒗蕩水東至臨淮郡取慮縣入泗過郡四行千三百六十里韓邦奇曰汳水乃河之別流浚儀陰溝在祥符縣蒙在陰溝之東汳水至此名濉東歷徐州境入泗水古時汳泗皆在河之東南故濉入泗今河徙而南濉在河

西泗在河東灉爲河截斷今入河矣睢水一在開封府陳留縣經睢州寧陵縣一在歸德府夏邑縣經永城縣至鳳陽府宿州皆流入泗今一入河一入淮二水皆豫徐之水去兖尚遠經所謂灉乃河之别流兖州者故如沱潛二水或出荆或出梁也　愚按爾雅釋名灉反入反入者河決出復還入也兖州府志灉河在曹州東南二十五里或云即曹州黄水惟沮無考水經注濮陽城西南十五里有沮丘城臺城以水得名欤又地理志濮渠水首受濟于丘封水逕濮水出酸棗縣首受河東逕蒲城長垣濮陽至乘氏合濟水　酸棗今開封府延津縣長垣今屬大名府　闞駰以爲首受别濟即北濟臺棄

一從東流北出中牟由北入於河

鄭樵曰沱潛灉沮乃江漢淮濟之派流兖多灉豫多沮梁多沱荆多潛

欽所謂北濟。水経北濟又東北逕冤句縣故城北又東北與濮水會乃濟之別流在古爲沮水斷。蓋古河濟支流當在曹濮之閒自河遷濟伏今皆塞爲平地。諸家多引汳雎爲言夫兖與豫徐接界兖州之水流入豫徐此容有之但經文之沮本子余切雎水之雎乃許規切音雖漢高彭城之敗雎水爲之不流音義既殊津瀾亙別蔡傳引曾氏說疑雎水即沮水失考故耳

桑土既蠶是降丘宅土

孔傳地高曰丘大水去民下丘居平土就蠶桑降丘宅土與既蠶連文故知是就蠶桑也正義下丘居土諸處皆然獨於此州言之者鄭玄云

此州寡山而夾兩大流之間其民尤困水害既除于是下丘居土以其免于厄尤喜故記之曰按許譜衛地封邑東及兖州桑土之野孔穎達云濮陽在濮水之北郡縣志濮水在曹州南是為桑土後世所謂濮上桑間者是也濮州志兖之桑濮為上入其境蔭蔽阡陌史記齊魯千畝桑其人與千戶侯等漢志稱齊人織作冰紈綺繡冰謂布帛之細其色鮮潔如冰也號為冠帶衣履天下則其地宜桑可知王氏英曰今德博河間產絲最多茅氏瑞徵曰帝王之利天下其大者農桑而已史于冀曰既作于兖曰既蠶水土既平率天下耕而食織而衣即冀兖之間自饒辨之寧事東南之秔稻吳越之

杼柚哉　愚按蠶為龍精與馬同祖鄭玄云月值大火則浴其種稽康云火蚕十八日寒蚕三十日禮記桑于公桑風戾以食之以其性惡濕故也桑種甚多而魯蚕稱最王盤農書云荆桑久遠魯桑茂盛荆桑宜飼大蚕魯桑宜飼小蚕秦少游謂河濟之間一婦不蠶則爭詈之故知兗人可為蚕師衛風稱抱布貿絲蓋自昔然矣

厥土黑墳音粉厥草惟繇音遥厥木惟條

墳訓起如春秋傳祭之地地墳是也馬融曰有膏肥也方言青幽之間凡土而高且大者謂之墳繇悅茂也條修暢也正義九州惟兗徐揚言草木者三州偏宜之也兗宜草木則地美矣而田非上者土下溼故

爾。陳氏大猷曰兗徐揚居河濟江淮下流水未平則為下濕于草木非宜水既平則為沃衍於草木尤宜故淮三州言草木。

厥田惟中下厥賦貞作十有三載乃同。

田第六諸州賦無下下。貞即下下爲第九。秦傳賦第九爲貞示君天下以薄賦為正也金氏履祥曰貞字本下下字也古篆凡重字者或于上字下添二。兗賦下下篆從下二，或誤作正。通為貞。蘇氏書傳貞正也。隨田高下賦之正也。此州田中下賦亦中下。按中下是雍州之賦。九州賦無重出則此說為未安矣

作耕作也疏訓役工作務言治水也陳氏雅言曰

洪水之害兗尤甚故賦在第九而尤必至十有三載然後同于他州蓋地利之美有未闢故田積高而賦為下下人功之脩有未齊故賦既薄而其入尤遲鄭氏曉曰以人事言生聚以十年而復以天時言氣化以一紀而周今猶緩之至十又三年而後耶　朱氏震曰貞者隨所卜而後定之名也兗地最卑狭水患雖平盈虛未卜故必作十有三載歷〻試之史記太陰〔正義曰歲後二辰為太陰〕在子旱明歲美至卯穰明歲衰惡至午旱明歲美至酉穰明歲衰惡蓋歷十二辰而豐儉可定始可得其大同之法也〔按洪範曰貞曰悔又国語貞于陽卜貞作卜解其義本此〕　朱子曰兗

州記作十有三載此言專為治河禹治水八年此言十三載者通始治水八年言之則此州水平其後他州五年𣴎朱子說亦同疏義

厥貢漆絲厥篚織文篚作棐漢書

蠶桑兗所素習則絲繅為良水山多漆故其地又宜漆林也衛風椅桐梓漆亦兗產舜作漆器而諫者九人何亦貢之祀戎大事皆不可無治絲曰織文即絲所成者錦綺之屬漢世陳留襄邑置三服官使制作衣服是兗州綾錦美也鄭氏玄曰貢者百功之府受而藏之其入于篚者入于女工以貢篚別之

呂氏祖謙曰八州所貢皆衣服器用之物斯稱惟正之供林氏曰八州之貢兗雍最寡荊揚最多九州要記雎渙之間出文章水經注雎渙二水出蒗蕩渠述異記雎渙二水波文皆若五色一名績水天子郊廟御服出焉所謂厥篚織文也

浮于濟漯達于河梅膺祚曰漯本作濕或省作漯後以濕為乾溼之溼而漯又轉為漯字孟子瀹濟漯亦後人妄改上從曰後轉為漯則從田矣

濟詳導水漯水地理志出東郡東武陽縣今東昌府朝城縣東北至樂安千乘縣入海今濟南府濱州漢千乘地一云至青州府博興縣入海過郡三行千二十里水經浮水故瀆東北入東武陽東入河漯水出焉道元

云漯水上承河水于武陽縣東南浮水在頓丘縣漯水東北
南一名繁淵即澶淵班志趙南至浮水繁陽即此
逕清河縣北今東昌府恩縣又東北逕博平縣今屬東昌又東北逕援縣
西杜預曰濟南祝阿縣西北有援城今濟南府齊河禹城皆漢祝阿地高唐縣東今東昌府高唐州
漯陰縣北應劭曰平原有漯陰縣今巨漯亭是又東逕鄃平縣北今屬濟南又東北
逕千乘縣伏琛曰千乘城齊城西北一百五十里隔會水即漯水別名又東北為馬常坑
道元云坑東西八十里南北三十里按玉篇有坑字而勇切云地名也此註里數當是藪澤之名亂河枝流
而入于海史記正義濟漯二水上承黃河並淄青之北流入
海在齊西北界愚按近說濟入河而南出漯則河之支流也
或浮濟或浮漯各從其便夫所謂入河南出者以南溢之滎

言也滎澤在豫州若兗州之貢必假道于豫則入豫州之南河矣濟水出陶丘而北即經流兗境雷澤濟之鍾也沮水濟之別也至壽張而合汶至歷下而合濼今兗兗州府濟南府以北皆濟水也安在北南溢之滎為可達河耶今清平縣屬東昌有漯川古時蓋濟漯通流漢以後遂不相屬耳孔疏云從漯入濟自濟入河與經文所次水道不合當是從濟入漯從漯入河鄭端簡亦云舊作二道者非是王氏樵曰史記禹灑二渠引河其一漯也史記注自武陽縣東引河入漯水東北流至千乘入海而漢末河并作行漯水其後河徙而漯亦不復存或曰漯即濟水已湮濫滿漯無涯因名

曰漯羅泌曰漯自濟泒至東武陽入河今莘縣北二水東北與汶合流而入于海
愚按圖經漯河發源頓丘出東武陽至博平境輿地志水
經俱合桑欽地理志又云漯水出高堂按黃慶曰高堂今濟南尚城河自朝城東
北行四百餘里始至尚城漯乃道源于此蓋據歐說酈道元曰按竹書穆天子傳丁卯
天子自五鹿五鹿地漢屬頓丘晉文公受塊處東征釣于漯水尋其沿歷經
趣不得近出高唐桑氏之言蓋津流所次也考東昌志漯河
在高唐西二里一統志漯河在章丘縣東北七里源出長白
山在濟南府長山縣接鄒平界西北流入小清河小清河一名濼水即濟之伏流亦東名勝志濟
河從濟南府長清縣東北入漯水今章丘亦古高唐地近志蓋仍桑氏之失

酈説得其真矣應劭謂漯水入海千乘河盛則通津委海水耗則微涓絕流是此水固與河為盈涸也宋程氏謂出東武陽者乃漢河與漯殊異不知何據而云也鄭樵曰史遷河渠書厮為二渠復禹舊跡是以二渠出于禹及考之禹貢河自龍門至于大陸皆為一流至秦決魏都始有二流子長之論蓋誤指秦時所決之渠以為禹跡也　黄度曰孟子禹疏九河瀹濟漯而注之海史記河至大伾禹以河從來高湍悍難行平地厮二渠引河北載之高地其言最精確二渠濟漯也濟通滎濮鉅野旁連菏孟為渟涵游緩之勢漯行魏博淄齊間

羅泌謂漯自浮陽至滄州入海不至東武陽而入河皆

此兩段移在其後前

二渠説不同姑兩皆存

逶迤千餘里乃入海皆所以殺河暴怒然後得引而載之高地也孟康謂二渠一漯一出貝丘西南折王莽時空世稱王莽河者非也王莽乃是秦漢間河瀆自周河徙故瀆難憑矣又曰河過洛汭埶當就卑禹既疏濟然後引河而東過大伾又當就卑禹入疏漯然後引河而北于是河行漳洚瀆合滹沱滱易以入海所謂不逆地防附屬孫順者也按鄭黄二說不同然皆有見存之備考　唐高宗以濟漯不屬疑禹貢所記非實許敬宗曰禹導沇水東流為濟入于河今濟至温而入河水自此伏流過河而南出為滎又伏而至曹濮散出于地合而東汶水自

南入爲所謂溢爲滎東出于陶丘北又東會于汶也古者五行皆有官水官不失職則能辨味與色潛而出合而分皆能識之書又言浮汶達濟不言合漯漯自東武陽至于乘入海也見唐書本傳

禹貢長箋卷之三

東吳　朱鶴齡長孺撰

海岱惟青州

爾雅齊曰營州注自岱東至海即青州耶土居少陽其色爲青故名孔傳東北據海蔡傳易據爲至非西南距岱正義海非可越而言據者東萊東境浮海入海曲之間青州之境非至海畔而已漢末公孫度竊據遼東自號青州刺史越海收東萊諸郡堯時青州當跨海而有遼東舜分青州爲營州即遼東也風俗通泰山曰岱宗岱始也宗長也萬物之始陰陽交代故爲五岳

通鑑獻帝[illegible]年公孫度爲遼東太守度越海收東萊諸縣置營州刺史自稱遼東侯平州牧

長王者受命恒封禪之史記泰山之陽則魯其陰則齊泰山在今濟安府泰安州凡十八盤有日觀秦觀越觀山海經注從山下至頂四十八里三百步金氏履祥曰青州于中國為正東故名從東方之色岱起東方為中國水口表鎮連延而生諸山北即原山汶水出其西淄水出其東東即蒙艾為沂水諸源入東濰山濰水所出西南即泗水所出青徐乃形勝要害之地蘇秦曰齊南有泰山東有瑯琊山在諸城縣東南百四十里東枕大海始皇築層臺其上西有清河水經淇水自館陶東北過廣宗縣東為清河漢因置清河郡北有渤海四塞之國也太史公云齊自泰山屬之瑯琊北被于海膏壤二千里古稱東西秦秦得百二齊得十

程大昌曰百二者言地據險而人力倍蓰得百矣則其力倍之如二百人也齊得十二亦然魚鑄山煮海之利故富强甲天下史記齊之所以為齊者以天齊也括地志天齊池在臨淄縣東南十五里愚按冀州北邊狄而清州近在肘腋不厚設藩籬外夷易窺內地故舜增置營州所以廣宣德意屏障神京周職方又合之于幽州則疆理之固乎其時也王氏樵曰古青州之境先儒皆以為越海而有遼東然稽之於經青州貢道自汶達濟別無海外貢道而冀州島夷皮服夾右碣石入河正遼東入冀之貢道乃青州北境所至之海也則遼東屬冀非屬青營自冀而分非青之所分也又曰中國疆界固有非至海畔

而止者如珠厓在大海中自為一隅而屬于嶺南然雖越海而土俗相接又他無可附者遼東則固中國之東壤耳豈有不屬接壤之冀而遥屬隔海之青乎蔡仲默于冀州傳中引程氏云冀之東北境則漢遼東西右北平是矣于舜典傳中乃仍用孔氏之說至此易㨿為至而不明其故是尚無歸一也愚按周併營州于幽州職方氏其澤藪貕養其浸菑時鄭康成註皆在青州域内則周之幽州半得青州故壤又爾雅石青州曰營州馬融云舜以燕齊遼遠分燕置幽州分齊置營州亦同孔氏之說蓋古今州郡之分當取犬牙錯制不拘

方幅背之越海尚何疑耶（国初遼東鎮原附山東後雖改隸京師與登萊海道国自相屬）齊乘青州東北跨海跨小海也本名渤海亦謂之渤澥海別枝名也自平州碣石南至登州沙門島是謂渤海之口闊五百里西入直沽幾千里爲漢王横乃謂九河之地淪爲小海然則唐虞之時青州跨海者跨何海耶蔡氏書傳金履祥通鑑前編皆祖横説又謂小海所淪青兗北境悉非全壤豈二州北境有荒漠棄地爲海所漂沒而歷代信史不之書耶無是理也愚按（青州府志）今青州府諸城縣東南近海太公四履東至于海是也樂安壽光漢北海郡治北岸海則漢書所謂北海也古称

小海其登萊之海在正東又非禹貢所表識

班固配十二次自須女八度至危十五度為玄枵之次費直起女六度蔡邕起女二度玄枵一名天黿爾雅玄枵虛也于辰在子齊之分野左傳鄭裨竈謂歲在顓頊之虛姜氏任氏實處其地是玄枵為齊分星也天官書平旦建者魁海岱以東北晉天文志虛危齊青州齊國入虛六度北海入虛九度濟南入危一度樂安入危四度東萊入危九度平原入危十一度菑川入危十四度

周職方氏正東曰青州其山鎮曰沂山其澤藪曰望諸其川淮泗其浸沂沭其利蒲魚其民二男一女其畜宜雞狗

其穀宜稻麥通典青州之界從岱山東歷密州東北歷海曲萊州越海分遼東樂浪三韓之地西抵遼水也周以徐州合青州其北益大秦置郡為齊郡瑯琊之東境遼東漢武置十三州為青州後漢晉魏因之漢地理志周成王時薄姑氏與四國共作亂成王滅之以封師尚父詩風齊國是也顏師古曰武王封太公于齊未得薄姑之地成王以益之也薄姑左傳作蒲姑太公四世孫胡公自營丘徙都之薄姑今博興縣營丘今昌樂縣俱屬青州府齊地東有淄川東萊瑯琊高密膠東南有泰山城陽北有千乘清河以南勃海之高樂高城重合陽信西有濟南平原皆齊分臨淄本名營丘齊都海岱

之間一都會也其中具五民士農工商賈後漢郡國志青刺史部
郡國六濟南平原樂安故千乘郡和帝改北海青州西境為濟南東境為北海東
萊徐國青州刺史治臨淄通考漢時為郡國十二郡則北海濟南
文帝時為國後復齊瑯琊東境是東萊遼東樂浪玄菟國則高密文帝
別為膠西國宣帝更為高密膠東淄川城陽城陽國治莒光武合為瑯琊國移治開湯又合淄川
高密膠東二國屬北海唐地理志河南道古青州域青北海淄淄川析齊州置
密高密今諸城縣登東牟析萊州置萊東萊齊濟南為玄楞分通典河北道
則安東府宋史京東東路府一曰濟南州六曰青淄濰萊
登密通考宋分青州為青冀二州青領郡九理臨淄冀領

郡九理歷城大明一統志古青州今山東省青州秦置齊郡漢曰北郡晉北海樂安二国地隋唐曰青州宋為　鎮海軍元改益多路其地憑負山海東道之雄登州古斟尋国春秋牟子国秦屬齊郡漢以下並屬東萊唐置牟州治牟平改登州治文登元屬益都其地四面阻海惟西南一路接萊州府城州萊州春秋萊子国秦屬齊郡漢為東萊郡北魏曰光州隋唐曰萊州其地東亘羅山西阻濰水南距神山北枕渤海三府其濟南府詳見兖州則兖青二州城歷城章丘鄒平淄川長山新城濟　東濟陽屬青州遼東都司詳見冀州則冀青二州域舜分青東北為營州秦以營州為遼東郡今廣寧以東是當屬青州鄭曉曰遼水以東遼陽一路是

愚按古稱三齊者右即墨中臨淄在平陸也史記註平陸兖州縣在大梁東界青徐之險在于廣固曹嶷所築劉裕滅南燕夷其城南有大峴足恃

在臨朐故淄聦勸慕容德都之然地雖稱四塞而非用武之國帝王之興未嘗由此宋時海中諸夷朝貢皆道登萊嘗宿重兵習水戰為京東屏捍今猶置倭都司焉

嵎夷既畧嵎夷史記作禺銕嵎說文作堣

嵎夷即堯典宅嵎夷在今登州府齊乘云即寧海州寧海唐牟平也畧界也魏了翁曰畧字從田從各謂有界限分明即春秋傳天子經畧之畧蔡傳為之封畛是謂封植以定界開畛以疆田孔傳用功少曰畧謬楊慎曰左傳經畧注聚土為封曰畧經是巡行畧是邊界既畧謂立邊防以界嵎夷丘天子經畧之事也孟子云此其大畧字本借

言謂得其邊而未盡其中冀州先水後土與他州異以青受水患淺地平不盡由水治也

濰淄其道濰漢書作惟淄漢書作甾

濰水地理志出琅琊郡箕縣今青州府莒州箕屋山括地志密州莒縣山濰水所出北至北海郡都昌縣今萊州府昌邑縣入海過郡三行五百三十里齊乘云漢志濰作淮故俗亦名淮河水經注濰水導源濰山東北逕諸縣今青州府諸城縣漢琅琊郡治東武縣西故城在今諸城又北合盧水地理志水出琅琊横縣一名九台水逕平昌縣東地理志琅琊郡屬高密縣西今屬萊州府縣南十里古人當以為塘溉田方二十餘里又北逕昌安縣東左合汶水青州府志至安丘合汶此東汶也又東北逕

下密縣西今萊州府濰縣都昌縣東入海淄水地理志出泰山郡萊蕪縣今屬濟南府春秋夾谷地原山東北括地志淄州淄川縣東北原山淄水所出東北至千乘博昌縣今青州府壽光縣入海水經注淄水出原山世謂之原泉東北流逕萊蕪谷又東逕臨淄故城南今屬青州又東過利縣東地志屬齊郡在濟城北五十里東安平城北集解云安平縣在臨淄縣東十九里古紀之酅邑也博陵有安平故此加東又東逕巨淀縣南地理志作鉅定縣有巨淀湖溇武帝東萊耕此今名清水泊又東北逕廣饒縣南今青州府樂安縣入馬車瀆齊乘云清水泊北出為馬車瀆今高家港也乱流至琅槐入海汶水注又云淄水出太小梁父縣東縣有梁父山開山圖云太山在左亢父在右亢父主生梁父主死在今泰安州西南流逕紫縣北地理志屬太小郡

地志云入濟，水經注云入海。若爲東漢以下，乃濟水入海處，淄水入海之説可濟水西南所作

又西注汶水所謂榮汶也　愚按濰在東南淄在西北參傳淄水至博昌入濟山東通志亦謂今淄水逕臨淄益都壽光界入濟水與班志桑經不合豈古今世懸川域改道乎不然若禹時入濟則貢道亦由之矣　又按水經濰水出琅邪箕縣濰山說文出箕屋山淮南子出覆舟山實一山也在今莒州北百里莒州即漢城陽淄水多伏流俗謂上下有十八漏地志水黑爲淄數里之間波若漆者齊乘出益都縣今屬青州府東南二十五里岳陽山東麓古萊蕪地岳陽即原山　鄭氏曉曰青西南雖距岱而無群山之險故嵎夷略而琅邪左右皆樂土東北雖

至海而非衆流之衝，故濰淄道而濟汶上下皆安流。厥土白墳，海濱廣斥。斥漢書作潟說文東方謂之斥，西方謂之鹵。斥鹵，鹹地。爾雅鹹苦也鹹殊極兑苦可煮爲鹽。正義：海畔迥潤，地皆斥鹵，故曰廣斥。言水害除，復舊性也。林氏之奇曰：此州之土有二種，平地之土色白而性墳，海濱之土瀰望皆斥鹵。是按州境瀕海者三，青土獨舉海濱，以鹽利所開，誌其始。王逵曰：水味鹹，而海水獨苦鹹，蓋亢極而反之義也。水極則反，火然過土而煎熬爲鹽，則純鹹矣。是藉土以制其太過，遂復本性云。

厥田惟上下厥賦中上

田第三賦第四

厥貢鹽絺海物惟錯岱畎絲枲鉛松怪石萊夷作牧厥篚檿絲

檿史記作酓

周禮鹽人掌鹽之政令祭祀共其苦鹽刮于地者散鹽煑于波者賓客

共其形鹽象虎形散鹽王之膳羞共飴鹽今戎鹽味甘水經注朔方有青鹽澤一名

戎鹽入藥漢置典官管子海王之國謹正鹽筴又曰齊有渠展地名之鹽

燕有遼東之煑史記山東食海鹽山西食鹽鹵嶺南沙北往

往出鹽顏師古曰古夙沙氏初煑海為鹽其後又出河東大鹵臨邛火井焉今則處〻有之按今行鹽有四一曰

末鹽海鹽也淮浙長蘆閩廣皆是次顆鹽池鹽也出解州次井鹽鑿井取之出蜀次崖鹽生土崖門出秦　愚按鹽之名見于經始此然禹時以下貢上皆食用而已未以爲利也太公通魚鹽之利亦以爲民用之富國起于管子至漢武專置鹽官行禁榷之令而其利遂與古今相終始矣絺即冰紈之類小爾雅葛之精者曰絺粗者曰綌海物可資供御者其種非一故以惟錯揔之或曰錯與上〻錯之錯同海物不可長得則錯雜于鹽絺之間而間一貢焉畝訓谷是兩山間流水之道釋水云水注川曰谿注谿曰谷麻有子曰枲無子曰苴賈公彦曰喪服傳牡麻者枲麻也對苴是麻之有蕡實者鹽鐵論古者老而衣絲其餘則麻枲而已故命曰布衣其後乃絲裹枲表錦青

金也古稱黑錫說文能殺蠱毒北土無松故取于岱詩曰徂徠之松徂徠與岱相接也怪石孔傳云好石似玉如文登之文石文登山在登州府文登縣徐州之碭石碭文石其山出焉因以名縣可為器用泰山之谷出此五物也萊夷萊山之夷萊山在登州府黃縣春秋有萊侯萊人夾谷之會萊人以兵刼魯侯作耕作牧爲牧海水患除始爲牧也檿柘屬爾雅注檿山桑材中作弓及車轅考工記工人取幹柘為上檿次之檿說文山桑有點文者詩其檿其柘周語檿弧箕服檿絲繭出山桑不浴不飼取為繒帛尤堅韌難敝今萊人謂之山繭蘇傳因萊夷作牧而後有此故書篚在牧之後愚按凡物之產遷乎其地而非為

良故凡謹誌所出不貴之以所無也青兗之間所貢絲纊枲多盖蠶為龍精上應天駟郭璞云龍為天馬故房四星謂之天駟此政宜于東方爾蔡氏元定曰貢物不以精麗為序而以多寡為序青州號居多故叙于先也敬此朱子曰青萊夷徐淮夷揚島夷間于貢篚之間意時貢土物以明來王之意歟愚按唐虞之世青徐內服何得有非種雜居所云萊夷淮夷不過近地邊海之人習俗少異者耳歷綠雜出東萊實附通州貢內非萊夷以此貢也　史稱齊地饒魚鹽其俗侈織作冰紈綺繡純麗之物號為冠帶衣履天下故青州之貢較他州特繁乃

今者海錯盛于嶺粵而海岱則微盐水廣于淮滄而青徐不逮緣枲不及三吳怪石僅稱徐碭豈山川物力亦因時而衰旺歟抑三代以後人情競勝所在搜奇而貢額亦绝異也

茅氏瑞徵曰盐貢見于絺遂開夷海富齊之端管仲以盐筴霸齊亦止一隅嗣是桑孔推其法于天下劉宴增其課于江淮大曆後榷利日盛（刘宴時奔天下盐利歲纔四十萬緡大曆增至六百餘萬緡宋元佑間淮盐與解池等歲四百萬緡比唐擧天下之賦已三分之二紹興末泰州海亭一監三十餘席為鈔六七百萬緡則是一州之数過唐擧天下之数矣見宋史食貨志）沿至今日兩淮盐引踰七十萬引（何楷曰天啓以前兩淮額課六十七萬崇禎後又增開三十二萬新舊正盐引每年行一百七萬除中遏本

色共歲解京運銀乙百五十三萬八千三百有奇浙次之河東又次之東有反出其下遠甚

浮于汶達于濟

汶水地理志出泰山郡萊蕪縣原山山在縣所南六十里西南入濟蔡傳入濟在鄆州中都縣水經汶水出泰山萊蕪縣原山西南過嬴縣南春秋桓三年公會齊侯于嬴又東南過奉高縣北漢泰山郡治為牟汶汶出牟縣故城西南逕泰山東又東南流逕明堂下漢武作明堂于汶水古引水為辟雍處為石汶又西南流逕徂徠山西鄆山記徂萊山在梁父奉高博三縣界過博縣西北在今泰安州城東春秋哀十一年會吳伐博又南左會淄水為柴汶又南逕鉅平縣東有暑

道西魯道有蕩齊子由歸　又西南逕魯國汶陽縣北　今兗州府曲阜縣春秋齊人歸汶陽之田
又西洸水注焉　呂忱曰洸水出東平上承汶水于剛縣西闡亭東逕太山寧陽縣南合洙水又西南逕乘
丘又南至高平入泗水高平地理志屬山陽　又西過蛇丘縣南　縣有鑄城蛇水絓之左傳所謂蛇淵
闡也　又西南過闡縣北　在今兗州府寧陽縣地理志作剛故門也春秋齊人取讙及闡亭　又西
南過無鹽縣南　今兗州府東平州地理志故梁也宣帝時別為濟東國故　壽張縣北　今兗州府
壽張縣　又西南至安民亭　亭北對安民山今曰安山　入于濟〻水至乘氏分
為二其東北流者過壽張縣西界安民亭南汶水東北來注
之又北過須昌縣　須昌漢志屬東郡古須句國即夫子所宰之中都今東平州汶上縣是　又東
北過魚山東　東河縣魚山一名吾山瓠子歌功無已時兮吾山平即此在安山東有漢隄遺跡　左會

馬頰水即濟之支津又北逕清亭東京相璠曰濟北東河東平回十里有故清亭水色清深此即清濟春秋公及宋公遇于清又北逕穀城縣今兗州府陽穀縣拈地志穀城在濟州東河縣東二十六里平陰城今兗州府平陰縣春秋晉侯伐齊ㄟ侯禦諸平陰城南有長城東至海西至濟河道所由名防門西又東北過盧縣北漢濟北郡治和帝分泰山置今平陰長清皆漢盧縣地又東北濼水出焉出歷城北流注濟謂之濼口春秋公會齊侯于濼又東北逕華不注山在濟南府城東北左傳齊頃公敗于鞌三周華不注又東北過臨濟縣南今濟南府章丘縣又東北至博昌今青州府博興縣郡国志博昌縣有薄姑城在臨菑縣東北五十里近濟水樂安今屬青州府地理志屬千乘縣南入于海今名大清河古濟今汶王氏樵曰濰淄二水不通河濰去汶遠惟淄與汶俱出原山而貢道由汶者入濟故也

海水出原山之陰東北入海汶水出原山之陽西南入濟胡瓚曰今張秋北有鹽河即大清河通會城是浮汶故道齊乘入濟之汶見禹貢北汶在汶上縣北入濰之汶見漢志東汶入沂之汶見水經水經沂水註蒷崮水二源蠮會東蒙一川俗謂汶水東逕蒙陰城陽流入沂齊有三汶清河為大入有嬴汶牟汶柴汶浯汶在三汶之外道元云浯水出浯山東北入濰也謂之浯汶又曰水經注濟枯渠注鉅野澤澤北則清水濟瀆南被孟諸北注鉅野王莽時枯竭故曰濟枯渠注鉅野濟水又北汶水注之戴延之所謂清口也自鉅野北出至四瀆津與河合流四瀆津在高唐西南鉅野今梁山泊也北出為清河古自（今兗州府東平州）壽張合汶水汶水至東平城南其西即安山閘閘下請口有古安民亭遺址清濟與汶合處今閘清水南逕任城濟寧州則

清濟不入汶汶自行古清河矣愚按禹貢汶水出萊蕪入濟酈道元云汶水自桃鄉四分其泒別之處謂之四汶口又西南合爲一所謂北汶也其青州之汶水經出瑯琊朱虛縣今青州府臨朐縣古駢邑東泰山郭璞云別有東小泰山在今朱虛縣汶水所出山上有長城西接泰山東連瑯琊大海千餘里田齊築以備楚地志東至安丘入濰所謂東汶也淮南子汶水弗其高誘註弗其山在朱虛縣東此是東汶董氏曰出萊蕪者今須城之汶是出朱虛者今濰之東南有大汶小汶是論語之汶上當是北汶蓋汶在齊南魯北閔子云必在汶上者欲北如齊也又按今大清河即濟水故瀆古時挾汶入海水經入海在樂安山海經亦云濟水絕鉅野注渤海在瑯槐東

北應劭曰博昌東北八十里有瑯槐鄉故縣也為今青州府界而各志俱云濟河故道經濟陽齊東武定青城濱州蒲臺利津入海皆濟南屬邑與古經不合疑濱利并縣在漢為樂安博昌地川邑世殊非誌載之譌也今小清河即濼水發源濟南趵（音剝）突諸泉酈道元所謂泉源上奮水湧若輪者也本濟水伏流北出為大明湖（河在濟南府城內周十餘里）與大清河合今下濼堰濼水舊入濟處（堰南即小清河）東逕章丘會漯河又東逕鄒平長山新城（俱屬濟南）又東逕高苑入博昌樂安界（俱屬青州）合烏河（齊乘云即時水）蓋北至馬車瀆入海或云古濼水自華不注東北伏淄所發

入為大清河僞齊劉豫導之東行始為小清河云
考近志汶源有三一出泰山之陰仙臺嶺一出萊蕪原山之陽一出萊蕪寨子村會泰山諸泉至静封鎮合為一謂之大汶口西南流與徂徠山陽小汶水合經泰安州寧陽縣西北分為二其一由堽城（疑即古剛縣）南流別為洸水經嵫陽濟寧境其一由堽城西流至東平州東五十里會坎河諸水入大清河由東阿而北至利津入海（至利津寫国此鹽場入海）故道也自元人于寧陽縣東築堽城壩以遏其入洸之流
國初又于東平州東築戴村壩以遏其入海之路于是全

流盡入運河而入海之道多塞其汶水既入運河者又從張秋分流復由故道會諸州縣溝泉之水合小清河東北注海宋初都汴京東之粟濰密以西州郡是歷曹濟及鄆入五丈渠在魚臺縣至京師元初開濟州新河由大清利津諸河入海由海道至直沽既而海內沙塞復從東阿陸輓至臨清入御河元初之漕汴河至中灤陸運至淇門復由衛河以達京師中灤在封丘縣西南黃河北岸淇門在濬縣西南即古枋頭又開膠萊新河以其自膠抵萊故名膠萊以通海道其後開會通河自濟寧直達臨清水運四百里然河渠淺澀舟不負重歲運不過數十萬石終元之世海運不能廢也國初

給餉遼卒，海運如故。永樂都北，亦嘗行之。其後復濬會通河，于是漕利通而海運罷，膠萊故道亦遂湮廢。東阿志

杜佑言：今東平、濟南界中有水流入海，謂之清河，實菏澤、汶水合流，因舊名稱濟，非濟水也。漢以後汶所由道，則自開城西南流至汶上之北，回汶口，又西北流過東阿縣西，又東北流五百里入于海。其後元人開濟州河渠，遏汶入洸，至任城會源閘而分（今濟寧天井閘），會源閘之水分而北流者，至須城之安民山，入清濟故瀆，以通海運。未幾開會通河，自安民山遏臨清，而汶水始會于漳（在東昌府），不由濟瀆入海。

故元初海運謂之引汶入濟〻者濟故道也其後開會通
謂之引汶絕濟絕者濟為漕河所過不得東也而大清河
至是不謂之濟而謂之汶矣及考今河流其源出東平北
盧山之陽謂之芦泉西南流逕東平城北坎河水南來會
之坎河者汶下流也國初丁坎河之南築戴村壩遏汶水
北流之道使南入于運然每秋水泛溢決戴村壩而西至
東平城南又折而西北入大清河至魚山南龐家口小鹽
河水西來注之小鹽河者運河所出汶支流也汶水由戴
村壩南流逕汶上之北至南旺而分其分而北者由沙灣

五空橋洩之而東，至麗家口入大清河。大清河又北逕魚山西，龍溪水南來注之。又東北入平陰境，又東北由長清、齊河過濟南之北，至利津入海也。春夏旱暵，坎河水西來者少，則芦泉諸水獨行大清之渠，以會沙湾諸流。故今所謂大清河者，第得汶之首尾，而實以東平諸泉由濟故瀆入海，蓋亦不得専謂之汶矣。海上鹽舟至濼口，由大清河而上，南至東平，西至張秋，故大清謂之鹽河。于慎行曰：汶水由東平北流，合北濟故瀆以入于海；泗水由曲阜南流，合南濟故瀆以入于淮。此水經故道也。自元憲宗七年宋理宗季年濟倅畢輔國始于堽城之左作斗門過汶流至任城入泗以餉宿蘄戍邊之衆謂之引汶入濟此堤城壩所由始也世祖至元二十年以江淮水運不通自任城開渠達于安山凡百五十里為一牐于奉行即堽城壩以遏汶水入洸為一牐于兗州即金口壩以遏泗水會洸合而至任城會源牐在今濟寧南北分流此天井閘所由始也二十六年用壽張尹韓仲暉言復自安山西南開河由壽張西北至東昌臨清直屬御漳凡二百五十里建牐三十有一謂之引汶絕濟此會通河所由始也國初河決原武會通河塞永樂九年命尚書宋禮苻濟其故道過汶水全流南出汶水之西築壩于東平戴

村橫亘入于南旺南旺最為高阜而河自跨焉在汶上縣西三十里濟寧州北捌十里分而
五里為二六分北流以達御漳入海四分南流以接沂沭入淮此南
旺所由分也北舊河北徙幾二十里又于戴村北留坎河口溢則決之以入海涸則塞之以濟運由是
汶水不復入洸而會通河復矣然當會通初開未受河患安流者百年至
正統景泰以後河徙徙決祥符黃陵諸口橫貫張秋運渠
東流入海而運受河患于北于是徐有貞由張秋西岸達于竹口謂之廣
運渠劉大夏于張秋西岸塞決口九十餘丈又于舊決之南為減水石壩以蓄洩漕渠之水相繼築
塞此張秋決河所由平也正德嘉靖以後徙徙決曹單諸
口直貫魚臺塌場口東南入淮而運受河患于南于是盛

應期朱衡相繼治之遂于昭陽河東岸（夏鎮至留城）開渠百四十里以避河水之險而運道始安此夏鎮新河所由成也揔之漕在東省出入郡境十居其七而沂泗汶洸諸水（汶之支為洸泗之合為沂見兗志）挾百八十泉之流互相輸轉以入于運自金口堰修而泗水盡入于漕戴村堰修而汶水盡入于漕張秋功成而河之北決塞夏鎮功成而河之南道徙故漕之利在汶與泗其要害在河　茅氏瑞徵曰汶水西流其勢甚大而元人與濟寧分水遏汶于堽城非其地矣每遇水發而奔坎河洸流益微運道甚壅故元時會通歲漕不

過數十萬至本朝于戴村遏汶南旺分水而汶始以全流濟運矣（此用老人白英計）兗州府志臨清而北衛水之流盛徐沛而南河水之流微惟自臨清南歷張秋南旺濟寧以至茶城數百里賴汶泗沂洸諸泉之水以濟（程敏政曰泗沂洸汶之水畢會于濟寧而分流于南北）王氏樵曰今漕輓之道南自淮陰北抵海口計三千餘里而山東泉水之通運河者不過汶泗諸流當河之未南徙也以汶泗諸流濟三千餘里而未嘗不足及河之決而入運河也不憂其泛濫則疑其淤塞雖有山東諸泉不復爲運河之利何也蓋黄河未來運道命脈全

頼諸泉故當時建閘築壩以節宣之尺寸之水盡為漕用黄河既來而運道不資于泉故泉政日弛泉流日微或為豪强所侵或為砂礫所塞譬猶人自精神愛養則富盈耗散則隨竭無足怪也　國初山東轉漕全倚汶水濟運原不資于黄河說者謂引黄濟漕如延寇入室正統十三年黄河決滎陽至陽穀入漕河潰沙灣以達于海景泰四年徐有貞塞治乃分流自蘭陽東至徐入漕河以疏殺之而河始合于漕正德以後黄流益盛當其漫溢濟汶諸水皆從之入海而會通輒水衝沙閼于是治運難而治河益難

矣。先時自淮達濟，廣置隄防，政恐黃河衝入為害。今徐洪以下及專恃河為運，及水不至，則開濬以引之，挑淺築隄，歲無寧日。嗚呼，可無長策哉！輯諸家說。

今運河經流全在徐兗二州之境，因汶濟二水經見青州，故梁說係之於下。

禹貢長箋卷之四

東吳　朱鶴齡長孺撰

海岱及淮惟徐州

爾雅濟東曰徐州（注自濟東至海）孔傳東至海北至岱南及淮蔡傳徐州之域西不言濟者岱之陽濟東爲徐岱之北濟東爲青言濟不足以辨故畧之爾雅濟東曰徐州者商無青并青于徐也周禮正東曰青州者周無徐并徐于青也章潢曰洪水之害淮爲大禹于其下流施功爲多故建徐州周時碣石淪海正東之地不及于虞故有青兗則離革徐州而東方之地

不為有餘也林氏之奇曰一州之境必有四至七州皆有二至蓋以隣州互見此獨識其三邊者嫌同于青揚熊氏禾曰徐州沂泗諸水在其前冀東兖豫之地皆可接引而在懷抱拱揖之内亦東方一形勝也徐即魯境地連淮海東表其俗有二曲阜沂泗則文雅禮義之邦而彭城則其俗雄傑鷙悍淮夷徐戎皆在其地文穎曰彭城故東楚也項羽都之謂之西楚愚按禹時淮北為徐淮南為揚州周淮北為青州春秋時淮北為魯為齊為宋南為吴故晉欲通吴必假道宋之彭城後楚破越東侵泗上盡取故吴地而淮南北皆為楚矣晉分淮北為北徐州淮南為南徐州

班固配十二次自奎五度至胃六度為降婁之次費直起奎六度蔡邕起奎八度爾雅降婁奎婁也註云奎為溝瀆故名降〻下也于辰在戌魯之分野昭七年四月日食于豕韋之末降婁之初士文伯以為魯衛之惡衛豕韋也魯降婁也周四月今二月日在降婁屬徐州春秋元命苞天氐星主司羽翼流為徐州別為魯國廣雅北斗七星四為杖〻為徐揚州晉天文志奎婁胃魯徐州東海入奎一度瑯琊入奎六度高密入婁一度城陽入婁九度膠東入胃一度詩譜魯少昊摯之虛國中有大庭氏之庫成王以封伯禽其封域在禹貢徐州大野蒙羽之野宋陶唐氏火正閼伯之虛武王以封微子啓其封域在徐州泗濱西及豫州孟豬之野元和郡縣國禹貢徐

州之域春秋時京滕薛小邾偪陽之地云国時屬楚通典兗州魯其分野兼得宋齊吴之交秦置郡此為泗水瑯琊之西境薛郡漢又加置東海郡武帝置十三州復以其地為徐州後漢因之漢地理志魯地東至東海南有泗水至淮得臨淮之下相睢陵僮取慮音趨閭皆魯分地厖民衆頗有桑麻之業無林澤之饒宋地今之沛梁楚山陽濟陰東平及東郡之須昌壽張皆宋分志又云東平須昌壽張皆在渚東屬魯非宋地也當考濟陰定陶詩風曹國也宋至景公滅曹後五世亡為齊楚魏所滅齊得其濟陰東平楚得其沛史記自鴻溝以東芒碭以北屬鉅野此梁宋已陶睢陽亦一都會也後漢郡國

沛國在入徐州

志徐州刺史部郡國五東海琅琊彭城廣陵下邳徐州刺史治郯

通考漢時為東海臨淮章帝并入下邳山陽魯郡而琅琊郡南境是泰山郡南境是沛郡東境是泰故泗水郡附為國則楚泗水武帝分東海郡置

唐地理志河南道古徐州域宋碭山軍父是徐彭城宿析徐泗二州置鄆東平曹濟陰為大火分兗專郡海東海沂琅琊泗臨淮本下邳郡為降婁分濠鍾離為星紀分內宋曹二州通典入豫州鄆州通典入兗州濠州通典入揚州宋史京東〻路則沂州淮陽軍京西〻路則襲慶本兗州東平本鄆州二府徐單二州淮南東路則宿海泗三州漣水軍今安東縣大明一統志古徐州為今南直隸徐州春秋宋地戰國屬楚漢楚國沛郡地後漢及晉並為

彭城国唐置武寧軍元屬歸德府其地東接齊淮安府春秋魯此屬趙魏南通江淮西控梁楚歷代重鎮屬吳後屬越戰国屬楚秦屬九江郡漢置臨淮郡後漢為廣陵郡下邳国晋為山陽郡隋唐貿楚州南宋與金為界其地控山阳海江淮要衝則徐揚二州域淸河安樂桃源沐陽海州贛榆邳州宿遷睢寧在淮北屬徐州山東兖州府詳見兖州則兖徐二州域嵫陽曲阜寧陽鄒縣泗水滕縣城武嶧縣金鄉魚臺單縣濟寧州嘉祥鉅野鄆城曹州曹縣定陶沂州郯城費縣屬徐州按荷澤在豫州詩譜曹国在雷夏荷澤之野則曹縣定陶昔地應為兖豫二州之域鄭端簡云曹州南境是徐州鄭又以青州府之莒州沂水日照安丘諸城蒙陰屬徐州

蘇氏軾曰徐州三面被山獨其西平川數百里直走梁宋使楚人開關而延敵材官騶發突騎雲從真若屋上建瓴水

也陳師道曰南守則畧河南山東北守則瞰淮江于兵家
為守攻之地　于慎行曰余覽古圖經北紀諸山負地絡
之陰並太行王屋東踰雷山至醫無閭而止南紀諸山負
地絡之陽連桐柏熊耳入于甌越江淮河濟東下如建瓴
矣岱宗獨立海上西向而揖群山汶洸沂泗出其支麓旋
之如帶以入于海其狀若負扆云徃河流燕齊間由岱之
北挾濟入海今徙徐方傾及出岱岳南挾淮入海斯地道
所由變遷也　陳繼儒曰唐一行云天下盡于南北兩戒
北有黄河南有長江夹中間大地曰中條中條之西為豐

鎬上應太嶽垣為天下之至險豐鎬而東至洛邑上應紫
薇垣為天下之至中文武既都之其中條黄河長江夾之
盡處忽泰山揷天截水西向其左為河濟入海之道其右
為江淮入海之道東魯政在江河夾流中周公又分封于
此蓋中條以豐鎬為首洛陽為腹青徐為尾而周公曉暢
地脉都收拾一家厥後齊晉滅魯後亡國見地脉弘遠又
生孔顔諸聖賢為文教主非果中條盡龍何以有此　愚
按徐州邊海之地在安東百臨之間不甚延長而泗沂汶
泗諸水合流其境南北數百里則為帝鄉鳳陽府乃中原之

乃運道襟喉、彭城執控南北、為兵家攻守之地、　睢要會運道之襟喉漕河志河居中汴居南沁居北河南徙則與汴合北徙則與沁合　沁水〻經出上党涅縣謁戾山東南至滎陽縣北入河地理志過郡二行九百七十里汴水一統志出河南滎陽縣大周山東流至中牟縣入河疑即水經說文之汳涅縣今河州武鄉縣

章俊卿曰禹別九州其道里廣狹全不相侔濟河兗州淮岱徐州相去不能千里荊河豫州千里而羸海岱青州千里而縮荊山衡陽荊州二千里東海西河冀州二千里壽春之淮潮陽之海揚州相去且五千里龍門之黃河燉煌之黑水雍州相去以四千里至華陽黑水梁州窮數千里而未知所經是何廣狹之殊也或謂九州之內品別墳壤故道里無得而均然荊

河淮濟之間兖徐豫三州境至不能當淮海一州之半使三州壤別難弁揚州之大獨不可得而釐耶蓋九州之制實倣井田之法王圻居内八州環拱是同養公田之義也故區別境壤不因土宇之大小惟據民田之多寡而均之耳如荊河淮濟之間百舍坦衍萬頃一瞬而又當中原要區民力修地利盡故徐兖豫境土最狹也至淮漢以南揚在淮南荊在漢南函殽以西雍在函西梁在殽西江湖環流關嶺重複又僻在遐陬踈豫政平地盡寡闢田甚難故雍梁最遼闊也西漢去古未遠方其極盛天下戶口千二百餘萬徐兖豫當五百五

十萬青兗二州當三百五十萬而荆揚雍梁四州僅當三百萬戶夫民非穀不生穀非民不殖推其戶口之數足以見田疇之多寡九州之别惟民田是均斷可識矣愚按古時封建其疆域道里之數亦當以井田為準如周公封魯孟子云百里明堂位云七百里所謂百里蓋指鄒魯郊遂之地可建畮出賦者而言如後世所云實封魯地在泰山之陽徂徠梁父諸山皆居封域濟河環之其井甸所出固不能越百里而加贏也若禮記明堂位之七百里則包丘陵阪險及附庸間田在內王制名山大川不以封而又有間田以賦列侯

之功罪而予奪之孟子所謂慶以地讓以地者是也周禮有一易再易之田意郡古之間田歟然其法止可行于中原傳衍之區至于交益甌閩地皆崇山巨浸則載師所不能詳故禹服五千之外先王率棄之而為夷貊也

淮沂其乂

淮水出豫州至徐揚之間始大汎濫為患尤在于徐莫得其治故于此記之詳焉沂水地理志出泰山郡蓋縣臨樂山在今兗州府沂州南至下邳今淮安府邳州入泗過郡五行六百里水經注沂水出泰山蓋縣艾山兗州府志沂河出青州府蒙陰縣西北一百二十里艾山水經蓋縣艾山

即此南流至沂水縣城西寰宇記艾山一名臨樂山水有二源南源所出謂之柞泉北水所發謂之魚窮泉俱東南流合爲一東逕浮來山在今青州府莒州春秋公及莒人盟于浮來又東南逕東莞今青州府沂水縣地理志屬瑯琊古鄆邑左傳莒魯爭鄆小沂水注焉小沂水出黃孤山西南流逕東莞注沂又東南與峿水合所謂入沂之汶也東逕蒙陰縣今屬青州府春秋堂阜地魯北境又南逕瑯琊臨沂縣東今兖州府沂州郡國志瑯琊有臨沂故屬東海郡洛水注焉道元云洛水出泰山南武陽縣之冠石山逕費縣注沂俗謂小沂水故許慎行云沂水東海費縣東西入泗也費縣今屬兖州府又南過開陽縣東漢瑯琊郡治郯縣今兖州府郯城縣漢東海郡治故城在今邳州良城今廢入壽張縣春秋晉侯會吳子于良縣西又南過下邳縣西應劭云邳在薛後徙此故曰下邳南入于泗水上有橋

所謂圯上 又泗水注沂水出魯城東南尼丘山逕魯雩門門本名稷門其高離地八丈餘 又西右注泗水金氏履祥曰徐之水以沂名者不一、其出今泗水縣尼丘山過魯城南入泗者曾點浴沂之沂也、今淮安府沭音陽縣有沂河口、周禮沂沭之沂也、出艾山而南入泗者最大此禹貢之沂也、按沂[illegible]于陳一出沂州艾山会沂蒙諸泉與沂山之汶合流至邳州入淮即地志所謂出泰山蓋縣者是也一出曲阜尼山之麓在東南六十里西流至兗城東與泗合注濟寧即道元所謂出尼丘經雩稷者是也其沭陽之沂即艾山派耳金氏分為三細素然 蔡傳徐之水有泗有汶有沂有漷而獨以淮沂言者、周職方氏青州其川淮泗、其浸沂沭、周之青即禹之徐、則徐之川浸固莫大于淮沂也、曉鄭曰穀源注于海曰川可為陂障以瀦既曰浸中節志淮水流懷遠縣東南歷荊塗二山硤間荊山有抱撲岩塗山有禹會村皆乃神禹所鑿在怀遠淮出荊山之左塗山之右今兩崖石痕猶存有巨石橫梗若門限每冬水淺則見當未鑿之前從荊山西麓紆回以入于濁麓高水涯為患禹鑿兩崖使水行其間淮乃安流也圖經淮河在淮安府治西南五里許自泗州龜山東北流與沂河合東北入海

沂水出沂山山在臨朐縣南百里今蒙陰縣東北地名南河川小阜下有狗泉疑臨樂山此沂源也東南逕馬頸固山有泉東流與之合北望沂山五十里殊無別源疑沂山水源古流今竭耳沂水南流至沂州城東又南分流入三十六穴湖東通沭水沂東沭西

在今鳳陽

淮安府治西南五里、從雲梯關入海，沂水在淮東，與泗合為清河。宿遷志：清河在邳州治西，至宿遷東南由五河口入淮。今黃河奪沙河、泗南，挾淮入海，而泗沂之流亦非故道矣。

夾山而行山硤間有池浴云呂鑿沂水由三十六穴湖貫此硤口與沭相通又南至沭陽縣入桑墟湖沭水至此正名漣水地理志沭水出瑯琊東莞縣南至下邳入泗過郡三行七百一十里水經過陽都縣入于沂

徐州之水合于呂梁而入于淮。淮水北受泗沂本皆清流若黃河入海于天津汴河入海于梁安與淮無與也自汴河決斷黃河黃河決斷汴河從朱僊鎮在開封府東潰南經留城在沛縣趨徐邳亂洸泲直下不復東流乃徑決清河縣西而南入于淮以趨海故直謂之黃河非復泗沂之舊清河以東之淮亦皆黃流而支河反為主矣至運河之水必賴黃河乃河水西入淮則勢分而東流益緩其力不能刷沙閘壅所在淤積日甚而尾閭幾于不泄又黄水多發于四五月鳳泗水多發于七八月河長潰淮淮長亦潰河此為交蝕之害泗州河身高于運河丈許自高趋下其勢陡激以區區漕渠為鳳泗之歸宿每崩五壩掃湖頭嘴諸市而與淮一此為泗河獨發之害倘淮黄並發泗沂睢沭諸流横溢循天勢不能南趨維揚之高以入于江則停泗淹灌于全淮之境所必至也（辯諸家說）

愚按古河辨謂河濁淮泗俱清清淮勢大可以吞伏故下流無開塞之患史云亦云渡淮廻望中流河水如岸蓋河欲南而淮與之左激行成

立故高也黄流之不直趨維揚者以淮水為之障耳又按沂在淮之東合泗合清河淮以北水皆清故謂之清河乃泗水下流經邳州清河在邳州治西一里許其東為直河其西為沙河潘季馴曰邳州東南六十里有直河以宣泄蒙沂諸小之水中都志沙河即潁水也又南至青河縣西北三汊河口分大小清河入淮大者自治東北小者由治西南俱入于淮見一統志

蒙羽其藝

蒙山地理志在泰山郡蒙陰縣西南今屬青州府兖志在費縣西北即論語東蒙邢昺曰顓臾主祭蒙山在東故曰東蒙今一名東山在嶧山之東詩奄有龜蒙山與龜山相連齊乘蒙山在龜山東二山連屬長八十里其陽為費縣其陰為蒙

陰羽山地理志在東海郡祝其縣南今淮安府海州贛榆縣地記羽山在朐山縣西北九十里兗志在郯城縣東北朐山今海州鯀所殛近海在蒙之東齊乘云今沂州東南百二十里殛鯀山也一統志登州府蓬萊縣有羽山亦云殛鯀處前有羽潭左傳鯀化為黃熊音入于羽淵即此韋昭晉語注能似熊字林云能足似鹿又台為鱉類或曰三足鱉今東海人祭禹廟不用能白及鱉為膳淮南子鯀堙洪水滔帝之息壤帝使祝融殺之于羽淵拾遺記鯀治水無績自沉羽淵為行過日月之墟惟不踐羽山之地二山淮水所經王氏樵曰九山言藝者剪其蓊鬱與民種藝傳所謂以啟山林是也詩藝之荏菽故藝為種周礼疏樹是植木藝是黍稷五穀候于五木禾生于榆大豆生于槐小豆生于李麻生于楊大麥生于杏小麥生于桃稻生于柳故曰見生而樹生靡草死而麥秋至草木黃落禾乃登故曰見死而穫死

王氏炎曰先淮後

沂先大而後小也先蒙後羽先高而後下也淮沂又而蒙羽可藝事之相因也其蕿言可施功樹蓺與既藝別茅氏瑞徵曰山之可種藝者衆矣而獨舉徐之蒙羽與梁之岷嶓以例餘州岷嶓江漢所出山最高大蒙羽非其匹也而為淮所經意其壤地沃饒畧有同歟經云徐田上中乘乘称沂州東南芙蓉山下有湖溉田數千頃香粳鍾畝古稱瑯琊之稻元和志承縣界今兖州府嶧縣有陂十三所今沂嶧二州仰泇承二水溉田青徐水利莫與為匹皆十三陂之遺跡則蒙羽為沃壤可知今近徐諸山彌望荒蘼矣

大野既豬（豬史記作都）

大野地理志在山陽郡鉅野縣北（今兗州府濟寧州鉅野縣）鉅者大也水經濟水至濟陰郡乘氏縣（春秋魯乘丘括地志云故城在瑕丘縣西北三十九里瑕丘今兗州府滋陽縣）分為二南為菏水北為濟瀆酈道元謂一水東南流菏一水東北流入鉅野澤（濟水合濮水自濮陽南入鉅野地理志濮渠水首受濟東北至山陽郡都關縣入羊里水過郡三行六百三十里水經注鄒子比有都關故城鄒河逕其南為羊里水）何承天曰鉅野廣大南導洙泗北連清濟舊縣故城正在澤中昔西狩獲麟于是處也（其澤在曲阜西故云西狩）曾氏曰周禮職方河東曰兗州其澤藪曰大野大野為濟之所絕禹時蓋在徐之西兗之東

也周無徐故專屬兖周必大曰濟水貫兖與徐其在曰瀆得天地質信寬徐之氣故大野為爾雅十藪之首水所停曰豬檀弓汙其宮而豬焉蔡傳水蓄而復流者謂之豬　王氏樵曰蔡傳為鄆州中都西南有大野陂宋鄆州今東平州即古東原而中都則汶上縣也今南旺湖實在汶上西南縈迴百五十餘里而漕河貫乎其中湖界為二西湖南旺廣衍倍于東湖蜀山而東湖北接馬踏伍莊坡湖以及安山南接馬塲坡湖以及脇陽諸湖綿亘數百里而東原徐鄆諸邑又悉環列于左右與古今志合是南旺湖即古大野無疑愚按漢武時河決瓠子東

南注鉅野通淮泗五代以後河水南徙滙于鉅野元志謂連南旺蜀山諸河方數百里南北三百里東西一百餘里而王方麓謂即南旺湖考南旺在運湖西岸即鉅野澤東畔是鉅野又在南旺之西濟乘鉅野今梁山濼北出為清河蓋宋時與濼水滙而為一自會通河開畫為二漕渠貫之則梁山在亦不得蒙鉅野之目矣

考禹時大野既鍾清濟洙泗而成而泗通于淮濟通于汶淮通于沂汶通于洸而泗之上源又自大野而通于濟則是大江以北中原諸水縱橫交織皆于大野相連而當時

入貢之路若青之境汶兗之浮濟徐與陽之浮淮泗亦皆于大野相關是大野在古已為貢道之要會矣國朝漕運尤資之設四水櫃曰南旺（在汶上）曰安山（在東平）曰馬塲（在濟寧）曰昭陽（在沛縣）各建閘壩以時啓閉而南旺分水嶺地最高所謂水脊（李化龍曰其北為安山湖鉅嘉以北諸水注之而出于張秋其南為南旺湖鉅嘉以北諸水注之而出于魚臺）向非南旺會通雖開亦枯瀆耳但今者有沙淤溢涸決隄之三患此不獨漕河失利而泰山以西地漸窪下夏秋水發俱奔注此中宋末嘉祥鉅野曹濮壽張之間遂成巨浸是以有梁山濼之亂今湖外皆民田也若隄防稍

滎水將漫衍淹沒可無虞哉（輯諸家說）

東原底平

（孔傳）廣平曰原東原地平衍與大野近（今兖州府東平州漢東平郡）致功而平則可耕蔡傳東原在徐之西北而謂之東者以在濟東故也漢東平國在景帝六曰濟東國蓋知大野東原所以志濟也（徐無濟濟之分流入大野而東原在其東故謂志濟）晁氏以道曰東平自古多水患數徙其城咸平中（宋真宗）又徙城于東南其下濕可知王氏炎曰大野豬而後東原平亦事之相因也　兖州府志東平州唐天平節度所治城東地肥饒芦泉之沃頗宜粳稻其西安山

今之鄆州[illegible]東原在[illegible]

陂澤當汶水下流，蓄而不能洩，輒成巨浸，

厥土赤埴墳，草木漸包。漸包古文作蔪包，

埴，鄭王皆讀作熾，熾也。考工記摶埴之工，老氏言埏埴以為器，惟土性黏膩細密，故可摶音團可埏也。或曰：墳埴燥濕半也。漸，進長也。爾雅苞，稹也。又如竹箭曰苞，孫炎曰：物叢生曰苞，齊人名為稹。

厥田惟上中，厥賦中中，

田第二，賦第五。胡瓚曰：土稟沖和之氣，故壤為上。太燥者不凝，故墳次之。青州墳在壤上者，以有斥鹵之利。豫州土亦壤

而先冀式田賦遞為上下也

厥貢惟土五色羽畎夏戶雅翟嶧陽孤桐泗濱浮磬淮夷蠙音駢珠暨魚厥篚玄纖縞暨漢書作狄暨史記作臮臮古暨字

孔傳王者封五色土為社建諸侯則各割其方色土與之使立社天子大社五丈諸侯半之周書作雒篇受削土于周室即此燾以黃土燾覆苴以白茅疏云用白茅裹土與之茅取其潔疏云易稱藉用白茅茅之色白而潔矣黃取王者覆四方蔡傳徐州土赤而五色之土亦間有之故制以為貢考徐州北二十五里有赭土山禹時貢土即此翟雉也雉具五色而有文章故謂之夏周禮註夏翟總名其數有六曰翬曰搖曰鸐曰甾曰希曰蹲師曠禽經五色備曰翬亦曰夏翟張華曰雉尾至夏則光鮮周

禮立夏采之名取此名也又染人秋染夏夏即五色鄭氏云染夏者染五色也
賈公彥云後世無夏翟故鍾氏染鳥羽象鳳凰色為之林氏之奇曰古之車服器用以
雉為飾者多不獨旌旄也夏翟出羽山之畎蓋山以此名嶧
山地理志在騶縣北曰鄒嶧山在東海下邳縣西曰葛
嶧山此鄒嶧也史記正義鄒嶧山在兗州鄒縣南二十二里郭璞曰嶧山純石積
構連屬如繹絲然禹貢作嶧蓋其名也魯頌作繹嶧保有鳧繹遂荒
徐宅取其義也一名鄒山山北有絶岩始皇勒銘于此孤桐猶言孤竹之管
桐性宜濕地詩傳梧桐不生于高岡太平而後生朝陽蓋生
山陽難得而生孤者尤難得也浮磬石浮生不根者者磬聲

鄒記鄒山古名嶧山魯
穆公改為鄒山今在兗州
多桐樹隋志在鄒縣
東南五里

古文以為嶧陽今名國鄒界者

隋志在邳州城東北里

清越取輕浮者良止義貢石而言磬者此石宜為磬猶如砥
礪然愚按通考以泗濱在下邳今靈璧縣屬鳳陽府東漢下邳地
唐宋以來泗州也有磬石山北距泗水五六十里曹季伶曰下邳西南
磬在山在泗水南五十里云古取磬之地禹時泗水未必不橫流至此括地志泗水至彭城呂梁出石磬
自唐天寶中取耀州磬石山在州東五里青石為
磬而泗濱磬遂廢淮夷見貢蠙珠母也止義是蚌之別名
蠙出珠遂以為珠名說文淮水出班珠珠之有聲者今泗州名蠙
城古有蠙珠潭今其地凡千回潭而不復生珠矣魚今淮白
魚周禮天子祭廟薨魚曰商祭鮮魚曰脡祭玄纖縞三色繒

玄赤黑色今深紫類皂者是有三用玄衮玄端玄冠也衣有襦裳曰端黑經白繂曰纖縞曰繒小爾雅精者曰縞繒之記曰有虞氏縞衣而養老又古者祥而縞禫而纖禫除服祭名徐州制貢大畧並洪禮樂之用土五色雉羽亦五色物華天寶靈有獨鍾厥后元公啓土于龜蒙夫子領徒于洙泗其端已見于此矣帝乙瑞徵曰高濬畝不遺窮谷以岱畝羽畝知之泗濱爲今泗水縣自無可疑或以靈璧磬山石産土中叩之有聲云即禹時浮磬既曰産土中安得謂之浮磬耶楊慎曰史記秦始皇碣石碑請刻此石遂著儀矩按古碑文作刻此樂石後人不解樂石之義乃妄改之唐封演云樂石謂以泗濱浮磬作碑

浮于淮泗達于河

泗水地理志出魯國卞縣今兗州府泗水縣春秋僖十七年婁氏會齊侯于卞西南至山陽方與音房預縣今兗州府魚臺縣春秋公觀魚于棠即此入泲即泲東南至臨淮郡睢陵縣入淮過郡六行千五百十里志又云泗水出水濟陰乘氏縣經注出魯卞縣桃墟西北杜預曰魯国卞縣東南有桃墟季孫劝孟氏以成邑與晉而迁于桃即此墟有澤：西際阜：有石穴連關四十里博物志謂泗出陪尾蓋斯阜也泗自卞而合洙水南逕魯城北從征記洙泗二水交于魯城東北十七里合沂水又西過瑕丘縣東今兗州府治嵫陽縣春秋季康子伐邾囚諸負瑕即此漷水東來注之漷水出東海合鄉縣西南逕嶧山又逕蕃縣南薛縣北至胡陵縣入泗蕃縣今滕

縣胡陵今魚臺縣俱屬兗州府又南過高平縣西今兗州府濟寧州地理志山陽之橐縣也洸水北西來注之詳清州又南過方與縣東菏水西來注之詳豫州又南過沛縣東今屬徐州秦泗水郡治又東南過彭城縣東北又東南過下邳縣西下相縣東註見兗州得睢水口又逕宿預城西今淮安府宿遷縣又東逕角城北東南流注于淮王氏樵曰泗入淮〻泗不與河通而云達于河何也蓋睢水出于河而入于泗者也由泗遡睢由睢遡河此一道也濟入河南出而泗則至大野受濟之合者也由泗之上源以遡濟由濟而達河又一道也西則由睢東則由濟愚按此說本漢許慎疏云徐州北接青州

既浮淮泗當浮汶入濟以達于河然考汶泗通流始自近代古時汶北入海泗南入淮二水不相沿注故蔡傳亦用許氏之説又仁山金氏言古文尚書作達于菏説文引書亦作菏菏澤與濟相通而泗水上流之徐州之貢自泗達菏則達濟可知然八州之貢皆以達河為主兖州言達于河故青不言徐州言達于河故揚不言其義實相因安知古文不有誤耶

蘇傳自淮泗入河必道于汴世謂隋煬帝始通汴入泗疑禹時無此水道按漢書項羽與漢約中分天下割鴻溝以西為漢以東為楚文穎注云于滎陽下引河東南為鴻溝應劭云在

滎陽東南二十里以通宋鄭陳蔡曹衛與濟汝淮泗會于楚即今官渡是也魏武與袁紹相持于官渡乃楚漢分裂之處蓋自秦漢以來有之安知非禹跡耶禹貢各州之末皆記入河水道而淮泗獨不能入河帝都所在理不應爾意其必開此道以通之其後或為鴻溝或為官渡或為汴上下百餘里間不可必然皆引河水而注之淮泗也故王濬伐吴杜預與之書曰足下既摧其西藩當徑取秣陵自江入淮逾于泗汴泝河而上振旅還都夫王濬舟師之盛自古未有而自泗汴入河可以班師則汴水之大當不減于今亦足以見秦漢魏晉皆有

此水道非隋煬鑿開也自唐以前汴泗會于彭城之東北然後東南入淮近歲汴水直達于淮不復入泗矣羅泌曰汴渠自古有之晉義熙中劉毅通之以伐秦始有湍流利漕所謂渠隄自滎陽而東則上疑其為鴻溝下疑其為官渡有不然者今汴渠自西而東鴻溝橫亘南北而官渡直黃河尒鴻溝在今河陰縣官渡在今中牟縣俱屬開封府茅氏瑞徵曰淮左徐之南泗自北而南入淮由淮入泗可以一航而至但泗不與河通故或由濉或由濟並逆流以上方能達河今運河亦從淮合泗而接流會通河必經于濟此取道山東路者也予瞻所指汴水蓋自宋都河南一路言之豈所謂汳水由濉入泗者歟

按今四水俱濟寧合流東西入濟州境北流入會通河以上

考近志泗水四源並發循泗水城北八里合爲一西流至曲阜經滋陽城東五里與沂水雩水合（沂水過曲阜而至雩水過鄒縣而至雩水出曲阜南虎跑泉）入金口堰又南流三十里納闕黨諸泉謂之濟河至濟寧州東城下與汶水合入于漕商略曰汶泗二水分流南北不相通自古浮于汶者自兖北而止浮于泗者自兖南而止元時南方貢賦之來至濟寧陸行數百里後從濟寧開渠抵安民山復從安民山開渠至臨清乃于兖東築金口堰障泗水西南流兖北築堽城壩障汶水南流而二水悉歸漕渠于是舟艦往來無阻因名會通河

五代濬曰漢以來漕路所謂汴船不入河者率由蔡河經泗州入淮而呂梁之險呂梁洪在今徐州呂梁山下昔稱天險水經汶泗水之上有石梁為曰呂梁未有以之為運道者惟謝玄肥水之役堰呂梁水利漕蓋豬水以漸用耳非通運也宋真宗時趙守倫建議自京東分廣濟河由定陶至徐州入清河以達江淮漕路又以呂梁灘磧之險而罷至本朝始用之為運道云　潘季馴曰黃河自閿陝山西河南經豐碭出徐州接淮泗始為運道會泗沂之水蜿蜒而至清口在清河縣石南向口又會淮而東運河自不儀至淮安則南資高寶諸湖之水西資淮黃二

河之水由清口至鎮口閘則資黃河與汶泗之水由鎮口閘至臨清則資汶泗之水即泰安萊蕪徂徠諸泉由臨清至天津則資汶河與漳衛之水由天津至都則資潞白桑乾諸水濟寧而上資汶濟寧而下兼資泗沂

禹貢長箋卷之五

東吳　朱鶴齡長孺撰

淮海惟揚州

爾雅江南曰揚州自江南至海釋名揚州州界多水水波揚也孔傳北據淮南距海愚按淮以北即屬徐州境不得言據故蔡傳改作北至淮九州惟兗與揚並不及山可見其地皆為下流沮洳自河濟改道而揚州乃專澤國之稱熊氏禾曰揚州在地東南隅山必起于西北澤必滙于東南經言淮海惟揚州北距淮東南至海日記東作南據海西抵荊州之境○杜佑曰按

禹貢物產貢篚職方山藪川浸皆不及五嶺之外又荆州南境至衡陽若五嶺之外在九州封域則以隣接宜屬荆州舍荆而屬揚斯不然矣按五嶺通考一曰大庾嶺在南安今江西南安府廣東南雄府界是二曰騎田嶺在桂揚今湖廣郴州是三曰都龐嶺四曰毗諸嶺在江華今永州府是五曰越城嶺在始安今廣西桂林府是皆在衡山之南廣州記云大庾始安臨賀桂陽揭陽是為五嶺

茅氏瑞徵曰九州疆境綉錯而冀兖徐豫尤為接壤難辨如鄆州以為兖曹單又以為豫兖州魯郡且入徐州夫徐州曰東原底平則鄆果專屬兖乎岱為青之鎮山則魯郡果專屬徐乎單為碭山魚臺之境又果專屬豫乎至黃州本荆也而唐十道志以為揚陝虢近雍也

而通考以爲豫商州近豫也而通畧通考竝以爲梁宋史文
以爲雍若大名一府分屬冀兗此果誰爲確據乎當禹時閩
廣滇黔遠在荒服而揚州所紀止于彭蠡震澤則兩浙爲吳
越之境亦未入王會也今以閩浙附入揚州已爲影響而唐
十道圖至以郢潭衡永澧朗辰錦等州並入揚州南境而嶺
南一道東南際海西極群蠻凡七十州亦以揚州南境括之
可謂殽雜紛沓靡所適從矣杜佑于古九州外別分南越一
條庶幾近之愚按自晉以下歷代史皆云五嶺南至海是揚
州之域洪容齋亦云揚州并之盖萬里析之且百郡其延袤

之廣可知經所云淮海之海與青徐二州異青徐之海東海也揚州之海乃苞絡南海而言今廣南是也導黑水入于南海則南海明見經文其方貢不及者當以荒遠勞民故若彭蠡三江震澤而外禹貢無他紀焉蓋江淮諸流皆以海爲歸壥則此外之被水患者少又揚之南偏悉是山谿計不勞施功故畧之尒夫聖人制服雖止于五千而會稽實轍跡所至南交亦聲教所暨則嶺嶠之表當必享其贄而臣其人閩粵之隷版圖復何疑哉但云五嶺以南俱屬揚州則未必然當分割荆揚二州之域

班固配十二次自南斗十一度至婺女（一名須女）七度爲星紀之次（費直起斗十度蔡邕起斗六度尔雅星紀斗牽牛也）于辰在丑吳越之分野（左傳史墨謂越得歲而吳伐之吳越雖同星紀而所入宿度不同吳斗分越婺女分天官書斗江湖）屬揚州晉天文志斗牽牛須女吳越揚州九江入斗一度廬江入斗六度豫章入斗十度丹陽入斗十六度會稽入牛一度臨淮入牛四度廣陵入牛八度泗水入女一度六安入女六度（按晉天文志十二次起角亢以東方蒼龍爲之首也唐志十二次起女虛危以十二支子爲之首也說者以日月五星起于斗宿謂之星紀則星紀爲十二次之首而斗牛又爲二十八舍之首也戢方氏九州之序始于揚州説與星文相協）

周職方氏東南曰揚州其山鎮曰會稽其澤藪曰具區其川三江其浸五湖其利金錫竹箭其民二男五女其畜宜鳥獸其穀宜稻通典揚州吴其分野兼得楚及南越之交秦置郡此爲九江鄣會稽閩中南海郡之東境漢武置十三州此爲揚州後漢因之漢地理志吴地今之會稽本治吴後稜山陰九江故淮南武帝改丹陽秦鄣郡武帝改豫章廬江文帝分淮南置廣陵六安先武併入廬江臨淮郡盡吴分壽春合肥屬九汝受南北湖皮革鮑鮑魚木之輸吴屬会稽東有海鹽章山之銅三江五湖之利亦江東一都會也豫章出黄金然取之不足以更費粤地

今之蒼梧鬱林秦桂林合浦交阯九真南海日南秦象郡皆粤分南海近海多犀象毒冐音代妹珠璣銀銅果布之湊番禺其都會也後漢郡國志揚州刺史部郡六九江丹陽廬江會稽吳郡順帝分會稽置豫章揚州刺史治歷陽順帝分浙江以東為會稽郡以西為吳郡犹並屬揚州刘宋孝武時分揚州之浙東五郡為東揚州浙江之西為揚州至此遂有二揚州通考漢時為郡國七郡曰廬江九江會稽丹陽豫章國曰廣陵六安又為臨淮是南境江夏是東境南海是東境唐地理志淮南道古揚州域揚廣陵楚淮陰滁陽永析揚州置和歷陽廬廬江壽壽春本淮南郡舒同安為星紀分安安陸黃齊安申義陽光弋陽蘄蘄春為鶉尾分州十二内黃安中通典

入荆州江南道古揚州南境東道則潤丹陽析江都郡之延陵縣置昇江寧
析閏州之江寧縣置嘗晉陵蘇吳郡湖吳興析吳郡之烏程縣置杭餘杭睦新定越會稽明餘姚
析越州之鄮縣置衢信安析婺州置處縉雲婺東陽溫永嘉台臨海析永嘉郡置福長樂達
建安泉清源汀臨汀漳漳浦析福州西南境置為星紀分州十九玄宗分天下為十五
道西浙諸郡並隸江南東道肅宗改元置浙西道節度使領昇潤等州浙東道節度使領睦越等州而浙東浙西之
名始立西道則宣宣城歙新安通典屬江南東道池秋浦析宣饒二州置洪章郡江得陽
本九江饒鄱陽虔南康吉廬陵袁宜春信析饒衢二置州撫臨川亦星紀分州十
一唐書以江南西道所領鄂岳潭衡永等州及黔中道所領黔辰錦施等州並屬揚州虔從通典入荆州○使記
正義永郴衡潭鄂岳江洪饒戰國時楚東南境表吉虔撫歙宣並屬西境其嶺南道亦古揚州

南境韶廣康端封梧藤羅雷崖以東為星紀分嶺南道領州七十其桂柳鬱林富昭蒙龔繡容白羅以西應屬荊梁二州〇淮南採訪使治揚州江南東道採訪使治蘇州西道採訪使治洪州嶺南道採訪使治廣州初學記揚州自江以北為淮南道東偏為江南道南偏為嶺南道宋史淮南東路為揚楚通泰滁真寺州軍一高郵淮南西路為壽濠廬舒蘄和光寺州軍二六安無為淮南路合為貢荊徐揚豫四州之域而揚州為多東至于海西抵濉渙南瀕大江北界清淮兩浙路府二平江鎮江州十二杭越湖婺明常溫台處衢嚴秀兩浙路東際海西控震澤北又濱海江南東路府一江寧州七宣徽江池饒信太平軍二南康廣德江南西路州六洪虔吉袁撫筠軍三南安臨江建昌江南路東限七

閩西界夏口南抵大庾北際大江南渡後稍復更置云【通考】宋時為州五十九兼有建寧府福泉漳汀南劒州邵武興化軍其廣南東西路大抵荊揚二州之域【大明一統志】古揚州為今南直隸

應天春秋屬吳戰國屬楚秦屬鄣郡漢屬丹陽三国吳曰建業晉曰丹陽陳曰蔣州唐宋曰江寧元為集慶路其地鍾山龍蟠石城虎踞東南形勝之首

鳳陽古塗山氏國秦屬九江郡漢為淮南國隋唐宋曰濠州其地梁宋吳楚之衝淮海屛蔽建業肩髀

廬州春秋舒國戰國屬楚秦屬九江漢置廬江郡梁置南豫州五代周為保信軍宋改無為軍其地淮右襟喉江北唇齒

安慶春秋皖國戰国屬楚秦屬九江西漢屬廬江三国吳為重鎮晉置晉熙郡唐曰舒州宋為德慶軍後陞時其地南濱大江北界清淮河南浔之可以固江表江左浔之可以扞河朔

徽州春秋屬吳戰國屬楚秦屬鄣郡漢屬丹陽三国吳置新都郡唐為歙州屬浙西節度其地

險隘州在萬山中烏道縈紆百城襟帶

寧國

春秋屬吳戰國屬楚秦屬鄣郡漢為丹陽郡晉分置宣城郡徙丹陽治建業唐曰宣州宋為廣德軍後陞府其地山川各勝據吳上游

池州

春秋屬吳戰國屬楚秦屬鄣郡漢屬丹陽三國吳為重鎮置牛渚督晉屬宣城豫章唐宋為池州先屬浙江行省其地浸以秋浦鎮以齊山九華長江環遶

太平

春秋屬吳戰國屬楚秦郡鄣郡漢屬丹陽晉僑立豫州治姑熟隋屬蔣州唐屬宣州宋為大平州元屬江浙行省其地左天門右牛渚采石之險甲子東南

蘇州

戰國屬楚秦置會稽郡東漢以下為吳郡與吳興丹陽為王吳來曰宋江其地東際大海西控震澤沃衍之區

松江

春秋屬吳戰國屬楚秦婁縣地屬会稽漢因之唐屬蘇州巳屬秀州宋元皆隸嘉興其地負海枕江平疇沃野

常州

春秋吳延陵邑戰國屬楚秦漢屬会稽東漢屬吳郡吳屯因無錫以西置典農校尉晉置毗陵郡隋唐置常州其地有三江之潤五湖之腹

鎮江

春秋吳朱方邑戰國屬楚秦會稽鄣二郡之境自句容以西屬鄣以東屬会稽漢初為荊國後漢江都國又屬

丹陽会稽東漢為丹陽吳三郡地晋為毘陵丹陽二郡江
元帝都建業改丹陽守為尹刘宋置南徐州斉梁陳為重
鎮唐曰潤州置鎮海軍元屬江
浙行省其地負山枕江舟車之会
揚州
春秋吳邗溝地戰国屬楚秦屬九江漢為廣
陵国景帝更江都國梁置南兗州唐置淮南節度元
置江淮行中書省其地枕江背淮襟海東南都会
各府
廣德
春秋吳桐汭地戰國屬楚秦為鄣郡漢屬丹陽唐曰桃州
滁
春秋吳楚之交秦屬九江漢屬淮南東晉僑置南譙郡唐曰永陽国初隷鳳陽
和
春秋戰國皆楚地秦屬九江漢屬淮南東晉為歷陽郡唐宋曰和州国初隷廬州其地據江為險吳楚之衝姑塾金陵之藩蔽
三州而淮安府
詳見徐州
為徐揚二州域
山陽鹽城在淮南屬揚州
浙江省則杭州
春秋越西境後屬楚秦漢並屬会稽東漢屬吳郡三國吳分置東安郡唐曰杭州移鎮海節度治焉宋南度陞臨安府其地貟山濱海襟江帶湖吳越都会
嘉興
春秋越北鄙檇李紀秦漢屬会稽東漢屬吳郡唐屬蘇州後屬杭州宋曰秀州其地貟海控江鹽田相望
湖

州古防風氏国春秋吴越之交戰国属楚漢属會稽丹陽三國吴置吴興郡唐置忠國軍宋改昭慶軍其地居震泽之陰為南國之奥

嚴州

春秋吴越之文戰国属楚僕会稽丹陽二郡地隋唐曰睦州其地當甌歙数道之衝扼浙上游

金華

春秋越西界秦漢属会稽三国吴置東陽郡隋唐曰婺州其地多名山

衢州

春秋越西鄙姑蔑地秦属会稽唐置衢州其地江浙閩廣之所輻輳曰三衢

處州

春秋戰国越地秦属會稽漢初為東甌國晋属永嘉郡唐曰處州亦曰括州其地山峻有鎮

紹興

古会稽秦置郡漢因之六代為東陽州隋曰越州唐置鎮東軍其地千岩蕩壑襟海帶江

寧波

春秋越甬東地秦漢属会稽隋属越州唐置明州宋陞慶元府其地東漸巨海西通五湖

台州

春秋戰国越地秦属閩中郡漢初属東甌東甌内従以其地属会稽三國吴置臨海郡唐宋曰台州

温州

亦越地秦属閩中漢会稽東境晋置永嘉郡吴越為靖海軍南宋陞瑞安府其地帶海控山歐越之衝

各府

江西省則南昌

春秋吴越之交秦属九江漢分淮南地置豫章郡晋田

江州唐曰洪州置鎮南軍宋南陞隆興府其地負江依湖
南臨西廣北接宣揚西控楚東翼浙東南一都会也

饒州

春秋楚東境吳伐楚取番是也泰屬九江漢屬豫
章三國吳置鄱陽郡隋唐宋為饒州其地多湖泊

廣信

春秋迭
隸吳楚泰屬九江会稽漢屬豫章会稽晉宋及隋為鄱陽
東陽二郡地唐置信州宋元仍之其地控閩越引二浙為要
衢

建昌

春秋吳南境戰國屬楚秦屬九江漢屬淮南國後
屬豫章三國吳屬臨川晉屬江州唐屬撫州宋置
建昌軍其地在江省東
南上游與閩越為腹背

撫州

春秋屬吳戰國屬楚秦屬九
江漢屬淮南國後屬豫章三
国吳置臨川郡晉屬江州唐宋
曰撫州其地平衍介江湖閒

臨江

春秋屬吳戰国屬楚
秦屬九江漢屬淮南
後屬豫章隋唐屬洪吉袁三州宋
置臨江軍其地當舟車四会之衢

瑞州

春秋屬吳戰國屬
楚秦屬九江漢屬
豫章唐置筠州後屬洪州南宋
為高安郡其地僻絶山环水饒

袁州

春秋屬吳戰國屬楚
秦屬九江漢屬豫章
隋唐曰
宜春

贛州

春秋屬吳戰國屬楚秦屬九江漢屬豫章東
漢屬庐陵晉置南康郡屬江州唐曰虔州南

唐置昭信軍其地山長谷荒江湖樞鏁嶺嶠咽喉南安漢贛南楚二縣地宋置南安軍其地當五嶺最東襟
交廣距湖湘各府而南康春屬九江漢屬豫章晉屬潯陽隋唐屬江州宋始建為軍其地負匡廬面
彭蠡九江春秋吳楚之交秦屬九江漢屬豫章廬江晉武昌鄱陽豫章三郡池後置潯陽郡屬江州梁移江州
治沿城南宋置定江軍其地面匡廬跨彭蠡襟帶上流為重鎮吉安春秋屬吳戰國屬楚秦屬九江長沙漢屬
屬豫章東漢置廬陵郡三國吳分置安成郡晉以廬陵屬揚州安成屬荊州尋俱屬江州隋唐為吉州其地南接贛
江北竟淦水三府為荊揚二州域東境屬揚州鄭端蔺云北境是其福建省福
州漢閩越王无諸所都晉置晉安郡唐為長樂其地肥衍東濱大海泉州梁置南安郡唐曰清源宋置平
海軍其地為閩越奥區建寧三國吳置建安郡隋以縣隸泉州唐置建州其地東接括蒼北距上饒西南抵
延平居閩嶺上領延平二国吳屬建安郡唐建福江三州地宋為南劍州邵武晉屬建安隋屬撫州

唐改屬建州宋置軍其地為甌閩西乜興化隋唐隸泉州宋屬平海軍後改吳安州其地界泉福之間海道舟車所會汀州唐臨汀郡開福撫二州山洞置其地西隣贛吉南接潮梅漳州唐析福州西南境置其地控引番禺在閩会之扯各府及福寧州皆周七閩地職方氏注閩子孫分為七種故曰七閩屬漢會稽並宜入揚州廣東省則廣州漢為南海郡屬交州東漢宋近交州治番禺其地挹百越連五嶺南距大海韶州漢屬桂陽郡三国吳置始興郡隋屬廣州唐曰東衡州其地唇齒江湘咽喉交廣為南粵北門南雄五代南漢置雄州宋隸廣南東路其地為群蛮襟會惠州漢屬南海隋置編州宋曰惠州隸廣南東路其地東接海潮西連汀贛肇慶漢屬蒼梧隋唐為端州宋隸廣南東路其地阻山瀕海據邕桂賀三江之口居廣上游潮州漢屬南海晋置義安郡隋唐曰潮州宋隸廣南東路其地瀕海閩南西越之界六府皆揚州南境廣西南寧府秦屬桂林漢屬鬱林

唐曰邕州宋隸廣南西路其地内制廣源郊控交阯為揚州西南境曹學佺曰今鳳陽府跨禹貢徐揚豫三州鳳陽臨淮定遠盱眙天長壽州霍丘為揚域懷遠五河虹泗宿二州靈璧蒙城為徐域潁州潁上太和亳州為豫域

愚按揚州為水戒險阻之國金陵東連三吴南引荆汝大江環繞淮淝内固雖六朝僅能偏安我太祖則奮起混一或謂江東之地不足進取豈通論哉至其要害所在西則荆襄東則淮潁晉取孫皓隋取陳叔寶宋取李煜皆浮江而下其鄧險其勢疾若曹魏攻吴苻堅伐晉周世宗伐南唐以及完顔亮南犯皆争淮潁之間然多失利去世宗雖克

形勝雄壓東南

掟亦不能一舉而定之蓋淮南地形高于淮北利守不利攻非若下荆門趍牛渚順流直指有星奔雷邁之勢也伯顔亡宋亦以全力汴荊鄂而淮泗以偏師綴之陸抗所謂西陵（今夷陵州）建平（今歸州）國之藩表未有不擾此而可保有江南者〔唐樞曰〕江淮之形合則表裏之勢成故魏得壽春合肥而吳不敢窺東晋至陳彭城盱眙廬壽皆入南境及宣帝末年江北之地盡入于周而陳亡矣〔愚按〕江南屏蔽全在淮南廣陵者淮東之根本而山陽盱眙為門户合肥者淮西之重鎮而鍾離壽春為藩垣真西山謂淮東要害在

清河之口、淮西要害、在渦潁之口、此三口、乃攻守所必爭、（曹丕自譙循渦入淮、金主亮由渦口入淮、周世宗閱河泝潁入淮、謝玄之拒苻堅在潁口、楊行密之拒朱全忠在清口、）然彭城有呂梁之險、而潁壽之間利用馬步、故古來窺江南者、多出淮西一道、惟魏太武南下由彭城、亦過而不敢攻也、此可得形勢之所在矣、（唐淮南軍壽春置州練西蔽蔡璧山陽置團練北蔽齊璧節度使居中統制見杜牧記）

彭蠡既豬、

彭蠡、地理志在豫章郡彭澤縣西、（今九江府彭澤縣、王應麟曰在南康軍星子縣南）郡縣志在都昌縣（今屬南康府）西六十里、與潯陽縣（今九江府德化縣）分

湖為界金氏履祥曰彭蠡今鄱陽湖自洪宮亭受江西嶺北
江東諸水在江饒南康興國今贛州府興國縣府之間至池州湖口入
江胡氏瓚曰彭蠡發源章贛滙為一湖而江過之故序揚州之
以彭蠡為大或曰彭蠡以彭磯左蠡得名今彭泽縣北彭郎矶與小孤山相對
都昌縣西北有左蠡山見江西志實彭澤非鄱陽湖也鄱陽在今饒州南康
之間其水出湖口入江又東北九十里而至彭澤○愚按近
志彭澤在南康府東南一名宮亭爾雅大山曰宮廬山有宮亭廟故彭湖亦有宮亭之
稱一名揚瀾左里一名鄱陽湖在鄱陽縣西四十里隋改今名西接南昌東
抵饒州北流入于江濶四十里長三百里又按劉歆云湖漢九水水經注湖

漢水出雩都縣西入豫章水○雩都今屬贛州入彭蠡九水庐地理志長沙縣南庐水東至庐陵入湖漢水宰水經注宰水出宜春縣東逕新淦縣注豫章水○新淦今屬臨江府淦應劭曰淦水出新淦縣西入湖漢水水經注注贛水盱地理志盱水出南城縣西北至南昌入湖漢水水經注注贛水○南城今屬建昌府濁水經注濁水出康樂縣東至南昌入贛水○康樂今袁州府萬載縣餘水經注餘水出餘干縣北至鄡陽縣注贛水○餘干今屬饒州府鄱水經注鄱水出鄱陽縣西流注于贛○鄱陽今屬饒州府僚水經注僚水出建昌縣逕昌邑入豫章水○建昌今屬南康府昌邑故城在南昌府城北境循也水經注循水出艾縣東北逕永循縣注贛水地理志作修水東北至彭澤入湖漢行六百地十里艾縣今南昌府寧州秦九江郡以此九水得名併贛水為十水雷次宗云十州均流而贛源最遠水經贛水出豫章南野縣今贛州府龙南縣班固云南埜縣彭水所發東入湖漢水西北逕庐陵新淦

南昌至彭澤西入于江（地理志行千九百八十里）通典虔州贛縣有章水貢水合流曰贛考章水源出南安府聶都山山海經聶都之山諸水所出是也至大庾縣經南康（南安府南康縣）之會豫水為豫章水（庾仲初曰大庾嶠水北入豫章涇于江）至贛州又會貢水（漢志謂之表水一云貢水出汀州府之新樂山滙流云貢水東江章水西江）是為贛（章貢金流至萬安界凢十八灘萬安屬吉安府）蓋湖漢水豫章水及贛水並通稱贛水控引衆流揔成一川而俱注蠡彭也呂覽禹為彭蠡之障乾東土所活者千八百國

章俊卿曰豫章西江與鄱陽之浸浩瀚吞納而滙于湓口（即湓浦在德化）則九江為之都會○愚按豫章山水皆逆五嶺贛

上来自南而北項羽徙義帝都郴謂之上游以此然水以南流為順北流為逆故江州雖南北之會而不可以都

陽鳥攸居攸漢書作適

正義曰日之行也夏至漸南冬漸北鴻鴈之屬九月而南正月而北與日進退左思蜀都賦木落南翔氷泮北徂是也蔡傳今彭蠡州渚之間千百為群記陽鳥所居猶夏小正大戴礼篇名記雁北鄉也蘇傳陽鳥避寒就煖蠡彭在彭澤西北北方之南南方之北也故陽鳥多畨于此金氏謂禹豬彭蠡廢其旁地為蘆葦以備浸淫故陽鳥居之如漢築河隄去河各二

十五里所以防汎濫濫其後民頗居作其間嘗被漂沒以此知禹為民防患之意甚深所謂善治水者不與水爭利也

三江既入

三江吴都賦註今太湖東注為松江下七十里分流東北入海為婁江東南入海為東江并松江為三江吴越春秋所謂范蠡乘舟出三江之口是也史記正義三江在蘇州東南三十里名三江口二江西南上也十里至太湖曰松江古笠澤江一江東南上七十里白蜆湖曰上江亦曰東江一江東北下三百餘里入海曰下江亦曰婁江其分處號三江口蘇傳岷山之江為中江嶓冢之江為北江自豫章入彭蠡而東至海為南江此三江自彭蠡以上為二自夏

今名吳淞江

口以上為三江漢合于夏口而與豫章之江滙于彭蠡則三江為一過秣陵京口以入于海不復三矣兗水之未治也東南皆海豈復有吳越哉及彭蠡既豬三江入海則吳越始有可宅之土水之所鍾独震澤而已故曰三江既入震澤底定

蔡傳 蘇氏所謂三江若可依據然江漢會于漢陽合流數百里而後與豫章江會又合流千餘里而後入海不復可指為三矣

金氏履祥曰 說者謂漢為北江江為中江則彭蠡之水為南江至揚雖合為一以其三水合流謂之三江猶洞庭九水俱滙謂之九江也范蠡所謂吳之與越三江環之謂俱在

大江之南耳今通州福山鎮猶名三江渡是也然三江既以彭蠡為一則上文既出彭蠡不應下文又出三江且經文二既字對舉皆本效之辞彭蠡既猪矣則陽鳥攸居三江既入矣則震澤底定是三江者乃震澤下流之三江也北方之水河為大故凡水皆称河南方之水江為大故凡水皆称江鄭僑曰禹貢之水以十分之自淮而北五由由九河入海自淮而南五由三江入海愚按三江之説不一班固以為南江從吳縣入海中江從蕪湖至陽羨入海北江從毘陵入海郭璞以為岷江浙江松江韋昭以為松江浙江浦陽江王安石謂一江自義興一江自毘陵一江自吳縣蓋主班固説皆非禹舊蹟雖蘇子瞻説似合蔡傳及

黄東發金仁山諸家皆主松婁東三江者以此三江連泒震澤而吞吐百川關係吴中水利甚大又周礼荆州川曰江漢揚州川曰三江可証揚州自有所謂三江而非即江漢况南江之稱本經文所無必增此以合三江之説亦有未安也既入者或合震澤而入海或洩震澤而入海也孔氏謂自彭蠡江分爲三入震澤又出澤爲北江入海者誤

任仁發曰太湖西南受湖州諸溪西北受宣州諸溪諸山峙于西地形高阜亘南北東江海之岸皆高水積其中形若盤盂非藉江湖深利何以通泄歸有光曰太湖入海之

河入海者皆為浦港惟淞江傳曰婁江即太倉之劉家河俗訛婁為劉也三江者吳淞江東江婁江也東江今不見有三也正義曰太湖有五道行國語吳之與越三江環之韋昭曰三江當代郭璞岷江淞江浙江於吳越春秋范蠡去越乘舟出三江之口入五湖之中則三江自在吳地貨殖傳吳有三江五湖之利是也所謂吳之與越三江環之者本言三江帶吳越之境耳非可深泥自桑欽許慎等

道独吴淞江一路頗江自河口距海不遠有潮泥湞淤反土之患湖田膏腴往往為豪姓所圍佃積占茭芦而與水爭尺寸之利所以淞江日隘議者不循其本沿流逐末別濬浦港以求一時之利而淞江之勢日微海道遂至湮塞豈非治水之過歟蓋自宋揚州刺史王濬以淞江滬瀆又名黄浦壅噎不利從武康紵谿為渠浛直達于海（就今之黄浦）穿鑿之端自此始夫以江之湮塞宜從其湮塞而治之不世之務而別求他道所以治之愈力而失之愈遠也世之論徒區區于三十六浦間昔人于常熟之北開二十四浦疏而導之江又于昆山之東開一十二浦分而納之海

有及于淞江亦不過淀盤龍白鶴滙（盤龍浦在淞江，白鶴江在嘉定）未見能曠然修禹之蹟者宜書單鍔著書為子瞻所稱然欲絕西来水不入太湖殊不知揚州藪澤天所以豬東南之水也今以力人遏之夫水為民害亦為民利就使太湖可涸于民豈為利哉余以為治吴之水宜專力于淞江淞江既治則太湖之水東下而他水不勞餘力矣又白淞江源本洪大故別出而為婁江東江今淞江既微則東江之跡滅沒不見無足怪者元末華亭周生綱領之論實為卓越然其欲求東江古道則于嫡廢之辨終有未明夫以一江洩太湖之水力全則勢旺故水駛而嘗流力分則勢弱故水緩而易淤此禹時之江能使震澤底定而後世之江所以屢開而屢塞也欤（按）吳淞爲中江其洩震澤之水直而不迂故視二江尤急三江是淞江支流今上海之大黃浦古東江大倉之刘家河古婁江也○（松江府志）黃浦上源自三泖來其上爲澱閶爲白蜆江又自淞江分泒而來至入海處約二百五十餘里論者指此爲東江○（王同祖曰）東江旧蹟在澱湖之西東如白蜆江諸口皆是東江既塞今澱湖水由千墩苧浦北入淞江特支流耳必復東江之舊使洩澱湖諸水入海則淞江可通○（袁黃曰）吳淞古道深廣可敵千浦今黃浦通流不下劉家河而吳淞日淺盡黃浦挖會杭嘉二郡之水而又有澱山泖蕩諸水從上而灌之刘河受巴陳諸湖之水而又有夏駕

此[illegible]
禹貢所云三江既入[illegible]
其説[illegible]矣古時五堰
未築江水挾宣
歙諸水南東注于太湖
故江中江為太湖上流東
江為太湖下流上下皆通
入海故謂之[illegible]底定之序
若[illegible]經中江北江之名
與導水之文相為[illegible]
至[illegible]東[illegible]言以為海
求[illegible]和[illegible]一[illegible]以[illegible]流往不
[illegible]三江既入于
震澤[illegible]之間[illegible]
此為[illegible]而使之入震
澤下流[illegible]之[illegible]派[illegible]何[illegible]

新漾諸水（在崑山）從旁而注之是以流皆清駛足以敵潮惟吴淞受太湖之派而長江不入則湖水無源况有長橋石隄為之阻遏至所經龎山九里二湖（在吴江）又多灘漲上流微故下流塞其間又有夏駕新漾掣其水以入劉河其勢益弱一與潮遇輒壅滯不行毋惑也（注）又東江湮沒議者多講求其故跡或欲倣古遺意而別開一東江不知三吴諸水得以安流入海者以有崇明諸沙縱横如繡而横亘于前也若于澉乍金山間誤開一道有何隄障夫東南之海最大號為天闕海塩一帶包以石塘猶惧衝撼豈可開渠

罔不求諸通江之失也、

延之使入乎又今日入海之道其自江陰江浦而来者引萬里之清流納之巨壑故海水逆上之潮皆上流復回之水所以澄瀂而不爲患若使東江通海則鹹水灌入滬海皆不可耕矣蘊嘉之田稱三吳上腴而使棄爲斥鹵害豈小哉○夏允彝曰淞江之南有大浦三十六淞江之北有大浦三十二在江之南者西受陳河南受澱湖諸水以入吳淞而達于海在江之北者西受陽城湖諸水以入吳淞而達于海吳淞迤東入海之口浦凡四十一皆海潮往来易于漲塞惟千墩一浦南通澱湖極爲深廣與夏駕新洋

南北相望屢經開濬皆為民利○考近志從太湖經吳江長橋東北合龐山湖者為淞江亦名松陵江從太湖出鮎魚口經吳都之婁門者為婁江過澱山湖東至上海嘉定亦名吳淞江者為東江皆太湖下流也自海塘南障而東江湮廢水始北折而為黃浦趨于淞江并于婁江又溢入七浦白茆江婁江雖通流而太倉以東每有沙漲至瀕海之地北腹內特高浚治宜倍深夫古人于川原廣衍處每七里為一縱浦十里為一橫塘所以通決水道俾旱潦有備今湮塞過半矣宜相其緩急以次疏之即取所開之土

以修岸滕則溝瀆之水悉達于塘浦塘浦之水悉達于江湖又何水之足患乎輯諸書

震澤底定

震澤地理志會稽吳縣吳縣今屬蘇州府周泰伯所封國也具區在西古文以為震澤正義周礼職方揚州藪曰具區浸曰五湖餘州浸藪皆異而揚州同者蓋揚州浸藪同處論其水謂之浸指其澤謂之藪曾氏失名曰震如三川震之震若今湖翻愚按今太湖之源來自苕霅山海經浮玉之山在今湖州府城南玉湖中用志浮玉有二在歸安者為小浮玉在孝豐者為大浮玉北望具區苕水出乎其陰是也江吳

志太湖源出西天目分為二一散入固城湖合金陵常潤之水為百瀆荊溪一從独山至秋浦納宣歙臨安之水合苕霅梅溪俱入太湖浙江名勝志浙西苕霅與臨安廣德諸水散出凡七十二溪奔海不及則渟蓄于湖越絕書太湖周迴三萬六千頃亦曰五湖震澤以東通松江南通雲溪西通荊溪北通滆湖東通韭溪凡五道故名五湖史記正義菱湖莫湖胥湖游湖貢湖為五湖別有金鼎湖梅梁湖東皋里湖通謂之五湖周五百里東西二百餘里南北一百二十五里

王氏樵曰揚州之境嶺自郴郴州虔贛州嶺北支趨數溪源水皆東流又自建嶺一支轉而北趨金衢為歙嶺亘宣州而抵建康其岡脊歙嶺之脊以西之水皆西流滙為彭蠡其岡脊以東之水南則浙江北則震澤也彭蠡不豬則江西江東諸州之水為

揚西偏之患震澤未定則浙西諸州之水爲揚東偏之患揚雖北邊淮而于徐已書乂雖中貫江而于荆已書朝宗独大江之南西偏莫大于彭蠡東偏莫大于震澤特舉二水以見揚之土田皆治○金藻曰禹貢云三江既入震澤底定又云九州滌源九澤既陂今東江已塞而淞江復微是川源無滌也太湖汎濫隄防不修是澤無陂障也無陂所以靡定無滌所以靡入又曰三江流水也滌源流水之所以治也震澤止水也既陂止水之所以定也使禹貢無此二語總結將謂三江既入震澤自定矣○葉夢得曰孔氏以太湖爲震澤非是

周官九州有澤藪有川有浸揚州澤藪為具區其浸為五湖凡言藪者皆人資以為利故曰藪以富得民而浸則但水之所鍾也今平望八尺震澤之間（俱在吳江）水瀰漫而極淺與太湖相接而非太湖自是入于太湖自太湖入于海雖淺而瀰漫故積潦暴至無以洩之則溢而害田所以謂之震然蒲魚菱芡之利人所資者甚廣亦或可隄而為田與太湖異所以謂之澤藪他州之澤無水暴至之患則為一名而已而具區與三江通塞為利害故二名以別之禹貢方以既定為義是以言震澤而不言具區也此論以解周礼則河以疏禹貢則不可

太湖分二派東南一派由淞江入于海東北一派由諸浦注之江其淞江洩水惟白茆一浦最大瀉淞江則蘇松東南之水有所歸瀉白茆則蘇州東北之水有所歸永樂初夏原吉言吴淞江旧襄二百五十餘里廣一百五十餘丈前代屢浚屢塞不能經久自吴江長橋至夏駕浦約百二十餘里雖云通流多淺狭之處自夏駕抵上海南蹌浦可百三十餘里潮沙漲塞已成平陸若劉家港通海白茆港入江皆係大川水流迅急宜浚吴淞南北两岸安亭等浦引太湖諸水入刘家白茆使直注江海又大黄浦乃通吴淞要

道。今下流壅閼，旁有范家浜至南蹌浦口，可經達海，宜浚深濶，上接黃浦，以達湖茆之水，此即禹貢三江入海之資。原吉時為戶部尚書，治水蘇松，後夫凡十餘萬，水泄，農大利。○王氏樵曰：古者震澤之水，其西北上源，則有宣歙、金陵、九陽江之水，由宜興百瀆以下震澤；其西南則有苕霅諸水，由湖州七十二港以入焉。所賴導之入海者，止松江、婁江、東江而已。水來甚多，而洩之者甚緩，此東南所以多水患也。自宋築五堰水陽江、銀林江、苛五堰。考五堰號于溧于宜興以西、溧陽之上，而宣歙諸水皆西北入蕪湖，固有以殺其上源之勢。其後商人以簰木往来之阻，給案溪術共出古來傳地勢荒遠川隄更移，其故蹟不可詳耳。柳[illegible]與世所正同[illegible]取義，[illegible]州屏蔽也。陽[illegible]發壽，大陵前田其獲之等，今皆變為原陸，不能定其所在矣。此川浚通後，往古不改，其舊屏障不，易為淤淺，歷數千年而湮沒不可考，無足怪者。吳[illegible]具之以為必即其左林[illegible]故址。

于官而壞其防昔人欲復五堰者此也五堰既廢由是荊溪（在宜興）多積水而百瀆湮塞無以遂其東下之勢昔人欲疏百瀆者此也宋慶曆中築長橋于吳江岸以便舟行之牽輓而水道阻緩昔人欲闢石塘易木橋千所以分利之者此也凡此皆單鍔之說也國初因五堰舊蹟立為銀渚東壩禁商簰往來既可挽東壩以西之水北會金陵以成朝宗之勢又使東壩以東之水返注蕪湖不下震澤而三吳享陸海之饒是豈徒得五堰遺意而已哉乃東南之永利也（此用溧陽民陳嵩九計）東壩既足以當五堰之利則上源既殺

下流亦減荊溪百瀆疏之可不疏亦可長橋之在吳江去之則有妨于運道存之亦未見有阻于太湖其所急者惟在吳淞江之通利濶深耳說見前○按漢設五堰使西南水不入荊溪由分水銀林二堰入伍員伐楚之運河以達大江運河在五堰西南唐時尚存宋時堰廢故吳中水患特甚自東壩築而太湖水勢始殺其半

篠簜既敷厥草惟夭厥木惟喬厥土惟塗泥

篠竹箭邢昺疏篠是竹之小者可以為箭幹竹譜箭竹高者不過一丈節間三尺簜大竹孫炎云竹闊節者曰簜李巡曰竹節相去一丈曰簜按郭璞引儀禮曰簜在建鼓之間謂簫管之屬与孔傳大竹解不合爾雅東南之美者有會稽之竹箭焉是揚州之竹箭尤美故別出之

也（筍譜云今筍竹中爲矢者臨川會稽爲良）數言盛也竹易茂難凋故至于四數也爾雅上勾曰喬（邢昺疏木枝上竦而曲卷者名喬）如木楸曰喬（郭璞注楸樹性上竦）詩南有喬木是也　塗泥下地多水其土埤[釋名]塗杜也杜塞孔穴[說文]泥黑土在水中者[王氏炎曰]南方地暖故草木多少長而上竦河朔地寒雖合抱之木不能高也兗徐言草木皆居厥土之下凡土無高下燥濕其性皆然無山林言之若楊之塗泥惟言沮洳之多山林不與故先草木也青不言草木而貢有松櫱絲則可知荆亦不言然貢有杶幹苦亦可知矣蓋兗青相同荆楊爲一惟徐漸包爲異耳

厥

田惟下下厥下上上錯下一上字上聲

田第九賦第七雜出第六【正義】不言錯下上者本設賦九等

分為上中下三品下上與中下異品故变文言之【金氏履祥】

曰古人尚黍稷田雜五種漢食貨志種穀必雜五種以備灾

害故雖旱潦而各有所收塗泥之土其田独稱稻不利他種

故第為最下【胡氏宏】曰揚州魚鹽之海出第七等近于太輕

出第六等以補除餘州之不足

【丘氏濬】曰今天下水田惟維揚最賤陸田惟頼壽為輕且

地界両京間相距畧等昔司馬懿伐吴使鄧艾于淮北屯

田六七年十萬之衆有五年之食今倣其法行之亦可少寬民力省歲漕請于淮南一帶湖陽之間沮洳之地芦葦之場盡數以為屯田遣官循行其地度地勢高下則泥塗淺深召江南無田之民因宜制便開渠濬川大小相受使水有所洩然後于霪下之處浚深以為湖蕩又于原近舊湖之處疏通其水使有所豬或為隄限水或為堰蓄水或為斗門放水俱如江南之制民之無力者給以食田成之後依官田以起科民之有力者計其庸田成之後依民田以出稅數年之後其所得當不止于魏人也況此地為運

道所經有魚塩莞蒲之饒昔人所謂揚一之地去大江僅百里許大江以南民多而田少居者佃富家之田出者逐什一之利誠下尺一之詔鼓舞而招徠之當無不成既成之後更于頻壽之閒召民開墾陸田亦隨地勢以分田因民力而定稅其功又易于水田者考之唐史上元中（肅宗）于楚州古射陽（在山陽塩城宝應界即漢廣陵王射陂）置洪澤屯于壽州置芍陂屯大獲其利今遺蹟可求也愚按泗水可以趨廣陵渦口可以向六合淝口可以向合肥古人因田設險因耕置屯非徒興利亦以防患至江南之田以修隄岸浚溝渠為

急溝渠浚則高田有以畜水而旱不能災塍岸修則下田有以障水而潦不為患范文正謂錢氏竊據時專設營田軍七八千人導湖築隄以修水政于是米值甚賤迨歸一統圩塘隳廢米貴十倍然則田之高下何常惟在治之得其術耳

厥貢惟金三品瑤琨篠簜齒革羽毛惟木島夷卉服厥篚織貝厥包橘柚錫貢琨漢書作瓉

金有黃白赤三等史記虞夏之幣金三品或白或黃或赤爾雅黃金謂之璗其美者謂之鏐郭璞云鏐紫磨金也白金謂之銀亦其美者謂之鐐穆天子傳有烛

銀郭璞云銀有精光如烛疑即此

赤金即銅所勝而不自守反同乎火凡律按鄭玄云金三品者銅三色也

度量衡用銅所以同天下也應劭謂古者以銅為兵山海經

昆吾之山其上多赤銅郭璞註色赤如火以之作刀切玉如

泥所謂昆吾之劍也越絕書赤堇之山破而出錫若耶之谷

涸而出銅歐冶子曰以為純鈞之劍汲郡家中得銅劍一枚

長三尺五寸乃今所名干將蓋古者通以錫雜銅為兵器周

礼戒金入其金錫于為兵器之所此一器也

愚按左傳貢金九牧九州皆有金貢

而獨著于荊揚揚産更優故貢居首漢丹陽豫章有金銅之

山漢志鄣陽有黃金采取金處丹陽郡有銅官采者

靈帝采勾曲之金以充武庫是

揚之貢金後世猶然也又按先王以珠玉為上幣黃金為中

幣刀布為下幣刀者錢如刀長二寸布者錢長二寸五分王昭禹曰古者宝龜而貨貝太公立九府圜法

始用錢代貝汲冢周書且畝文蚕若人玄貝注且畝在越文蝯蛤也若人灵越之蚕玄貝照貝也書傳大貝如車渠至秦以黃金為土幣鑄錢識曰半兩重如其文為下幣史記半兩錢法重四銖而珠玉亀貝銀錫之属為器飾宝蔵不為幣漢武乃造銀錫錫所以柔金也考工六斉皆用錫尔雅註今白鑞為白金三品一曰白選重八兩直三千二曰差小直五百三曰復小直三百瑤琨皆美玉疏云美石似玉古有瑤爵詩何以舟之惟玉及瑤瑤者玉之次琨又瑤之次也篠中矢笴音藁簜為樂管此從郭璞註又周礼掌節凡邦國之使節以英簜輔之註云盛節器也是簜可為符節之函蔡傳為符節誤詩元亀象齒知齒是象齒牙獸皮去毛曰革犀兕之革可為甲考工記犀甲七属兕甲五属嬰甲六属兕甲寿二百年

羽鳥羽南方之鳥孔雀翡翠之屬其羽可以為飾毛西南夷
長犛牛也犛牛之尾可飾旌旗經傳通謂之旄牧誓右秉白
旄詩建旐設旄是也木楩梓豫章之屬島夷如百濟日本漢
地理志會稽海外有東鯷人分為二十餘國皆揚州之東島
夷也卉服草服罗苹云卉今之黃草葛越之屬葛越南方布名用葛為
之左思賦蕉葛升越弱于羅紈是也揚慎曰越草也可為布蔡傳兼术
棉為言愚按木棉出交廣即今斑花揚慎曰雲南阿迷州有之嶺南尤多樹大成抱
花如芙蓉結子時方成葉子內有綿至蚕成乃熟吳錄與草
云交阯有木棉樹實如酒盃口有棉可作布名曰白緤
綿異草綿今江南之綿花也史照通鑑釋文江南木綿春生黃花結實熟時其皮四裂中綻

出如綿土人以鉄鋌輾去核取綿弓彈之令匀細卷為筒就車紡之織成布按此即今綿花史以觧木棉非也丘濬謂木棉至宋元間種始傳入中國考通鑑載梁武帝木綿皂帳又屢見唐人詩句李商隱詩木綿花發鵁鶄飛王叡詩紙錢飛出木棉花則宋以前有之但唐虞時外夷所貢者未必即此種耳貝錦名其文斑爛如貝詩萋兮菲兮成是貝錦此鄭玄記吳氏澄曰染其絲五色織之成文者曰織貝不染五色而織之成文者曰織文蔡傳謂今南夷木綿之精好者亦謂之吉貝島夷以卉服來貢而吉貝之精者則入于篚焉此本之蘇傳然吉貝之名昉于南史南史林邑等國出古貝木其花成對如鵝毳紡之作布與苧不異亦染成五色織為斑布俗呼古為吉又舊唐書婆利國有古

見草緝其花為布粗者曰古貝細者曰㲲不可因布名吉貝而遂以織布當之今西域卉服信有精者使禹時即以入貢不徵近于尚異物乎且諸州篚實非必出于各夷也襄曰包藉曰菌柚以橘而大其味尤酸貢必待錫命者賓祭則詔之口腹之欲不以勞民也〇漢漢武帝于交阯置橘官長一人至今橘產閩廣者良然禹時所貢則當在近地要荒之外豈以勞民耶〇周禮職方所掌揚州之賦其穀則宜稻而他種皆非所有其利則金錫竹箭而絲紵則非所宜漢東南獨海鹽縣有鹽官則知漢鹽鐵官之置多在西北而不在東南矣唐自河西隴于藩鎮而國用全賴東南唐代宗時天下租賦所入不過千二百萬而江南居其半本朝視

唐宋為倍朱提之貢額不減而漕粟之輓輸歲增又淮浙鹽課為海内最地無遺利而誅求又不止欲民力不竭豈可得哉輯諸家說

古時錢法未盛民間率用黃金周漢黃金充溢授受皆完質無鎔耗賜與動千萬斤計其值僅倍白金方勺曰漢法聘后用黃金二萬斤為錢二萬〻當時金一兩直錢才六百魏晉而降糜蠹不貲耗金日甚若宋之歲幣今之款市奚啻千億然以金少為憂而欲鑿鑛採取又有害無利夫金非財也特財之權耳以金多為當在一家則可通天下而論豈其宜哉輯諸家說

沿于江海達于淮泗

正義春秋文十年傳沿漢泝江泝是逆沿是順沿江入海順也自海入淮自淮入泗逆也陳氏大猷曰循行水涯曰沿水之險者莫如江海遇風濤多沿岸而行所以不言浮獨言沿著其險也愚按江自靜海即通州入海淮自淮浦即淮口入海皆與海通故揚之貢在北者可徑達淮泗矣其在南者邗溝未開無道入淮必由江以入海然後由海以泝淮泗至吳王夫差會晉黃池始掘溝通水孟子謂禹排淮泗而注之江蓋誤指所通之道以為禹蹟○陳氏傳良曰禹貢州末條河先儒

固曰運道其于青州達濟揚州達泗荊止于南河雍止于西河此政裴耀卿接級翰轉之法不以江人入河不以河人入洛洛人入渭唐時江淮之粟会于京口京口是咽喉處六朝運道不由京口自破崗瀆入秦淮自淮入江○秦淮本名龍藏浦有二源一經句容西南一經溧水西北合自方山埭西注大江今都城從而南秦淮乃橫亘城中考吳夫差于邗江築城穿溝東北通射陽湖西北至末口江淮之通自此始吳氏謂江北淮南地高于水溝通江淮止是江淮間掘一橫溝西端築堤壅水于中以行舟耳西端築堤今瓜儀淮安壩是江淮實未通流也後隋煬帝幸江都大發淮南諸州丁夫十餘萬開邗溝自山陽至揚子江徑三百餘里自是始由揚

子達六合由山陽瀆入淮今運道自瓜儀歷高郵寶應至清江浦入淮
鄭氏曉曰國初海運沿于江海也永樂初中灤之運中漢註見青州或曰中漢源出金蓮川今濟寧以南是達於淮泗也其後並罷專由邳溝入淮沂河以達会通河又曰欲順河流不逆其性必難濟漕既欲濟漕難保淮西陵寢不衝決矣名張秋濟寧徐州處處畏河患又必須引之東南流雖大禹治之恐亦無長策以故中灤之運及膠河故道皆不可不講膠河即今所謂南北新河不出登萊大洋之險直自安東至海倉三百里耳○夏允彝曰近世以河渠阻塞多議海運考元史其道有三皆自平江劉

家港出海其至萬里長灘開洋旋沿山嶼而行至膠州復放洋者路甚紆遠次沿涯至長灘放大洋経黑水洋至成山者（史記正義成山在文登縣西北百九十里）其道差径又次至崇明三沙放洋向東即開黑水大洋取成山轉西至登州沙門島者其道最便蓋開洋愈闊則取道尤捷朕與大禹沿海之意遠矣（唐樞曰海運惮文登南之城山登北州之沙門島此西險多磧宜無請勢元開膠萊以避西險）或曰元人海運損壞以起自太倉嘉定而北也若自淮安而東引登萊以泊天津則元名北海中多嶋嶼可以避風又其地高而多石蛟龍往来而無窟宅。王氏樵曰上古海路不甚通揚州所沿不過由江至淮之海面而已上古海利亦不甚通塩與海錯不過取之青州而已聖人先見之明防患之遠不貴異物遠物以生外釁豈有貫市招誘之事哉近代倭人之禍則海路海利日通而莫之為禁之咎也漢書言樂浪海中有倭人分為百餘國以歲時来獻見雖漢世已通中國然止樂浪海中一路閩廣兩浙固猶未通也自元人與之交兵彼始得我之情有窺我之漸國初沿海備禦蓋亦甚嚴承平禁弛乃召前代未有之患誠繹禹貢之旨則得所以治之之要矣○黄承玄曰淮與黄初皆獨

入于海故稱瀆焉自隋大業間引河由汴泗達淮周顯德間濬汴口導河達淮皆上流也宋興國間河由彭城入淮熙寧後由南清河入淮則支派尔金元季由渦河入淮尔上流也國初河決原武由壽州正陽鎮全入于淮則正派又上流矣嗣後或由孫家渡或由趙皮寨皆從陳潁亳壽懷遠等處入淮皆上流正派其由小浮橋經徐邳自清河縣北合淮者此下流亦支派尔至嘉靖中塞渦河口載野鷄岡則正派皆歸孫繼口歷徐邳桃清入淮已而從清河縣南合淮下流且奪淮入海之路矣

禹貢長箋卷之六

東吳　朱鶴齡長孺撰

荆及衡陽惟荆州

爾雅漢南曰荆州注自漢南至衡山之陽釋名荆州取名于荆山荆警也其民有道後服無道先强當警備之也孔傳北據荆山南及衡山之陽正義此州北界到荆山之北故言據據爲距蔡傳改南及衡山之陽其境過衡山也以衡是大山其南無復有名山大川可以爲記故言陽諸州以山奠者独荆荆山地理志在南郡臨沮縣今襄陽府南漳縣東北山海經景山東北百里曰荆山其陰多鐵其陽多赤金○襄陽府志南漳縣西北八

十里有荊山三面險絕惟西南一徑有人行荊山有二此荊山其南為荊州其北為豫州非雍州荊岐既旅之荊山故蔡傳增南條二字衡山地理志在長沙國湘南縣今長沙府湘潭縣東南括地志衡山在衡州湘潭縣西四十一里一統志在衡州府衡山縣西北周八百餘里高九千餘丈有七十二峯祝融最峻其山以回雁為首回雁峯在衡州嶽麓為足在長沙有禹碑土自右稱南嶽漢武徙祭南嶽于廬江灊音潛山爾雅霍山為南嶽地理灊縣南有天柱山即霍山也續博物志云黃帝以潛霍為南嶽之副斉今蓋本爾雅然衡山故封卒不易云洞天記隋開皇立霍州治此在廬州府霍山縣九年始定衡山為南岳○熊氏禾曰荊州北接雍豫南逾五嶺東抵揚州西抵梁州及西南夷揚州之地自兩浙為吳越之外江淮

皆楚境也或謂建都江南者皆以南陽為正其北連中原東
通吳會西接巴蜀南控蠻粵諸葛亮以為用武之國凢自北
攻南自南窺北未有不先得此而可以有為也
班固配十二次自張十七度至軫十一度為鶉尾之次費直
起張十三度蔡
邕起張十二度
于辰在巳楚之分野鄭語笠重黎之後也
黎為高辛氏火正此
鶉尾為屬荊州春秋緯文耀鉤大別以東至九江荊州屬
楚分星衡星廣雅北斗七星五為衡〻為荊州天
官書衡太微三光之庭也註
云太微天帝南宮主翼軫地
宋天文志三台下星至荊州
天市西垣第二星曰楚五車中央星曰司空主填同鎮星楚
天官書軫南衆星曰
天庫樓庫有五車
晉天文志翼軫楚之荊州南陽入翼六

度南郡入翼十度江夏入翼十二度零陵入軫十一度桂
陽入軫六度武陵入軫十度長沙入軫十六度周職方氏
正南曰荊州其山鎮曰衡其澤藪曰雲夢其川江漢其浸
潁湛鄭玄曰潁出陽城宜屬豫州京相璠曰昆陽縣北有蒲城蒲城北有湛水漢志東至定陵入汝○昆陽城在今南陽府葉縣其利丹銀齒革其民一男二女其畜宜鳥獸其
穀宜稻通典荊州楚其分野兼得韓秦之交秦置郡為南
郡黔中長沙南陽之東境通考作南境漢武置十三州此為荊
州後漢並因之其五溪地歸漢以後歷代開拓史記正義楚東淮泗
之上與齊接境北有陘塞與韓接境徐廣曰密縣有陘山○密縣今屬開封漢地理志楚之地今

之南郡江夏零陵桂陽武陵長沙及漢中汝南郡盡楚分周成王時以封鬻熊之曾孫熊繹後寖强大楚有江漢川澤山林之饒民以漁獵山伐為業果蓏蠃蛤食物常足故呰音紫窳媮生而亡積聚江陵故郢都楚文王自丹陽徙都郢今江陵縣北十二里紀南城是也謂之南郢今承天府為北郢丹陽故城在歸州宋忠曰丹陽在枝江縣南通巫巴東有雲夢之饒亦一都會也後漢郡國志荊州刺史部郡七南陽南郡江夏零陵桂陽武陵長沙荊州刺史治漢壽通考漢又為牂柯郡之東北境魏武得荊州分南郡以北立襄陽郡及敗赤壁吳與蜀分荊州于是南郡零陵武陵以西為蜀江夏桂陽長沙三郡為吳南陽襄陽南鄉三郡為魏後蜀所分地志屬吳而荊州之名南北雙

主

唐地理志山南道古荊州域江陵峽歸夔澧朗復郢襄

房為鶉尾分鄧隋泌郢唐州均為鶉火分府一江陵○山南東道採訪使

治襄州內夔房通典入梁州襄鄧隋泌均通典入豫州通典唐分置山南東道領江

陵荊州竟陵復州本沔陽郡富水郢州本意陵郡夷陵峽州巴東歸州析夔州置武陵

朗州澧陽澧州郡江南西道領長沙潭州零陵永州桂陽郴州江夏鄂州

齊安黃州漢陽沔州江華道州本營州析零陵郡置衡陽衡州本衡山郡巴陵岳州邵

陽邵州本南梁州析潭州置郡黔中道領黔中黔州盧溪辰州本沅陵郡盧陽錦州

析辰州置寧夷思州清江施州潭陽巫州析辰州置龍溪業州析沅州置義泉夷州析思

黔二州置靈溪溪州析辰州置涪州費州析思州置溱溪溱州郎珍州夜郎郡播川播州郡

萬分入淮南道爲安陸安州義陽申州郡○黔中採訪使ゝ治黔〔初學記〕荊州之南界屬江南道東界入淮南道〔宋史〕古荊州爲荊湖南北路北路府二江陵德安州十鄂復鼎澧峽岳歸辰沅靖軍二荊門漢陽南路州七潭衡道永邵郴全軍二武崗桂陽荊湖路東界鄂渚西接溪洞南花五嶺北連襄漢而郢州入京西南路黃州入淮南西路興國軍入江南西路黔施珍思播五州入夔州路文獻通考以信陽軍入荊州域應入豫州〔大明一統志〕古荊州爲今湖廣省武昌楚熊渠封子紅于此爲鄂公秦屬南郡漢置江夏郡治沙羨音夷三國吳分置武昌郡宋曰郢州梁分置北新州隋唐曰鄂州其地控特雍梁边帶漢沔岍山而城塹江而池爲江南要區漢陽春秋鄖國屬楚秦屬南郡漢屬江夏唐平朱粲爲沔州後隸鄂安

二州周世宗平淮南置漢陽軍宋因之其地
與武昌隔江僅七里州勝凡俗頗同
承天
戰國屬楚曰郢中秦屬
南郡漢屬江夏曰雲社晉置竟陵郡梁為南司北新二州
境西魏分屬安州唐宋曰郢州治長壽其地上浮江漢下
連湘水舟平之衡
德安
亦鄖国地秦屬南郡漢屬江夏宋置安陸郡梁兼置南司州西魏曰安州唐觀察使
治為宋陞德安府元隸黃州路
其地界襄郢申汝之間為都会
黃州
春秋曰黃國楚徙邾君于此曰邾城秦屬南
郡漢屬江夏三国魏為重鎮後屬吳晉為西陽國斉分置
斉安郡隋曰黃州唐宋因之其地連雲夢倚大江淮楚之
交
荊州
楚郢都秦置南郡漢為臨江郡唐為江陵府元為
中興路其地在洛陽正南東連吳會西通巴蜀南
極湘潭北枕漢汚上游重鎮
岳州
古蒼梧之野三苗国春秋麇國罗國地秦漢屬長沙郡三国吳為重鎮梁
巴州唐平蕭銑曰岳州其地左洞庭右
湘沅衡岳接其前漢汚荊峴帯其後
長沙
楚南境黔中地秦置長沙
郡漢為国刘宋置湘州隋唐曰潭州宋置武
安軍其地交廣戶牖荊蜀咽喉湖湘重鎮
寶慶
秦屬長沙漢屬

長沙零陵三国吳置邵陵郡唐宋曰邵州其地東距洞庭西連五嶺控制谿峒諸蠻

常德

商周蠻蜑所居所謂盤瓠種也戰国屬楚秦屬黔中郡漢置武陵郡梁曰流州隋唐曰朗州宋曰鼎州其地包洞庭控五溪為司瀦蛋蜑

辰州

亦蠻蜑地秦置黔中郡漢屬長沙武陵晉以後並屬武陵唐宋為辰州其地重崗複嶺武陵保障俗同巴論圖經以在酉水之陽曰酉陽

衡州

春秋楚地秦屬長沙漢分屬桂陽吳分湘東衡陽二郡唐宋為衡州其地直回雁峯之北瀟湘帯其左南連谿峒東特桂陽

永州

春秋其南境秦屬長沙漢武置零陵郡晉屬湘州宋分置营陽郡隋唐曰永州其地南接九疑北連衡岳

各府

靖

秦黔中地漢屬牂牁郡唐為漢洞宋曰誠州其地介夷播叙三州之境

郴

郡長沙南境漢置桂陽郡吳蜀分荊以湘水為界桂陽以東為吳以西為蜀隋唐曰郴州其地环山為州五嶺之衡

二州

永順

漢屬武陵唐曰是溪其地東抵荊湘西通巴蜀南近辰陽北距帰峡

保靖

隋辰州地唐屬溪州

二宣慰司

其襄陽府

古豫州南境春秋屬楚漢屬南郡南

陽列表刺荊州徒治為三国魏置襄陽郡為重鎮東晋僑置南雍州唐曰襄州其地南極湖湖北控關洛是蜀咽喉為荊豫二州域宜城南賴屬荊州考郡志宜城當屬豫州鄖陽府春秋麋國楚錫[illegible]穴地漢屬漢中三国魏置魏興郡唐置南豐州尋殷屬均州其地襟山帶江荊襄秦蜀之會為荊豫梁三州域鄖縣房縣屬荊州滙疏云考地志鄖陽府屬梁州施州衛楚巴巫地漢屬南郡晋白夜郎唐曰清江為荊梁二州域東境屬荊州西境屬梁州江西省南康九江吉安三府詳見揚州為荊揚二州域西境是荊州四川省夔州府詳見梁州為荊梁二州域巫山大昌夫寧府屬荊州廣西省桂林秦屬桂林漢屬零陵蒼梧三国吳置始安郡晋屬廣州梁置桂州唐陞靜江軍宋陞府其地東控嶺海右挹蠻荒自荔浦以北為楚以南為粵平樂秦屬桂林漢屬蒼梧三国吳蜀始安唐置昭州其地居蒼梧始安之間與清湘九疑犬牙相入梧州秦屬桂林漢武置蒼

梧郡，從交州治之。唐置梧州，其地㨿百越，連五嶺，面長江，背原阜，水陸之衝。三府應屬荊州。貴州省貴陽府漢屬牂柯郡則荊梁二州之南境，思州牂柯要衝、思南亦牂柯地、鎮遠、石阡古夜郎地，唐夷州、銅仁、黎平等府並荊州南裔。按荊梁之界，今為貴州；衡山之南，今為廣西。

章俊卿曰：沅湘衆水合洞庭而輸之江，則武昌為之都會；江水下夔峽而抵荊楚，則江陵為之都會；漢沔之上，則襄陽為之都會。守江陵則可以開蜀道，守襄陽則可以援川陝，守武昌九江則可以蔽全吳。

魏氏了翁曰：襄陽據漢水上游，與江陵為唇齒。襄陽去江陵步道五百里。襄陽之唇亡，則郢復、荊門、漢陽皆齒也。齊安、郢渚為受兵之

衡長江之險與敵失之矣唐樞曰湖廣南滙洞庭諸水于前北引漢沔諸水于後西承川蜀諸水而折而過爲水法瀠洄而山奔不歇故有不可居終之說

江漢朝宗于海

正義周礼大宗伯諸侯見天子之礼春見曰朝夏見曰宗此假人事而言詩沔彼流水朝宗于海鄭氏玄曰江水漢水其流遠疾又合爲一共赴于海猶諸侯之同心尊天子而朝事之荆楚之域國有道則後服國無道則先强故記其水之義以著人臣之礼易氏祓曰江自歸州秭歸至鄂州武昌九一

千四百餘里漢自均州武當至漢陽軍漢陽縣凡一千四百餘里皆荊州之地江漢分流于其間至是合流王氏炎曰漢水入江處在漢陽軍大別山下鄭氏曉曰二水發源于梁而荊當下流之衝入海于揚而荊據上游之會故于此言朝宗見其上無所壅下有所滯○王氏樵曰既言朝宗于海則入海不俟言故知三江既入不指大江也

江水方出三峽源高流下勢若建瓴夷陵屬荊州府以東兩岸俱平衍下隰水易漫流隄防不修則千里汎濫不見涯涘舊有九穴十三口今皆湮塞無餘荊岳之間几何不為巨浸

也漢水多泥沙均州（屬襄陽府）以下地平曠遷徙不常潛沔之間（潛江沔陽俱屬承天府）大半滙為湖渚又有漲池口竹筒湖瀉之以故向鮮水患自潛沔湖渚淤為平陸竹筒湖復湮淺上流日壅下流日溢水患多在荊襄承天間矣見禹貢會箋

九江孔殷（史記作甚中）

九江今洞庭湖 水經九江在長沙下雋西北（今岳州府巴陵縣漢下雋地）山海經注洞庭地穴也在長沙巴陵 其源有九水故名九江後會聚日廣方八百里而洞庭山遂在其中（洞庭山即君山方六十里舜妃湘君所遊）故因山得名曰洞庭（每六七月間岷峩雪消水暴漲自荊江逆入洞庭清流頓渾岳人謂之翻流水）朱子考定九

江也曰瀟江水經注一名營水出營陽泠道縣今永州府寧遠縣南
留山朱子曰瀟水出九疑山西逕九疑山在今寧遠東北逕營浦縣南今永
州府永明縣在營陽郡治又西北逕泉陵縣西今永州府祁陽縣漢零陵郡治又北流注於
湘水考永州府志道州水營瀟居其二而罗含所記十五無瀟衡州府志云營水在唐各曰瀟水則二水実一也
二曰湘江地理志湘水出零陵郡零陵縣陽海山今桂林府興安縣北至長沙
酃縣今衡州府衡陽縣入江過郡二行二千五百三十里水經注湘
水出零陵始安縣今桂林府興安縣陽翔山即陽海山東北過零陵縣東
泉陵縣西又東北過酃縣西承水東南来注之衡州府志湘川過陵零五
里與罗水合達于衡陽蒸水入焉会于不鼓之下又北逕衡山縣東今屬衡州府又東北

逕湘南縣東又北過臨湘今長沙府長沙縣漢長沙国今湘州刺史皆治此縣西劉水西北流注之刺水出刘陽縣首禪山又北逕羅縣西今長沙府湘陰縣又北汨水注之汨水出豫章艾縣桐山西南逕罗縣又西流注于湘廿謂汨罗口又東北為青草湖口即巴丘湖又北過下雋縣西微水東来注之微水經下雋西流廿謂麋湖口左則沅水澧水注之又北至巴丘山入于江羅含日湘水清照五六丈下見底石如摴蒲白沙如霜雪赤岸若朝霞三曰蒸江水經注作承水按地理志承陽在承水之陽縣屬長沙國後漢志作烝陽屬零陵郡晉志宋志俱作烝陽屬湘東郡是承水即烝水也出邵陵縣今宝慶府邵陽縣界耶薑山一統志亦云蒸水出邵陽耶薑山朱子云出衡陽東北流遲重安縣南今衡州府衡陽縣至湘東臨承縣北今衡州府酃縣湘東郡治東注于湘四

曰資江地理志資水出零陵郡都梁縣（今寶慶府武岡州）路山（一名唐紀山）東北至長沙益陽（今長沙府益陽縣）入沅過郡二行千八百里水經東北逕武岡縣南邵陵（孫皓分零陵北部立）益陽縣北又東與沅水合入洞庭（世謂益陽江）五曰沅江地理志沅水出牂牁郡且蘭縣（朱子曰沅水出沅州西蠻界中）東南至長沙益陽入江過郡二行二千五百三十里水經注東至鐔城（今辰州府黔縣）無陽縣（漢志屬武陵）又東與序溪（即敘江）合又東逕辰陽縣南（今辰州府辰溪縣）東合辰水又東逕沅陵縣北（今辰州府沅陵縣）東北過臨沅縣南（今常德府武陵縣）又東逕龍陽縣（今屬常德府漢壽縣地）至下雋縣西北注洞庭六曰漸江地理志漸

入沅下小注補在上方

水出武陵郡索縣東入沅【水經注】一名澹水出漢壽縣西楊山南流東折逕索城（漢壽縣，郡治故索縣也）東入沅（水所入處謂之鼎口〇【按】水經又有漸江水乃是淅江出丹陽黟縣南壷中者葉夢得謂漸字是淅字誤）七曰叙江【地理志】序水出武陵郡義陵縣鄜梁山（音夫）（朱子曰出辰州溆浦縣鄜梁山溆浦漢義陵地）西入沅（水經注西北流入沅）八曰辰江【地理志】辰水出武陵郡辰陽縣三山谷南入沅行七百五十里【水經注】武陵有五溪（雄溪樠溪酉溪潕溪辰溪水經注又有力溪）辰溪其一焉右合沅水（朱子曰東流與酉水合）九曰酉江【地理志】酉水出武陵郡充縣酉原山南至沅陵入沅行千二百里【水經注】酉水出巴郡臨江縣（今四川重慶府忠州本武陵之充縣）酉源山東逕無陽縣南遷陵縣北（後漢晋宋地志俱屬武陵）又東逕酉陽縣南（故縣在今辰州府城西）沅陵縣北又南注沅水（朱子曰酉水出会漢城西山中至長州今沅辰北流至㫒州東入洞庭）此九江也蔡傳所序九水沅漸元辰叙酉豐資湘與朱子不合王樵謂導江東至于澧過九江則是古者澧先入江而後九江入也澧當在九江數外古三苗之國左洞庭右彭蠡詳疏皆以洞庭為彭蠡而謂九江在潯陽（潯陽漢屬廬江郡班固謂禹貢九江在○潯陽南與註疏同誤）自宋吴氏始正之朱子謂若旁計橫入小江之數則自岷山以東至入海為江當幾千百夫經言九江孔殷正以見其呑吐壯盛浩淼無涯之勢決非分派小江之所可當繼

蔡傳從漢九江即洞庭之說乃
禹貢揚州之境潯陽
潯陽乃在江北者禹時應九
江屬荊州
良由九江之名起于
近代未足為據其九
江派別以六安首尾經
長大略相等然白
可見之為九合而則
之地蓋無所容況
湖流去源其勢不

此而及夫沱潛雲夢則又見其非潯陽以東甚遠之下流也且導山過九江至于敷淺原若已自江州順流東下湖口又復泝流南上彭蠡百有餘里而後至焉此何說哉如朱子所言則禹時澧州之下巴陵之上（澧州巴陵今皆屬岳州府）自有九水但世代既遠陵谷改遷以今水証古水未必悉合耳

陳氏師凱曰經文江漢朝宗于海即繼以九江孔殷導江不曰播為九江而曰過九江則大江自大江九水自九水可見而孔傳謂江分九道者其非明矣（孔傳江于此州界分為九道甚得地勢之中）又証之導江東至于澧過九江至于東陵則九江當在澧州之下巴陵之上

而不在尋陽尤明矣。按漢尋陽在江北，晉以後尋陽在江南。禹時皆爲揚州之境。程大昌謂荊境至潯陽，以東即爲揚州，是以潯陽屬荊，蓋因孔傳誤考潯陽亦有九江：一曰烏白江，二曰蜯江，三曰烏江，四曰嘉靡江，五曰畎江，六曰源江，七曰廩江，八曰提江，九曰箘江。太史公云予登廬山觀禹跡九江口，蓋謂此也。張須元緣江圖云如于鄂陵趦于江口，會于桑落州。桑落州今在宿松西南百餘里。○王氏樵曰：雷夏小，故曰既澤；彭蠡大，故曰既豬；大野大于雷夏，故亦曰既豬；震澤震動難定，故曰底定；洞庭浩渺方八百里，又非他比，故特異其文曰孔殷。殷字有訓正者，堯典以殷仲春是也；有訓盛者，洛誥肇稱殷禮是也。蔡傳後前解。○夏清曰：九江四出湖南瀟湘蒸資，五出湖北沅叙漵辰酉，而沅叙資三水並發源于靖州。資江出武岡唐糾山，在今綏寧縣界，改隸于靖，即謂瀆出河北亦可也○（一統志）沅湘瀆最大皆自南而入荆江自北而過洞庭豬其間名為五豬（水經注湘水瀆水沅水微湖澧水凡五水注洞庭北會大江名五豬）戰國策秦與荆戰大破之襲郢取洞庭五豬楚詞帝子降兮北渚皆其地也

辰常衡永支湖無慮数十其會衆流而注之洞庭者沅湘澧而已沅合麻陽（屬辰州府）諸溪洞水過常武（常德府武陵縣）出湖之北湘合瀟水汨羅水過長沙出湖之南澧合焦溪茹溪諸水經慈利石門（俱屬岳州府）至澧州出湖之西而漸沅辰叙酉瀆合流而滙洞庭以為之壑故辰沅衡永長沙得免水患

又有以說岳陽洞庭又實之五湖，則洞庭之側有[illegible]黃陵，以[illegible]源未當而安為其說九湖入江如名[illegible]九湖為名又合五湖為一（則九江之說）皆入洞，而洞庭之名湘者，是謂九江即洞庭，間不為謂九江即洞庭之名也。

惟常武當沅江之派流岳陽當江湖之會合故隄防急焉昔禹之治水堅則鑿之盛則釃之淺則瀹之大則決之急則排之而其要有二曰經曰緯夫漢之南入江之北滙非楚水大經乎然漢則東為滄浪過三澨乃至大別江則東別為沱至于澧過九江至東陵乃迤北而會為隨地注瀉使游波寬緩不相激薄何其緯之有緒也平成既久民多濱水為居或築而業之故潛沔之間所謂滄浪勾澨諸澨皆大不容刀甚至不可辨而澧水與江相去百餘里禹時九江猶受岷江之輸今九江自相經緒猶為洞庭大且與

江漢敵矣禹所患者經不足以持緯治之宜後緯而先經今所患者緯不足以受經治之宜後經而先緯周礼稻人掌稼下地以豬畜水以防止水以溝蕩水以遂均水以列舍水以澮瀉水然雖主治澤田实治水緯法也今當增修江漢之隄而開浚諸穴口以散其漲使民得隄為衛不患于漂没隄得口為瀉不至于壅淤排釃並施防澮均舉經緯之義備水何從孽哉輯諸家說

原仲案

沱潛既道潛漢書作灊史記作涔

凡是水自江出為沱自漢出為潛

正義水從江漢出者皆曰沱潛但地勢西高東下雖于梁州

合流還從荊州分出猶如濟水入河復自河出也鄭氏玄云南郡枝江縣今屬荊州府有沱水其尾入江耳首不于江出也華容故城在今荊州府監利縣春秋許迁于容城是有夏水首出江尾入沔蓋此所謂沱也地理志夏水首受江東入沔行五百里水經註夏水流江陵縣東南東過華容監利至江陵江雲杜縣入于沔應劭曰江別入沔為夏水源冬竭夏流故納其稱潛水未聞王氏炎曰沱水在江臨枝江縣世謂枝江為百里洲夾江沱二水之間與江分處曰上沱與江合處曰下沱隋志南郡松滋縣有涔涔即古潛字史記沱涔既道今松滋分為潛江縣潛江縣宋屬江陵府今屬承天府〇愚按金氏謂松滋縣南枝江縣北江分三十餘里下流復合名

茷蘺江此即沱也一統志沱江在當陽縣治南（當陽屬承天府荆門州沱江在縣南百六十里）至枝江縣界復入大江（水經注江沱枝分東入大江）據鄭註則在枝江者爲非今長夏洲即夏水在沔陽州南四十里此則康成所云出江入沔者乎潛江經今潛江縣界（潛江在縣東一里）東南入大江承天志云漢自水鍾祥（承天府治北三十里）分爲芦洑河經潛江縣東南後入漢（鄭端簡云入江）即沔陽州西北之襄河也（廣輿記漢水在承天府城西上至襄陽七百里下至沔陽五百里）項平甫謂夾蜀山而行凡谿谷之水至江而出者皆名沱至漢而出者皆名潛然沱潛自是江漢別流非盡谿谷水所注孔氏以荆梁沱潛爲一班

固鄭玄郭璞皆以二州各有沱潛蓋源同而流異耳。黃度曰孔安國云沱潛發梁州入荊州其言雖不詳未失也孔穎達求之不能得而曰沱潛雖與梁州合流復于荊州分出則幾誣矣沱自永康軍導江縣分江東至眉州彭山縣入江此江別為沱人所知也漢有東西二源而沔漾附會其說多端按經文梁州貢道浮于潛逾于沔東為沔西為潛潛即西漢出天水南至巴州入江凡潼益夔利水道皆由此泝流北上是固大瀆足為一州貢道矣然沱潛合為一流以出瞿唐至荊猶各存舊名者所以紀江漢之源委也潛漢與江合瀆東流至夏口汚漢又出而會之江漢合流卒入于海而自九江以上稱沱潛九江而下稱江漢至揚州合為一江而猶稱中江北江以見二水各瀆共流歷梁荆揚首尾三州其可合者不得而分也猶河既釃二渠又疏九河流注兖豫青徐其當分者不可得而合也此禹治水大經皆行其所無事者也此說主漢孔氏亦為有理

雲土夢作乂夢同礼戢方作曹漢書雲夢二字連

雲夢地理志在南郡華容縣南今德安府有雲夢縣二澤在縣南跨江南北

春秋傳楚子涉睢濟江入于雲中將奔隨今德安府隨州江北也郧

子之女生子文奕之夢中又楚子與鄭伯田于江南之夢在今岳州府與洞庭青草二湖相連江南也國語持有藪曰雲連徒州金木竹箭之所生也韋昭云雲土今為縣地理志江夏有雲杜縣夢在南又有北夢五代孫光憲號北夢本此雲夢一澤而每處名存合言之為一分言之則二司馬相如賦雲夢者方八九百里郭璞以為即華容縣東南巴丘湖或曰此江南之夢也杜預云南郡枝江縣西有雲夢城夏江安陸縣東南亦有雲夢城朱子云江陵以下岳州以上為雲夢今安陸沔陽華容枝江洞庭以南皆是蓋跨川亘隰兼苞勢廣矣水降玉升雲土夢耕江漢治所致故曰涌〻江漢南國之紀○羅泌曰雲王夢作乂

者雲向為水所沒至是始得為土夢在前雖土而未可作乂至是始可耕而治之蓋夢地差高而雲下論者不知既以雲夢為一澤復謂古經乃雲夢土作乂者非也國石經倒土夢字唐太宗時得古本始改正孔穎達疏猶以土字兼上下言則蔡傳之解蓋本于羅泌也○沈括曰孔安國註雲夢之澤在江南不然據左傳吳人伐郢楚子自郢西走涉雎則當出于江南其後涉江入雲中遂奔鄖鄖今之安陸州則雲在江北也江南則今之公安石首建寧等縣今俱屬荊州府建寧今併入石首江北則玉沙今併入監利監利今屬荊州府景陵今屬承天府等縣乃衆水之所委其地最下

沈括筆談云

厥土惟塗泥厥田惟下中厥賦上下

田第八賦第三荆塗泥與揚同其地稍高故田加一等
蘇氏軾曰吴蜀有可耕之人而無其地荆襄有可耕之地
而無其人葉適曰漢之末年荆楚甚盛不惟民户繁实而
智勇材力之士森然出于其中孫刘資之以争天下其後
不復振起而國淅之盛自唐始乃独為東南之望分閩淅
以雲荆楚去狭就廣則田益墾而税益增

厥貢羽毛齒革惟金三品杶榦栝柏礪砥砮丹惟箘窘音簵楛三
邦底貢厥名包匭菁茅厥篚玄纁璣組九江納錫大龜

荆揚之貢畧同而荆先羽毛者孔氏謂善者為先周礼戠方揚州其利金錫荆州其利丹砂齒革則荆揚所産不無優劣矣金起于汝漢又荆南之地麗水之中生金今雲南金沙江即古麗水頌所謂大賂南金是也杶榛通陸璣云杶樗栲漆相似如一郝敬曰椿中琴材字亦作櫄左傳孟莊子斬其櫄以為公琴榦弓榦孔傳柘也弓榦莫若柘木故舉其用也考工記弓人取榦之道以柘為上蔡傳則謂杶材中弓弩之榦周官所謂荆之幹是也栝栢葉松身即檜也詩檜楫松舟揚言惟木多不勝名也荆木名之貢止此也礪磨刀刃石精者曰砥砮矢鏃名蘇軾自儋耳北帰江上得古箭鏃槊鋒

而劒脊其廉可劌而其質則石以為此即楛矢石砮石砮長尺有咫孔子謂肅慎氏所貢唐書黑水靺鞨傳其矢石砮長尺二寸蓋古砮楛遺法今女直尚有之出黑龍江口名水花石堅利入鐵則荆梁久不貢此軾所見者古荆梁外徼固宜有之也丹丹砂可以為采出今辰州老鴉井者良箘簵疏云是兩種竹或大小異也韋昭一名簬風董安于治晉陽公宮之垣皆以蒿蒿苫楚廧之其堅雖箘簵不能過則箘簵是竹之堅者呂覽云路越之箘盖產南粤楛木堅小而直陸璣云葉如荆而赤莖似蓍肅慎貢楛矢是也三者皆中矢笴而三邦所產尤為名材三邦未詳其地孔傳三者皆出雲夢之澤近澤三國

嘗致貢之其名天下称善考工記妢胡胡子國在楚旁之笴唐志零陵貢菁笴豈即此類歟菁茅孔得菁以為菹菁蕢菁也周礼醢人有菁菹鹿臡茅以縮酒鄭玄合為一物蔡傳亦同菁者茅之状菁菁肰也尔雅謂之魏廣雅謂之茈蕨管仲責楚包茅不入即此国語楚為荊蛮置茅蕝設望表蕝謂束茅而主之所以縮酒郊特牲縮酒用茅明酌也魏了翁曰所以縮酒只是醴有糟故縮于茅以清之周礼註酒大茅上滲下若神飲故謂之縮此郑吳臆說朱子謂古人榨酒不以絲帛而以編茅王室祭祀之酒則以菁茅亦其香潔也或曰茅有三脊名菁茅茅之有毛刺者管子曰古之封禪江淮之間三脊茅以為藉見史記今辰州苞茅山在麻陽縣東九十里出苞茅有刺而三脊今常靖並出又晋志零陵有香茅

匭訓匣是匱之小者包而又匣以示敬纁蔡傳絳色幣即玄色之淺者爾雅一染染以黑謂之縓今之紅再染謂之赬淺赤色三染謂之纁黃赤色又考工記三入為纁五入為緅七入為緇鄭玄謂玄在緇緅之間古人玄衣纁裳冕則上玄下纁此州染玄纁色善故貢之璣小珠也說文珠不圓也珠璣貢于徐州大抵即今蚌珠如史所称隋侯明月之屬皆出江漢自還珠事見漢史而東乃以珠池特聞組綬類辮絛為之佩以貫玉帶以為紐約者也少儀國家靡獘則甲不組縢又楚有組甲三千蓋組亦武事所須尺二寸曰大龜出九江水中龜筴傳

龜千歲滿尺有二尺元龜距髯長尺二寸直二千一百六十為大見十朋見食貨志國之寶龜非可恒得故不為常貢岳州府志大龜出巴陵杜佑謂廣濟蔡山出大龜故曰蔡禹貢九江納錫大龜即此廣濟今屬黃州府陳氏師凱曰錫貢如數錫之錫上錫下也納錫如師錫之錫下錫上也○愚按荊州古称用武之國又其俗尚鬼聖人因之立教故杶砮箘簵有貢講武也菁茅大龜有貢交神也國之大事在祀與戎于荊州制貢備見之三品之貢先王非以為富也以平財物以御人事其貢也致之邦國而天子無私求與私藏焉周之衰荊揚之貢金不至而天王求之于魯春秋譏之漢元帝時貢禹請罷采

珠玉金銀鑄錢之官毋後以為弊租稅祿賜皆以布帛及穀使百姓一意農桑禹之意固善然泉貨所以交通百物布帛不可尺寸分裂先王之制幣廢之不能但當徵之有時用之有節耳今黄金取之滇中荊揚貢白金顔最廣又所在開局鼓鑄荊為銅冶所聚利源殫為至揚荊之末古有則貢之官室器用所需險而易供也後代營繕時有搜採不休雖間取之川蜀而荊閩實綰轂之區嗚呼林麓盡矣峻宇雕墻之戒何不聞焉輯王方麓諸家說

浮于江沱潛漢逾于洛至于南河

蔡傳江沱潛漢其水道之出入不可詳大勢則自江沱而入潛漢也程氏若庸曰不徑浮江漢兼用沱潛者隨其貢物所出期于便事而已按如蔡說則江漢本自相通何必又由沱潛程說為勝王氏雱曰江沱潛漢均與洛不通必陸行逾洛然後由洛河至南河凡曰逾皆水道不通遵陸而後能達也蘇傳河行冀州之南故曰南河○鄭氏曉曰荆州至冀州中間還隔豫州貢道近于漢者則徑浮于漢不必沿江而入漢也近于潛者則徑浮于潛而入漢不必自江而入漢也沱自華容縣出于江入于沔沔即漢也由江入沱由沱入漢一路也潛自漢出至潛江縣入

于江由江入潛由潛入漢一路也逾于洛當是上蔡何歷陵此其南面道

茅氏瑞徵曰禹時荆州貢道兼用陸運今楚地若轉輸從陸必經中州境上其漕艘亦從江入淮以達會通河較之維揚止多長江之險耳

禹貢長箋卷之七

東吴　朱鶴齡長孺撰

荆河惟豫州

爾雅河南曰豫州註自南河至漢蔡傳西南至南條荆山北距大河荆山即南條之荆山河即冀州之南河豫之河患次于兗故二州疆域並繫以河○朱子曰周公以土圭測天地之中今登封有測景臺則豫州為中至于北遠而南近此地形有偏耳所謂地不滿東南也○熊氏禾曰豫州當天下之中四方道里適均故古人于此定都不但形勢所在亦以朝會貢賦之便湯之亳今河南偃師

是也按殷有三亳二在梁國一在河洛之間穀亳為南亳今歸德府考城縣是也寧陵之葛鄉古葛伯國蒙亳為北亳即景亳以景山名在今歸德府商丘縣左傳成湯有景亳之命是湯所盟也偃師則西亳帝嚳及湯所都盤庚自耿迁殷即此又考史記註平陽有亳城韵府云平陽垣曲西亳原湯常誓衆于坱垣曲有葛城即湯所征之葛拠孟子東征西夷怨南征北狄怨則湯之起事葢在西北疑後說近之

周之洛邑今河南洛陽是也古周南地漢河南尹治其地北距河南抵荊山東抵徐西抵雍梁今為河南府虢郟鄭汝陳蔡唐鄧汴宋等州之地晉地理志豫州西自華山東至于淮北自濟南界荊山

班固配十二次自氐五度至尾九度為大火之次費直起氐十一度蔡邕起氐八度爾雅大火謂之大辰註云大火心也蒼龍宿在中最明故時候主焉于辰在卯宋

之分野左傳帝遷闕伯于商丘主辰故辰為商星商主大火宋分星也屬豫州自柳九度至張十六度為鶉火之次費直起柳五度蔡邕起柳三度爾雅味謂之柳〻鶉火也註云四方七宿冬成一形東方蒼龍南方朱鳥柳為朱鳥之口故名味鶉即朱鳥也方屬南方因名其次為鶉火于辰在午周之分野國語武王伐紂歲在鶉火是鶉火為周分也歲〻星屬三河河東河內河南為三河史記三河在天下之中若鼎足○春秋緯志緯文耀鉤外方熊耳以至泗水陪尾豫州屬搖星廣雅北斗七星七為搖者搖光為豫州○天官書夜半建者衡〻殷中州河濟之間正義云衡北斗衡也殷當也晉天文志房心宋豫州潁川入房一度汝南入房二度沛郡入房四度梁國入房五度淮陽入心一度魯國入心三度楚國入房四度柳七星張周三輔弘農入柳一度河南入七

星三度河東入張一度河内入張九度【唐天文志】近代言星土者或以州或以國虞夏秦漢郡國廢置不同周之興也王畿千里及其衰也僅得河南七縣今又天下一統而直以鶉火為周分則疆埸舛矣七國之初天下地形雌韓而雄魏魏地西距高陵盡河東河内北有鄴東分梁宋至于汝南韓據全鄭之地南盡潁川南陽西達虢略距函谷固宜陽北連上地皆綿亘數州相錯如繡考雲漢山河之象多者或至十餘宿其後魏徙大梁則西河合于東井秦拔宜陽而上黨入于輿鬼方戰國未滅時星家之言屢有明效今則同在畿甸之中而或者猶據漢書地理志推之是守甘石遺術而不知變通之數也

【周職方氏】河南曰豫州其山鎮曰華其澤藪曰圃田其川熒雒其浸波溠音詐鄭玄云春秋傳楚子除道梁溠營軍臨隨則溠宜屬荊州考溠水出隨縣西北黄山東南流注溳水其利林漆絲枲其民二男三女其畜宜六擾馬牛

羊豕大雞　其穀宜五種黍稷菽麥稻

詩譜　周東都王城畿內方六百里王城即洛邑與宗周通封畿東西長而南北短〻長相覆為千里也　其封域在禹貢豫州太華外方之間北得河陽今淮慶府孟縣春秋天王狩于河陽　有冀州之南

通典　天官柳七星張周分野房心宋分野觜觿參魏分野角亢氐韓分野鄭淂秦楚之交秦置郡為三川碭潁川南陽郡之東北境南郡之北境漢武置十三州此為荊河州

漢地理志　周地今河南之雒陽穀城平陰偃師鞏緱氏是其分周封微子于宋今睢陽屬梁國是也本陶唐氏火正閼伯之虛宋後為齊楚魏三分魏淂其梁陳留魏地自高

陵屬左馮翊以東盡河東河內南有陳留及汝南之召陵㶏彊新汲西華長平潁川之舞陽郾許傿陵即鄢河南之開封中牟陽舞酸棗卷皆魏分韓分晉得南陽郡及潁川之父城定陵襄城潁陽潁陰長社陽翟郟東接汝南西接弘農得新安宜陽皆韓分韓武子食采韓原分晉後都平陽及城郟遂徙都焉即漢新鄭詩風陳鄭之國與韓同星分鄭國今河南之新鄭本高辛氏大正祝融之虛及成皐滎陽潁川之崈高陽城皆鄭分右洛左沛食溱洧焉周宣王初封母弟友于畿內咸林之地今西安府華州子武公城虢鄶居之為新鄭今開封府鄭州陳國今淮陽地本太昊之虛潁川南陽則夏禹之國

帝王世紀禹受封為夏伯在豫州外方之南今河南陽翟是按今開封府禹州漢陽翟古櫟邑也是禹所封此以潁川南陽皆夏禹国恐非實宛屬南陽郡西通武關東受江淮亦一都會也後漢郡國志豫州刺史部郡國六潁川汝南分沛立梁國故秦碭郡沛國故秦泗水郡陳國本淮陽郡明帝改魯國故秦薛郡本屬徐州光武改屬豫州而弘農河南二郡為司隸校尉部東漢都洛陽置司隸校尉治河南又別置豫州刺史治譙今南直亳州通考漢時為郡國八郡曰潁川河南陳留汝南沛南陽國曰梁睢陽又為漢中北境是弘農東境是郡唐地理志河南道古豫州域洛陝負河而北為實沈分負河而南魏汝許及新鄭之地為鶉火分鄭汴陳蔡潁為壽星分宋亳

為大大分通典唐分置十五部此為都畿河南府洛州陝郡（採訪使治東京）

陝州本弘農郡臨汝汝州滎陽鄭州郡並屬都畿都畿採訪使治東京河南道為陳留（採訪使治陳留）

汴州析鄭滑二州置睢陽宋州濟陰濮州譙郡亳州潁川許州淮陽陳州汝陰潁州

本信州汝南蔡州本豫州郡並分入山南東道為淮安唐州南陽鄧州

襄陽襄州漢東隨州武當均州析淅陽郡置郡河東道為弘農虢州郡圖史

虢屬河南道初學記襄州禹貢荊豫二州之界宋史東京開封府西京河南府大

中祥符七年真宗建應天府即歸德軍為南京慶曆二年仁宗建大

名府為北京崇寧四年徽宗置四輔郡潁昌為南輔鄭州為

西輔澶州為北輔建拱州于開封襄邑縣為東輔並屬京

畿其後沿革不一開封府屬京畿路應天興仁州本曹二府拱州廣濟軍漢定陶屬京東西路襄陽府鄧隨金均唐五州光化軍屬京西南路內金州南渡後以隸利州路河南潁昌府今開封府許州淮寧今陳州順昌府今鳳陽府潁州四府鄭孟蔡汝四州信陽軍屬京西北路亳州今鳳陽府亳州屬淮南東路通考以單州屬豫考單州縣為單父碭山魚臺城武應屬徐州○宋京東路得兗豫青徐之域西抵大梁南極淮泗東北至海京西路得冀豫荊兗梁五州之域而豫州為多東暨汝潁西被陝服南畧鄧郢北抵河津大明一統志古豫州為今河南省歸德春秋宋地秦置碭郡漢為梁國唐為宋州置宣武軍宋為南京其地廣衍面淮負河河南周東都秦置三川郡漢為河南郡東漢改河南尹魏晉置司州魏孝文自代徙都之北周及隋唐皆為東都宋為西京金號中

京其地左成皋右澠池前伊闕後大河

南陽 周申鄧二国地春秋属楚戰國属韓秦自漢江以北置南陽郡治宛漢属荊州晋為南陽国及順陽義陽二郡之境西魏為重鎮唐曰鄧州宋曰宛州其地北有成皋之國西有商阪之阻東有穰宛之饒

汝寧 春秋沈蔡二国戰国楚魏之境秦属潁川漢置汝南郡刘宋為重鎮號懸瓠城東魏置豫州治此唐曰蔡州宋置淮康軍其地負山襟淮控扼潁蔡四方最中

四府其 **開封府** 春秋鄭衛陳杞地秦属三川漢置陳留郡隋唐曰汴州興元初徙宣武節度于此五代梁都之號東京晋漢國及宋因焉金號南京元曰汴梁其地南与楚境西与韓境北与趙境東与齊境為天下要衝則兗豫二州域祥符陳留杞縣通許太康尉氏洧川鄢陵扶溝中牟蘭陽儀封及陳許禹鄭四州所属〻豫州

湖廣襄陽府 詳見荊州則荊豫二州域襄陽棗陽穀城光化均州属豫州考襄陽府志又以穀城属荊宜城属豫鄭端蔺云山東曹州西南地及定陶縣當属豫州

范仲淹曰洛陽險固表裏山河接應東京遠居關陝四方皆四戰之地太平宜居汴有事必居洛陽

晁氏說之曰禹居陽城（今登封縣）南踰洛陽百里而遠成湯遷亳東踰洛陽五十里而近皆舍洛陽不都周興武王定鼎郟鄏（地理志河南河南縣故郟鄏地謂之王城考王封周桓公于是為西周）周召營成周其意盛矣而成王卒不果遷迨宣王中興自濟之洛狩于圃田（在今中牟縣）及于敖山（在今河陰縣）因以朝諸侯車攻之詩作焉豈不欲成周召之志歟然卒亦不果遷至平王遷而周東矣○丘氏濬曰三代以前路為中國之中以今天下觀之則南北襄而東西蹙其所謂中蓋在襄荆之間○章俊卿曰酈食其荀文若之後皆稱陳留為天下之衝四通五達

之郊秦漢迄南北朝天下有変常為戰場王伯之興未有都于汴者自隋煬帝大開汴河直達淮泗而大梁実坐要會扼南北水陸之衝形勢百倍李唐屹為重鎮宋仍五代之舊都之大抵長安以陝西為畿輔而屏蔽実在隴右洛陽以関東為畿輔而屏蔽実在河東大梁以河南為畿輔而屏蔽実在河北○愚按今之河南実兼河北懷衛彰三府春秋天王狩河陽又以陽樊温原攢茅之田與晉考之皆周畿內地則周時豫州已跨河北而有之蓋河陽當河東之要會為西洛北門洛邑周東都故隸在內服以廣外屏其

後河内界晉文而周地益狹至秦併六國必先亾周者六國叩關以洛陽為孔道周滅則橫擾鞏洛東出伊闕而韓魏震南通陳許而荊楚搖扼天下之腹心斷諸侯之從約而趙代燕齊以次奪矣楚漢相距亦多于成皋廣武滎陽京索閒蓋漢擾關中其勢即秦之勢而楚割鴻溝以西為漢則山河之險盡去其亾豈待垓下哉又按宋都大梁本非太祖意鄭漁仲謂無設險之山則國失馮依無流惡之水則民多疾癘是也宋不得幽薊故河北亦不可都然商都河北屢有河患三國五胡之時都鄴都邢臺者亦未見

其長久也。通志引朱朴〔唐末博士〕之議曰：自古中興之君，必去已衰之衰，就未王而王。今南陽光武雖起，而未王也。山河壯麗處多，故都已盛而衰，難可興已。江南水淺土薄，人心囂浮，不可以都。河北固水深土厚，而人心彊戾，未可即服。襄鄧既為內地，人心質良，去秦咫尺，而有上洛重山為侵軼之限，乃形勝之地，沃衍之區。若廣浚河渠，漕輓天下，可使大集。李綱亦言：鄧州古南陽〔襄陽北境〕，西鄰關陝，可以召兵；北近京畿，可以遣援；南通巴蜀，可取貨財；東達江淮，可運穀粟。若以定都，建康不及也。

使太祖不拘晉王之請，遂都洛陽，國勢豈至于積弱哉。

蓋熟於兵，切時事而論耳。

○魏氏校曰：中絡岷山為祖

自蜀入隴結于初龍則為長安結于中龍則為洛陽南絡傳大江放于海北絡傳大河放于海惟中絡止于嵩高其前平夷几幾千里而泰山特起東方張左右為障以天下大勢言之長安龍首穴也洛陽龍心穴也茲其大龍之腹乎宋都大梁亦在龍腹而國勢弱者汴坦無倚其勢必宿重兵民力坐而困矣予嘗至洛陽相其形勢熊耳祖龍發自終南遠則太行為重托近則嵩高為左障然終南自為長安在朝太行亦為平陽左障嵩高雖為障洛陽而大情自欲東出與萬里平原作祖然後嘿識天道之公大地相

為勾連其融結非一處王氣發久而歇又轉之他宇宙所以無窮也

伊洛瀍澗既入于河洛漢書作雒史記

伊

伊水地理志出弘農郡盧氏縣今河南府陝州盧氏縣古西虢地東熊耳山括地志熊耳山在虢州芦氏縣南五十里一統志伊水源出盧氏縣悶頓嶺東北入洛過郡一行四百五十里水經注伊水自熊耳東北逕鸞川亭北又東北過陸渾今河南府嵩縣縣南又東北過伊闕在今何南府城西南昔大禹疏以通水西山相對望之若闕左傳趙鞅納王使女寬守闕塞即此陸机云洛有四關東成臯南伊闕北孟津西函谷又東北至洛陽縣南北入于洛愚按伊源多異說山海經水經俱謂出南陽縣西蔓渠山

孔傳謂出陸渾山地理志謂出熊耳山淮南子謂出上魏山志與傳異盧氏熊耳在陸渾縣西故也自郭璞註熊耳在上洛縣南（今陝西西安府商州）而蔡傳因之考近志伊水源出盧氏悶頓嶺導山熊耳亦在豫州界則漢志固得其真矣洛水地理志出弘農郡上洛縣冢嶺山東北至河南郡鞏縣（今河南府鞏縣周惠公封少子于鞏為東周君）入河過郡二行千七十里水經出京兆上洛縣讙舉山（山海經讙舉之山洛水出焉而東北流注于玄扈之水按冢嶺山在今西安府商州洛南縣乃洛源也洛南即漢上洛水經山海經謂之讙舉疑一山而二名）又東逕熊耳山北東北過盧氏縣南又東逕宜陽縣南（今屬河南府）又東過洛陽縣南伊水西来注之

又東過偃師縣南今屬河南府又東北過鞏縣東又北入于河山海經洛水成皋西入河○河南通志洛河在河南府城南三里至鞏縣北十里入黃河瀍水地理志出河南郡穀城縣潛音潛亭北東南入洛水經注穀城北有潛亭瀍水出其北梓澤中梓隆地名今洛陽縣西北有古穀城其北山乃瀍水所出東北流注于穀穀水自千金堨東注謂之千金渠在洛陽城西三十里舊堨穀水見洛陽記又東過洛陽縣南又東過偃師縣又東入于洛澗水孔傳出沔池山在今河南府沔池縣沔池即澠池地理志出弘農郡新安縣東南入洛水經出新安縣白石山蔡傳古新安在今河南府新安沔音免池之間今澠池縣東二十三里新安城是也括地志新安故城在今洛州澠池縣東一十三里城東北

有曰石山即澗水所出然則澗水出之今澠池至新安入洛也。河南通志澗水源有二一出澠池縣白石山一出盧氏縣香炉山俱流至洛陽縣入洛王氏樵曰豫之洛猶雍之渭而書法不同涇澧漆沮雖皆入渭而水之大小不同故曰屬曰從曰同各别志之伊洛瀍澗四水相敵故統志其入河與江漢同文○茅氏瑞徵曰豫州雖北距河已自兖入海此外水惟伊洛瀍澗而洛為最大故禹治豫水先于此自北而東則滎波自北而又東則菏澤孟豬○王綱振曰濟洛二水同在豫州入河濟大而洛小乃洛為一州之專患濟則數州之公患其雷夏澤大野豬濟水之治已散見兖

酈道元云世謂之廣陽山

此小注三段補在上方

曹孝佺曰三川伊洛河也其形若县李校非曰伊洛二水合注河南城中伊水尤清澈○李傳音釋蔡云四水大小相敵按伊水在洛南之東瀍澗在洛北之西洛為大伊次之瀍澗小矣經言伊洛瀍澗蓋自东南西北以地形次第言之自宜謂小大相敵也又经文先言瀍澗傳首亦言澗瀍則以洛水先合澗水後合瀍水而次其流故各言有先後之殊

徐諸州惟洛出入皆在豫所以與雍州之渭同一發例以經四州之河濟終後于一州之洛六賓主之辨也

魏氏校曰長安洛陽大癸于周而其机啓自神禹龍門鑿而注灃漆沮會于渭汭入河長安始可都矣伊闕鑿而伊與瀍澗會于洛汭入河洛陽始可都矣河洛伊其形若鼎洛伊二水分注河南城中極清澈

滎波既豬

史記作滎播既都釋文云波如字

蔡傳濟水潛行絕河南溢為滎在古敖倉東南今開封府河陰縣有敖山詩薄狩于敖是也秦時敖氏築城于上水經注濟水又東逕滎陽澤北故滎水

在今鄭州滎澤縣西五里

述征記滎澤在中牟西東西四十里許南北二百餘里

所都也（都疑作猪。京相璠曰：滎澤在滎陽縣東南。按今開封府鄭州有滎陽、滎澤二縣，古滎水在滎澤縣西北五里）即陰溝之上源。自西漢末濟水不復南溢，滎瀆口受河水，有石門，謂之滎口石門。地形殊卑。鄭玄云：滎今塞為平地，滎陽民猶名其處為滎澤，在其縣東。（春秋閔二年衛狄戰于滎澤，鄭玄云即此。杜預云：此滎澤當在河北，以衛敗方始渡河，戰處必在河北。疑此澤跨河南北而得名也）爾雅：水自洛出為波。

山海經：瞻諸之山西三十里曰婁涿之山，波水出于其陰，北流注于穀水。水經注：洛水自上洛縣東北出為門水，北逕弘農縣故城東（城即函谷關，漢弘農郡治）注于河，即爾雅所謂洛出為波。圖

按：波溠見周礼，當以爾雅為據。傳疏謂滎之波水已猪，馬、鄭

按山海經、婁涿之山波水出于其陰，蔡傳竟與爾雅不同，未詳孰是。又水經注引呂忱云波水出孤山南入汝水，馬端臨云孤山即今歇馬嶺，在魯山縣西北，與禹貢波水名同實別。

王本波作播，謂此澤名滎播，皆誤。○酈道元謂禹塞淫水于滎陽，濟為河所淫。引河東南以通淮泗，濟水分河東南流。漢志所云滎陽縣有蒗蕩渠，首受濟者是也。漢明帝時，河流既塞，議築汴渠，使樂浪人王景作隄，今名金隄。起自滎陽東至千乘海口，千有餘里，十里一水門，更相洄注。渠流東注浚儀，今祥符縣。名浚儀渠。蔡傳南曰蒗蕩，北曰浚儀，其實一也。其後靈帝時，于敖城西北累石為門，以遏渠口，又名石門渠。石門渠東合濟水，與河渠東注至敖山之北，而受汴水。汴水又東至滎陽之北，旃然水入焉。杜預曰：旃然水出滎陽成皋縣東，入汴。春秋傳：楚伐鄭，右師涉潁，次于旃然，即此。酈道元曰：濟渠水斷，汴溝承此，始故曰吸受旃然。

蔡傳沿之

也亦謂鴻溝水滎陽之西有廣武二城即楚漢戰處在今河陰縣汴水自二城間東流而出濟水至此乃絶隋大業初煬帝發丁夫百萬自板渚在虎牢東引河歷滎澤入汴又自大梁之東引汴水入泗達淮千有餘里更名通濟渠元和郡縣志汴渠在河陰縣南即莨蕩渠隋名通濟渠唐宋轉漕因之○張洎曰禹于滎澤下分大河為陰溝引注東南至大梁浚儀縣西北復分二渠一渠東逕陽武縣今屬開封府中牟臺下為官渡一渠始皇疏鑿以灌魏都為鴻溝莨蕩渠自滎陽五池口東來注之其鴻溝即出河之溝亦曰莨蕩渠愚按滎澤之口與汴河口通其水深可以灌大梁陳亮曰禹于滎澤下引河南注其流

未盛自秦王賁決後仪灌魏而河汴始分流漢承秦受河患尤劇續述征紀汴河到浚仪而分汴東注河南流即鴻溝也戰國策蘇秦說魏曰大王之地南有鴻溝則鴻溝自蘇秦時已有之張洎謂始皇所鑿似誤竹書紀年梁惠成王為大溝于北郛以行圃田之水疑起于是時○黄度曰水經注禹塞滎澤溢水于滎陽下引河通淮泗名蒗蕩渠一名浚儀渠一曰通濟渠一名汴渠然則河西道通淮矣濟逾河為滎菏被孟通泗皆有名見源流相屬汴于經無名見非禹瀆也禹濬畎澮渠川川皆大瀆行于西山之間澮洫則皆人為之也徐豫地平井畫端整凡今陰溝汲雎諸水皆無源本皆

溝澮井絡互相灌輸皆當受水于菏濟者也自蒗蕩通河滎澤既廢故皆受水于蒗蕩耳蒗蕩出河斷非禹跡禹治行河本以河（流）湍悍難行平地故釃二渠以（并兗州）引河而後載之高地二渠非得已也後世不識聖人之意妄鑿河為瀆或不順地防水屬不理孫故其勢易決蓋非独蒗蕩也其後濮水通河而酸棗決瓠水通河而瓠子決汴渠亦屢決至王景治汴鑿山開澗十里置門使水更相回注泰亂渠脉而禹跡益遠矣且所為通淮泗者以舟楫之利也菏已通矣而何更用通蒗蕩哉其曰禹塞滎水而鑿之者春秋戰國策謀之士托其名于

禹而世不察也此說与蘇子瞻不合然極有理

[illegible]

唐開元中江南租船自淮西北泝鴻溝轉輸河陰含嘉太原等倉凡三年運米七百萬石宋都汴歲漕六百萬石東南自淮入汴至京師陝西自三門白波轉黃河入汴至京師陳蔡自惠民河即閔河至京師京東自廣濟河至京師凡四路皆汴河自賴其時近都城者惟汴蔡諸水而黃河經城之東北以達于海至元時河始南從逼城流合汴泗入淮國朝正統時嘗分決張秋口東北入海後復東南入海如故夫治河之法或疏或塞無容執一然治河于滎澤之

閒則宜疏濬多而隄防少蓋自滎澤孫家渡口至項城南頓（項城縣屬開封府有南頓城）二百里間涓流時淤河身淺溢水無所容故其湍悍之勢不可遏回惟疏濬深廣使水勢少殺則決口可塞矣（輯諸家說）

導菏澤被孟豬（菏音柯孟豬漢書作盟豬史記作明都）

菏澤孔傳在胡陵（胡陵縣屬山陽郡章帝改曰胡陸故城在今魚臺縣）濟水所經水経南濟東過冤句（音淵劬）縣（史記正義今曹州縣在州西四十七里）南又東過定陶縣（今兗州府曹州定陶縣漢景帝置濟陰郡于定陶宣帝更為定陶國）南又東北菏水出焉図

図濟水東流者過乘氏縣又東過昌邑（今兗州府金鄉縣地理志景帝分梁為山

陽国武帝更為昌邑東緡今併入金鄉春秋齊侯伐宋圍緡方與今兗州府魚臺縣縣北為菏水菏水又東過胡陵縣南東入泗水酈注菏水與泗水会于胡陵縣西六十里俗謂之黄水口黄水西北通鉅野澤沿注于菏故因以名焉至下邳入淮括地志菏澤在曹州濟陰縣東北九十里定陶縣東今名龍池近志在曹州東南三十里定陶縣北二十里今涸孟豬爾雅作孟諸周礼作望諸屬青州宋藪澤今歸德府虞城縣西北有孟諸澤左傳楚子夢河神曰賜汝孟諸之麋即此正義地理志謂山陽郡有胡陵縣不言其縣有菏澤也又謂菏澤在濟陰定陶縣東孟豬在梁國睢陽縣今歸德府商丘縣東北以今地驗之則胡陵在睢陽之東定陶在睢陽之北其水皆不

流溢被孟豬然郡縣之名隨代變易古之胡陵當在睢陽之西北故得東出被孟豬也。閻朝曰：不言入而言被者，明不常入也，水盛乃覆被之。王氏樵曰：孟諸之藪可田，則有水草而淺涸時多，故導菏水之溢時乎被孟豬澤，無言導者，此二澤相通，故可以導此及彼。黄度曰：導菏澤被孟豬，蓋因靈下之勢導而行之，淺流覆被，非若後人之斲鑿為深渠也。○金氏履祥曰：自菏澤至孟豬凡百四十里，二水舊相通，今菏澤自分南北清河，近時大河亦被孟豬，併行睢水矣。考宋京東漕渠起青淄，歷齊鄆，涉梁山濼、濟州，入五丈渠，達汴。達汴五丈渠即菏澤也。愚按：王海云：今東平、濟南、淄川、北海界中有水流入于海，謂之清河，實菏澤、山東通志亦以菏澤為濟水所會入海、水經則云合泗入淮。蓋自漢武時河注鉅野、通淮泗、而濟流亦從之南溢、合泗入淮者、漢以後之濟、桑欽所名南濟也、入海當是禹時故蹟。○茅氏瑞徵曰、滎與菏澤皆以志濟也、滎波在豫西北、菏孟在豫東北、澤與豬不同、豬是蓄而復流、澤是水之聚

厥土惟壤、下土墳壚

葉曰壤雜黃壤、豫止曰壤者、其色雜也、顔氏曰、玄而疏者謂之壚、釋名土黑曰垆、垆然解散也、說文垆黑明土也、呂覽凡耕之道必始于垆、為其寡澤而後枯、王氏炎曰、壤則沃、墳垆則為瘠、王氏樵曰、周礼

草人掌土化之法凡糞種墳壤用麋渴澤用鹿渴水涸也博物志麋聚草澤而食其塲成泥名曰麋畯民隨之種稻其收百倍此即今人糞田法草人土化之法恐亦是類也墳壤潤解也渴澤故水處即經所云墳壚也○他州辨土性只一言之青之海濱豫之下土特別而志之者以如是之土頗多也財賦所生聖人謹焉

厥田惟中上厥賦錯上中

田第四賦第二又雜出第一茅氏瑞徵曰雜出之等高于正類故先言錯愚按田賦之等各就本州而論吳臨川謂豫賦

與冀相乘除為上下非是

愚又按今南陽汝寧之地直走襄黃地多蕪曠宋太宗迁雲朔之民于汝郟墾田頗廣厥後孟忠襄屯守其處称重鎮焉丘文莊謂天下之田南方多水北方多陸荊襄唐鄧間兼水陸而有之南北流民僑寓者衆宜于西藩交界中募南人耕水田北人耕陸田按畝分租隨地儲積或過河洛関陝荒歉亦可用以救濟嗟乎此議若行中原之地豈至為巨寇逋聚哉

厥貢漆枲絺紵厥篚纖纊錫貢磬錯史記枲作絲纊作絮

林氏之奇曰周官載師漆林之征二十有五周以為征而此則貢者蓋豫州在周為畿內故載師掌其征而不制貢禹時豫在畿外故有貢推此則知冀不言貢之意矣今漆出南陽府南召淅川葛出汝寧府信陽州及光山固始見河南通志紵說文檾頃音屬陸玑云紵亦麻也陳詩東門之池可以漚紵杜預曰吳地貴縞鄭地貴紵據絺為細葛則枲與紵疑亦成布而後貢也顏師古謂纖紵以為布及練練熟素繒也纊孔傳訓細綿疏云新綿纖是細故言細綿孔于徐州之纖亦訓細蔡傳纊細綿也小爾雅絮之細者曰纊蔡傳本此纖字無訓蓋仍為玄纖之纖磬錯治磬之錯錯字從金鑄鐵為之今鑢足磬有以玉為之者故傳云治玉

石曰錯吳氏泳曰龜非貢物故言納不言貢橘柚磬錯雖是貢物非常制為貢也故言錫貢蔡傳揚州先言橘柚此先言錫貢者橘柚言包于厥篚之文無孅故言錫貢在後磬錯則孅與厥篚之文相屬故言錫貢在先○茅氏瑞徵曰豫州戝貢枲與兗似蓋二州皆近冀〻甸服專供粟米二州近京師則專供服御禹制貢先服食器用次之珍幣又次之

浮于洛達于河

豫州去帝都最近東境徑自入河西境則浮洛而後至也○丘氏濬曰兗都平陽商都亳成王營洛邑皆以河為運道後

世都汴洛者皆由汴水入河都長安者雖不瀕河亦必由河入渭是古今建都無有不資于河道者

一統志汴河舊自滎陽東注開封城內又東合蔡河蔡河本名琵琶溝在浚儀是秦漢故運道隋開汴不復由此唐杜佑復瀦之○宋史蔡河貫京師閔水自尉氏入焉是為惠民河名蒗蕩渠東注泗州下入于淮近因河決蔡河湮沒無跡而汴河自府西中牟縣入黃河矣

其北則雍州之西河
其南則豫州之南河

禹貢長箋卷之八

東吴　朱鶴齡長孺撰
門人　校

華陽黑水惟梁州

梁州以梁山得名曹學佺曰梁山在漢中東南百八十里四面皆大山其中三十里甚平曠相傳為古梁山孔傳東據華山之陽西距黑水蔡傳易置據距二字蓋以東境止于華陽而黑水漢志言出犍為出經言出張掖故知西境之跨黑水也華山即太華西嶽詳導山華山在梁雍之東其陽為梁州其陰為雍州按華山四州之際東北曰冀東南曰豫西南曰梁西北曰雍唐十道圖山南東西道在關內道之北盖亦以華山為界云正義梁州之境東據華山之南不得其山故言陽也愚按華本雍州山周礼職方則

為豫州之鎮蓋其山雖屬華陰實連延東出柳豫為周王畿故封域稍廣于禹跡黑水自雍之西北經梁之西南鄙道元謂黑水出南寧州南廣縣今叙州府慶符南溪二縣皆漢南廣縣地分関山北至僰道縣今叙州府宜賓縣漢僰道為郡治入江杜右亦謂戎州叙州府南溪縣有黑水自北南流鄭曉則云黑水乃疊溪疊溪軍民千户所在四川西南黑水自梁北境至安縣都屬城都府入江豈梁州黑水又非黑水之黑水乎辨詳後四川名勝志黑水出故潼臘潘州界今屬夷地是為岷江之始水自汶山下過犹河水之饒崑崙也疑此即疊溪黑水○周職方有雍州無梁州蓋雍乃王畿居中制外為民極梁為雍阻固故併梁于雍也漢改梁為益益之

為言阸也言所在險阸六曰疆壤益大故以名爲水経注漢武元朔二年以新啓犍為牂牁越嶲州之疆壤益廣故称益云○熊氏禾曰或言秦以前蜀未嘗通中國至秦鑿山開道関塞始通恐止言金牛一道耳金牛峡在今漢中府寧羌州即五下所開下言岷嶓沱潛蔡蒙和夷禹之故跡皆可見何嘗不通中國也北與秦隴接境為天下要脊世治則順化服從世亂則阻險割據世擇牧守実難其人

班固配十二次自畢十二度至東井十五度為実沈之次費直起畢九度蔡邕起畢六度于辰在申魏之分野亦曰晋屬益州春秋元命苞参伐流為益州天官書参伐主斬艾事○春秋緯文耀鉤荊山西南至岷山北距鳥鼠梁州属開星廣雅北斗七星六

為開陽開陽為梁州〇天官書用昏建者杓〻自華以西南正義云杓斗之尾也又云天庫一星主太白秦也庫有五車次西南曰卿主熒惑魏也狼一星參東南孤九星狼東南晋天文志觜參魏益州廣漢入觜一度犍越巂入觜三度蜀郡入參一度犍為入參三度牂柯入參五度巴郡入參八度漢中入參九度益州入參七度通典梁州夏殷閒為蠻夷國所謂巴賓彭濮之人也周末秦伐蜀有其地其分野兼得秦楚之交秦置郡為漢中巴蜀郡及隴西之南境内史之南境漢武置十三州此為益州魏分置梁益二州晋因之漢地理志秦地南有巴蜀廣漢犍為武都又西南有牂柯越巂益州皆宜屬

爲巴蜀廣漢本南夷秦併為郡土地肥美南賈滇（音顚）僰（蒲北）及僮西近邛莋馬旄牛民食稻魚無凶年憂武都地雜氐羌及犍為牂柯越嶲皆西南外夷武帝初開置民俗畧與巴蜀同後漢郡國志益州刺史（治雒今漢州治）部郡國十二漢中巴郡廣漢蜀郡犍為牂柯越嶲益州永昌（明帝分益州置○通考有武都无永昌）廣漢屬國蜀郡屬國犍為屬國（益州刺史治雒今城都府漢州）通考漢又為弘農郡之南境是上洛唐地理志古梁州域山南西道梁（漢中）洋（洋川析梁州置）利（益昌）鳳（河池）興（順政）成（同谷）文（陰平析武都置）扶（同昌）集（符陽析梁巴二州置）壁（始寧析巴州置）巴（清化）蓬（咸安析巴隆渠三州置）通（通州）開（盛山析巴東通州置）閬（閬中）

本隆州果南充析隆州置渠潾山本宕渠為鷄首分府一漢中○內成州通典十道圖並
入隴右道文扶二州通典十道圖並入劍南道閬果二州通典入劍南道山南東道金漢陰大曰安康
忠南賓析巴東置涪涪陵析渝州置萬南浦析信州置內金州通典入京畿道涪州通入黔中道十道圖入
山南西道隴右道岷和政析臨洮置階武都宕还道本宕昌郡疊合川析洮州置皆鷄首
分內武都郡今鞏昌府階州也一統志屬雍州劍南道益蜀郡蜀唐安析益州置彭濛陽析益
州置漢德陽析益州置眉通義析嘉州置梓梓潼綿巴西劍普安合巴州本涪陵郡資資陽邛
臨邛析雅州置茂通化本汶山郡名会州松交川析扶会二州置嶲越嶲戎南溪本犍為郡遂遂寧
陵仁壽嘉犍為雅盧山瀘瀘川簡陽安析益州置普安岳析資州置渝南平本巴郡當江源
析松州置龍江油翼德翼析会州置悉歸誠析當州置黎洪源析雅嶲二州置靜靜川析悉州置恭

恭化析静州置維維州榮和義析資州置奉雲山析維州置柘蓬山姚雲南析漢州置亦鶉首分府一蜀郡都護府一保寧州三十有五山南西道採訪使治梁州山南東道採訪使治襄州隴右採訪使治鄯州劍南採訪使治益州初學記梁州自劍閣而西分為益州是為劍南道其北垂又入隴右道通考萬分入京畿為上洛商安康金郡及黔中道涪陵涪州南川南州郡宋史梁州為川峡四路成都路府一成都州十二眉蜀彭綿漢嘉邛簡黎雅茂威軍二永康石泉監一仙井潼州路即梓州路府二潼川遂寧州九果資普昌叙瀘合榮渠軍二懷安廣安監一富順利州路府一興元州九利洋閬劍文興蓬政巴軍一大安夔州路州七夔忠萬開

達涪恭軍三雲安梁山南平監一大寧南渡後頗更置云

川峡四路合禹貢梁雍荆三州之地而梁州為多南至荆峡北控劔棧西南接蛮夷○按宋平益蜀分為益州利州梓州夔州四路益在川西夔在川東利梓俱在川北嘉定則川南也利州今保寧府地

大明一統志

古梁州為今四川省成都秦置蜀郡漢分置廣漢郡唐為益州又曰西川其地南撫蛮部西鎮吐蕃北控陝漢天下雄藩

保寧秦漢屬巴郡晉置巴西郡治閬中梁置北巴州尋置南梁州西魏改南梁曰隆州北巴曰盤龍郡唐改閬州宋為安德軍其地梁洋梓益之衝前界閬表後擬劔閣

順慶秦漢屬巴郡晉屬巴西刘宋分置宕渠郡唐置果州治南充其地接壤漢中大江襟帶

叙州古僰国漢置犍為郡唐曰戎州宋改叙州取西戎即叙而名其地負山枕江舟車之衝產大木

重慶周巴子国秦置巴郡漢因之梁置楚州隋唐曰俞州宋改恭州其地東魚復西僰道北漢中南夜郎鄧元錫曰在岷江之北漢水之南五溪雜聚俗半楚馬

湖漢犍為牂柯之境其地南距戎瀘北走普貢**龍安**秦氐羌地漢陰平道後魏置江油郡唐為龍州宋為政州其地四塞雲棧百里鄧艾伐蜀所置**各府潼川**秦屬蜀郡漢屬廣漢蜀漢曰梓潼梁置新州隋唐曰梓州宋陞潼川府其地左帶涪水右挾中江川西北之門戶**嘉定**秦屬蜀郡漢屬犍為西魏置眉州唐宋曰嘉州其地負三峨帶二江**眉**秦屬蜀郡漢屬犍為梁置齊通郡唐宋曰眉川其地為岷峨奧區**邛**秦漢屬蜀郡西魏置邛州其地前控沉黎後接邛筰**瀘**漢屬犍為東漢置江陽郡隋唐宋曰瀘州元隸重慶路其地南犄牂柯北通廣漢边隅重地**雅**秦漢屬蜀郡晉置漢嘉郡隋唐曰雅州其地接沉黎控夷落南詔咽喉**各州及東川**古南詔地**烏蒙**漢牂柯地**烏撒鎮雄**亦號芒部**各軍民府播州**秦夜郎地漢屬牂柯唐置郎州**宣慰司永寧**漢屬益州宋隸瀘州其地為梁州南境**酉陽**秦黔中地漢以酉陽北境置武陵郡唐曰思州**石砫**漢屬牂柯其地連黔播接荊湘**各宣撫司其天全**

六番古蛮獠地唐隸雅州招討司則梁州南境黎州古筰都地漢曰沉黎隸蜀郡唐置黎州其地處越嶲邛蜀之中安撫司則梁州西境松潘古氐羌地漢置護羌校尉屬同閲郡晉屬汶山郡唐置松州其地東南面雪嶺西北界洮河指揮司疊溪東漢蚕陵縣屬汶山唐置翼州千户所四川行都司古邛都地漢越屬嶲唐置嶲州唐末為蒙詔所據皆屬梁州夔州府春秋庸国秦漢屬巴郡三国漢為重鎮晉宋齊曰巴東梁置信州唐改雲安其地為蜀口荊楚上游則荊梁二州域奉節雲陽萬縣開縣達州新寧梁州建始東鄉太平屬梁州雲南省

雲南古滇国漢置益州郡蜀漢分置雲南郡晉曰寧州唐曰南寧後為蒙詔所據其地東距僰道南屬交阯西抵伽佗北接吐蕃大理漢屬益州蜀漢曰葉榆屬雲南唐置姚州其地廣險南詔都会臨安漢屬牂柯唐屬黔州其地北控徼江南隣交阯西連楚雄楚雄漢屬益州晉置安州其地有盐井之饒南瞰金齒北距罗

婆東接昆吾西連大理澂江漢益州郡地廣西漢屬益州牂柯唐隸黔州其地東瞰廣西南距交阯古滇国東南境各府曲靖漢屬益州蜀漢置興古郡唐分置靖州屬戎州武定唐屬戎州元置罗婆萬户府麗江漢屬越嶲益州東漢屬永昌隋唐屬嶲州其地東金沙西黑水南劍川北吐蕃永昌古哀牢国東漢置永昌郡唐屬姚州其地為梁州西南外徼俗以金裹兩齒曰金齒各軍民府並屬梁州界貴州省普安州古夜郎地界雲貴川廣之間亦梁州界貴州宣慰司漢羅甸国元隸湖廣其地為滇南要衝則荊梁二州之南境也陝西漢中府詳見雍州是梁雍二州域興安州平利石泉洵陽漢陰白河紫陽寧羌州沔縣屬梁州考地志漢中為梁雍荊三州域金州是荊梁之交謂秦頭楚尾即興安州鄭端簡云鞏昌府西和成縣秦州屬梁州蜀地與秦同域劍閣之險在今保寧府劍州過于潼關蜀所恃為

外戶巴西梓潼宕渠三郡去漢中遼遠俱在劍閣之內漢中前秦後蜀漢高由之以定三秦孔明由之以鎮閬隴黃權所謂蜀之肱股楊洪所謂蜀之咽喉也○林駉曰蜀之根本在成都而漢中為唇齒蜀之藩籬在漢中而陝隴為遮援守南鄭則長安可窺守武興則隴西可取○牟子才曰重慶為保蜀之根本嘉定為鎮西之根本夔門為蔽吳之根本○愚按晉書劉裕遣朱齡石伐蜀衆軍從外水取成都臧憙從中水取廣漢老弱從內水向黃虎（近涪城）涪庾仲雍云江州正對二水口右則涪內水左則蜀外水江州今

重慶是蜀之三水皆從重慶而分也又按名勝志蜀江之水岷瀘雒渝為大瀘在敘瀘合州界瀘即黑也孔明五月渡瀘以征西南所必經雒中水也昭烈自江陽泝雒至涪城而取劉璋今之綿州是也雒水由金堂出内江與外水合外水即岷江也渝也水也四川之名所由昉與楊用修則謂取岷江沱江黑水白水為名○程大昌曰漢書漢二年漢王從杜南入蝕音力中至南鄭蝕中地書皆不載以地望求之關中南面皆礙南山不可直達其有微徑可通漢中者惟子午關在今西安府城南唐明皇荔枝驛路子午關在長安正南其

次向西有駱谷關〻之又西則褒斜也蝕中若非駱谷必是子午若大散關在今漢中府鳳縣則在漢中西南不與咸陽對出非其地矣是年五月漢王引兵出襲雍則自褒斜北出蓋雍縣之陳倉也唐玄宗幸蜀自馬嵬在今西安府興平縣由武功入大散關河池劍閣以達成都其返也路亦如之德宗幸奉天今西安府乾州移蹕漢中則自鄠縣入駱谷轉西以達梁州緣其時李楚琳據鳳翔故紆道駱谷及還京即取徑褒斜矣楊慎曰漢中雖是平川東北入長安西南出劍門皆有棧閣王全斌伐蜀自益光江趙來蘇徑不由劍門入是劍門外又別有一路也○何景明曰今由秦入蜀之道西南則褒谷

據宋中興四朝志

從襃入南則駱谷，從洋入東南則斜谷，從郿入。舊志謂首尾二谷者非是。棧道有四：從成和階文出者，成縣、西和、階州、文縣俱屬鞏昌。為沓中陰平道，鄧艾入蜀由之。艾自陰平景谷步道逕江油而出綿竹。從兩當出者，兩當縣屬鞏昌。為故道，漢高攻陳倉由之。陳倉道在漢中沔縣。從襃鳳出者，為今連雲棧，漢王之南鄭由之。從成固詳縣出者，皆屬漢中。為斜谷道，武侯屯渭上由之。此皆關南之險阨。○宋中興四朝志：大散關隸梁泉縣，屬鳳州，今鳳縣。在鳳翔寶雞縣之南，為秦蜀往來要道，兩山關控，斗絕，出可攻，入可守，实表裏之形勢也。和尚原，鳳之東境，抵鳳翔不百里。仙人關興之東境（興州今畧陽縣）距利州纔七驛自利抵劍閣百里而嬴倘失和尚原而退守仙人關則蜀之險要所失過半虜既得和尚原或自梁洋經米倉山入巴閬或自均房由達州山路入夔峽或直攻仙人關形分勢散所備皆急一處破壞在在震動矣自南北講好中分關中之界如大散仙人饒風武休皆吾界也而仙人關外又分左右二道自成州經天水縣乞皂林堡直抵秦州昔吳璘大軍由此而出地勢平衍因為溝塹引水縱橫名曰地網以遏敵衝自兩當縣直出鳳州取大散關距和尚原纔咫尺虜嘗憑原下

視如蟻蛭故其勢雖守所恃稍急有仙人關耳

岷嶓既藝岷史記作汶漢書作崏說文作𡶒

岷山地理志蜀郡有湔音箋氐道漢志縣有蠻夷曰道岷山在西徼外潘恩曰岷山世稱雪山今松潘衛西是江水所出蔡傳岷山在茂州汶山縣今成都府茂州漢為汶山縣汶山即岷山也晁氏說之曰蜀以山近江源者通為岷山連峰疊岫不詳遠近青城天彭天彭山在彭縣北諸山之所環遶皆古之岷山青城乃其第一峯也青城山在成都府灌縣王氏樵曰岷山蟠據華夷[虞湘曰自蜀徼之西大山廣谷嶔崟起伏西南走番青中皆岷也]江出其間誠有如晁氏所言但禹導江必有所始導山曰岷山之陽至于衡山則固有定指矣漢汶山縣有江瀆廟蓋禹

導江始然云嶓冢水経在隴西郡氐道縣漾水所出地理志在隴西郡西縣史記正義漢隴西郡西縣在今秦州上邽縣西南九十里蔡傳卽今興元府西縣三泉縣也西漢水所出華陽國志漢水東源出武都今鞏昌府西當縣階州漢中府府寧羌州皆漢武都郡地本白馬羌所居韓邦奇曰漢武都之所治甚遠西地自鞏昌府成縣東南至漢中府沔縣千八八百餘里沔縣有天池故曰都都顏師古謂一名仇池地方百頃漾山為漾水西源出隴西嶓冢山逕葭萌入漢杜佑曰嶓冢一在天水今鞏昌一在漢中通典唐漢中金牛縣漢犍為郡地禹導漾水至此為漢魏後置嶓冢縣隋改西縣今為沔縣一云金中今廢入褒城在天水者為西漢愚按班固以西漢出嶓冢于武都東漢第言受隴西氐道漾水而不著所出之山然経曰嶓冢導漾則

知二漢無異源矣今鞏昌府秦州漢中府寧羌州皆有嶓冢水是一山而跨二府之域合以漾流為漢之文則水經之漾水為西源沔水為東源俱詳導水道元謂東西兩川俱出嶓冢而同為漢水者是也常璩名漾水為東源以為即沔水所受耳所云漾山豈即嶓冢別名歟江漢順流則二山之墟皆可樹蓺後世岷山之下沃野千里史記汶山之下沃野下有蹲鴟至死不飢與漢中俱號天府之國蓋成于李冰而發于神禹也

沱潛既道

孔傳沱潛發源此州入荆州　正義地理志蜀郡郫縣今成都府郫縣

汶江縣今成都府安縣皆有沱水地理志沱水在蜀郡郫縣西東入大江其一在汶江縣西南東入江及漢中安陽縣今漢中府漢陰縣有潛水地理志灊谷水出安陽西南北入漢灊音潛其尾入江漢耳首不于此出江源今成都府崇慶州漢江源縣有郪音壽江首出江南至犍為武陽今成都府新津縣又入江豈沱之類歟潛蓋西漢出嶓冢東南至巴郡江州入江行二千七百六十里爾雅註（郭璞）沱水自蜀郡都水縣湔山（在今灌縣西玉壘山）與江別而更流又云有水從漢中沔陽縣（今陝西沔縣內）南流至梓潼壽漢（今保寧府廣元之北）入大穴中通罡山下西南潛出水經注潛蓋漢水枝分潛出謂之伏水舊俗云即禹貢潛水也郭璞所解沱潛惟豫梁州不言荆州沱潛與鄭注異愚按江沱之詠見于詩風文王之化自西而南此

必荊州之沱也梁州之沱通典在唐昌(今成都府崇寧縣唐屬濛陽郡)一統志在新繁(縣屬成都府)當以孔疏鄭江為允鄭康成以荊梁二州各有沱潛故于荊州之潛云未聞于梁州又云漢別為潛其穴本小水積成澤流與漢合為自廣漢疏通即為西漢水也按地理志西漢水出嶓冢至巴郡江州入江潛水出巴郡宕渠符特山西南入江不云潛即西漢水康成始合之為一孔氏正義因水經地註則曰出巴郡宕渠縣(今順慶府渠縣之有渝水古潛水亦名宕渠水之俗謂之渠江)又史記正義云潛水源出利州綿谷縣東龍門山大石穴下庾仲雍以墊(音疊)江(巴郡晉縣屬)有別江出晉壽縣此即潛水考綿谷即晉壽也(漢廣漢地蜀漢之漢壽今保寧府廣元縣)石穴水當經綿谷

出宕渠，皆水經地志正合。杜甫詩綿谷元通漢，亦一証也。孔疏以西漢為潛，蓋即指此水耳。王氏樵曰：凡河江淮漢惟一見，沱潛皆二州再書，既道者其名雖同而原委各別也。蔡傳上志岷嶓下志沱潛，江漢源流于是乎見。○臨川吳氏謂凡江漢支流皆名沱潛，不拘一處，犹蜀山近江源者皆為岷山。或云岷謂之汶，漢謂之漾，亦謂之沔，恐屬方言。今寧羌州有沔縣，又東有洋縣，即古洋州，洋漾聲相近。

蔡蒙旅平

蔡山，輿地記在雅州嚴道縣。今雅州榮經縣。金氏曰在嚴道縣南。四川志在州城東五里。

蒙山地理志在蜀郡青衣縣順帝改漢嘉縣今雅州名山縣四川志蒙山在名山縣治西五里山有五峯最高者名上清揚慎以蒙山為雲南蒙樂山非是蒙在蔡山之西酈道元謂其山上合下開沫水經其中水經沫水出廣柔徼外東至越巂靈道縣出蒙山南与青衣水合東入于江一云沫水即人渡河在今黎州安撫司○漢廣柔縣屬蜀郡今茂安府地灵道縣即灵關道灵關在今雅州出為溷崖水之脈漂疾歷代為患李冰嘗鑿離碓避沫水之害宋史河渠志沫水在嘉眉蜀益間夏潦衝決可畏自鑿離碓以分其勢一派流成都合岷江一派由永康至瀘州合大江一派入東州然後西川之害減而耕桑之利得矣○楊慎曰元和志李冰鑿離碓在雅州舊蜀志言在灌縣謬也沫水下雅州過嘉定順流而至敘州重慶安得逆上數百里而害灌縣哉蓋李冰穿三江于灌口亩食于此後人遂以離碓之名移之灌縣耳則禹當時于此施功必多旅者祭之以為其山之鎮

孔傳祭山曰旅一說師古曰旅陳也旅平言已平治而陳祭一說云旅平舊地在今雅州城東十五里俗名旅平

望記所謂取材出雲為雨者是也禹貢與曰旅陳也旅平言以平理而陳祭也旅平舊地在今雅州城東十里俗呼落平○陳氏大猷曰旅独于梁雍言之者九州終于梁雍以見前諸州名山皆有祭也旅獨于蔡蒙荊岐言之者蓋紀梁之山終于蔡蒙紀雍之山始于荊岐以見州内諸名山皆有祭也故末復以九山刊旅總結之然必言于諸州後者亦先成民而後致力于神之意歟○愚按梁州之山岷在西嶓在北蒙在南峨嵋則蒙山之首也酈道元所云二江合下開者只指蒙山言之蔡傳似混

和夷底績

和夷蔡傳嚴道以西有和川有夷道或其地也寰宇記雅州東北有和夷垻昆氏以道曰二水名和川水自蠻界羅嵒州東來經蒙山而入岷江所謂青衣江也水經青衣水出蒙山東與沫水合入江一統志青衣江在山雅州名山縣寰宇記和川路在縣界西去吐蕃大渡和五日程

夷水出巴郡魚復縣今夔州府奉節縣東南過佷恒音山縣南今荊州府夷陵州長陽縣漢地理志佷山屬武陵郡後漢郡國志屬南郡晉地理志屬宜都郡又東過夷道縣北今夷陵州宜都縣東入于江見水經○酈注魚復縣南夷水出焉縣有夷谿即佷山青江也按今長陽縣有青江一名夷水又水經巧水南過宜城縣東夷水出自房陵東流注之道元謂此夷水即春秋傳之鄢水是為荊州水夷與昆氏所引不同愚按昆氏所引和夷二水一在今川南雅州一在今川東夔州相去遠甚地理志曰

江在越巂蘇示縣西北顔師古曰示讀祇𡰥古夷字此夷江與和川相近四川志亦云和夷在黎雅越巂等處則此必禹貢之和夷而晁氏頗不之引何也但经文底績皆主地言與州覃懐底績至于衡漳亦謂漳旁有地耳仍當主仲黙之説蘇傳以和夷為西南夷名曾氏謂嚴道有和川夷人居之皆非是焦竑曰水経注以和夷底績即西傾因桓之桓古桓和二字通用

厥土青黎黎史記作驪

孔傳色青黒而沃壤蔡傳因之黎訓黒然经文辨土有因色不一而不言色者矣未有言色而不言質者也亦未有兩言

其色者也馬融王肅皆云黎小疏也其説為是正義亦引王肅之説則亦知以黎為黑之未安矣金氏履祥曰梁土色青故生物易性疏故散而不実史亦謂成都土疎难以築城書唐高駢築城成都羅城蜀土疏悪以甓甃之

厥田惟下上厥賦下中三錯

田第七賦第八雜出第七第九正義梁州之賦下中為正上下取一通第八為三故言三錯胡氏一桂曰梁州夷狄北境変故不常而定出入等似若太優故無事則錯出第七等有事則錯出第九等也○蔡傳賦雜出他等者或以為歳有豊

鏞曰黎訓黑亦色言或訓爲性言者猶云土疏訓疏者黑之性耳說者見蜀土疏惡遂以附會之義[illegible]也[illegible]性[illegible]于其中[illegible]分五行黃者土之土也以其本質爲最青赤者[illegible]之土也故次之白者金之土也又次之之青者木之土也又次之黑者水之土也爲最下土本克水今反為水所勝其[illegible]何[illegible]一州之土色有不同[illegible]之讀[illegible]為性[illegible]不足[illegible]也

也或以為户有增減皆非也意者地力有上下年分不同如周官田一易再易之類欤王氏樵曰按周官不易之地謂歲種之地為上田一易之地謂休一歲乃復種也為中田再易之地謂休二歲乃復種也為下田蔡氏之意謂田遇年分休不耕者多則賦從而少然豈偏與揚豫梁四州田有一易再易而餘州皆可歲耕者耶蓋冀州地大物繁賦既上上而又間出上中以寛之豫為中土原田既美人功亦修凡與冀埒故賦既上中而又間出上上以進之揚田下下然人稠而地力亦盡故賦高于田二等而間出又進一等此實東南繁阜

之權輿矣梁田下上似優于揚然多山而少田人功亦劣故賦之等退在下中而又以七九二等為之上下間出調劑可謂密矣蔡此四州為法而餘州可見無錯者其等已定也有錯者其等雖定時進退以通融之也後代卒不能易禹之等惟雍州沃野千里秦漢以來稱天府之國禹時洪水初平風氣未開觀公劉太王初起陶復陶穴困于狄人之時則昔之雍州豈後之雍州哉人事未至聖人固不能豫進之也然田曰上上則人事氣化亦已有所待矣

厥貢璆鐵銀鏤砮磬熊羆狐狸織皮

璆孔傳玉名。釋器云璆琳玉也。蔡傳訓玉磬，盖本說文。鉄利多于銀，故先及之。蜀卓氏、程氏以鉄冶富擬封君，則梁之利尤在于鉄。徐廣曰臨邛出鉄。後漢郡國志宕渠、臺登、會无、滇池、不韋諸縣皆出鉄。愚按上古未有鉄器，民皆磨蜃以耕。齊立监鉄，而桓公以富強。至漢桑孔之徒搩摧日興。唐宋理財之官遂號监鉄使。鉄利弥重矣。鄒氏近仁曰：漢志犍為郡朱提縣今嘉定州犍為縣。有朱提山，出銀。南中志朱提有銀窟數處。旧每銀八兩為一流，直一千五百八十。他銀一流但值千。是梁州之銀獨美于他州，故以為貢也。鏤者可以刻鏤，剛鉄也。金剛切玉如泥。寰宇記定笮縣有鉄石山在今四川行都司出砮石火燒之成鐵為劍戟最利華陽国志作出臺登名勝志云盐井衛古定笮縣也今山在衛西七十里六近臺登臺登定笮漢志皆屬越嶲禹時所貢之砮疑即此磬蔡傳作石磬嫌與璆混耳梁州產玉安知非玉磬浮磬貢于徐磬錯貢于豫玉磬又貢于梁蓋磬在清濁大小之閒最雖諧和當時樂器以是為重也熊似豕春出冬蟄脂謂之熊白異苑云熊無穴或居大樹孔中見人則顛倒投地羆大于熊黃白色熊壽五百歲則能化羆郭璞云長頸高脚猛憨多力能拔樹木閔西呼曰猳羆山海经嶓冢之山其獸多熊羆狐妖獸狸伏獸織皮孔傳貢四獸之皮織金罽釋言云氂罽也胡又續羊毛作衣正義織毛而言皮者毛附于皮故于皮表毛耳蘇傳以罽者

曰織，以裘者曰皮。王樵曰：罽，西胡毳布，織毛為之，若氊毼氍毹之類，字當作[糹罽]，作罽非，罽，魚網也。西傾因桓是來，浮于潛，逾于沔，入于渭，亂于河。

西傾，雍州山。地理志在隴西郡臨洮縣西南。一統志在今陝西臨洮府西南一百五十里，一名嵹臺山。雍大記：西傾在洮州臨潭縣西北九十里，今臨洮府最。水經：西傾之南，桓水出焉。雍大記：桓水在臨洮府城西三里，源出西傾山，吐谷渾界。王氏樵曰：西傾山，洮水出其北。按地理志：洮水出臨洮西羌中，北至枹罕東入河。一統志：洮水源出蕃地，經臨洮府城下，東流入岷州衛界，皆不云出西傾山，王不知何拠。桓水出其南。愚按地理志，桓水出蜀郡蜀山，水經作岷山。西南行羌中，入南海。鄭玄云：桓是隴坂名，其道盤桓旋曲而上，故名曰桓。皆乘西傾因桓之義。今洮州衛有臨

潭城本唐縣〔去衛七十里〕其西南实桓水之源〔或云水逕臨洮謂之洮水又謂之桓
水〕梁州之貢自西傾陸運傍桓水而行至葭萌〔今保寧府也〕浮潛
水〔即西漢水〕不曰浮桓而曰因桓至潛始泝舟也潛之北有沔〔孔傳
漢上曰沔今漢中府有沔縣即漢沔陽縣一統志沔水在褒城〕阻漾枝津水淺不得渡故自
潛泝流而届晉壽界以舍舟而陸南歷罡穴〔水經注罡山名有大穴作闇北
者誤〕迤邐而棲漢沔焉沔之北有渭〔沔在梁州渭在雍州疏又云沔在渭南五百里〕
值褒斜〔大史云曰褒斜綰轂其口即漢中地〕褒水南通沔斜水北通渭閒其絶
水百餘里故歷漢川而至褒水矣又必踰衙嶺〔括地志衙嶺山在褒城縣
西北九十八里〕之南溪灌斜川届武功〔今西安府武功縣〕而北入于渭焉不

言逾者蒙逾于沔之文曰入則亦包斜渭在內矣自渭入河由西兩東橫絕以渡故曰亂（河即冀州之西河○經言沔渭而不言褒斜因大以見小也）蘇傳禹時通謂褒爲沔○王氏樵曰漢中棧道七百里（在褒城縣）北口曰斜南口曰褒（後漢書註長四百七十里）同爲一谷兩谷高峻中間谷道褒水所流褒水出太白山（在漢中府洋縣）經鳳縣（屬漢中府）南流入褒谷（雍大記褒谷在褒城縣東北十里出連雲棧直抵鳳縣斜谷七百里）又南流入沔（水經注褒水出衙嶺東南歷故棧道至褒口即褒谷之南口也南逕褒縣故城入漢）又斜水出衙嶺山北至郿（郿縣屬鳳翔府古郿國地）入渭（雍錄渭水東至武功縣受斜水褒斜二水衙嶺而分南北斜逕武功而東入于渭也）介所謂絕水百餘里者以褒斜二水兩首相距言之非謂褒斜二谷也漢

武帝時人有上書欲通褒斜道及漕事下張湯湯言漕從南陽上沔入褒褒絶水至斜百餘里以車轉從斜下渭則漢中穀可致歐陽永叔論關中轉運亦言以襄楚數州之物漕于南陽從南陽輕車入關只是陸運也是逾沔入渭之道漢人常用之今蜀中通貢賦水則大江陸則棧道此道無復講矣○朱子曰西傾雖在雍州其人有事于京師者必取道梁州因桓水而來故梁貢道及之愚按此爲西境絶遠者而言夫貢道莫不利于陸故言浮言達其常也惟荆梁間曰逾然陸運特以濟水運之窮未有全用陸者聖人之不欲勞民于此見之○葉氏少藴曰雍言織皮崑崙析支渠

搜非中國之貢明矣西傾即西戎之境疑熊羆狐狸織皮與西傾因桓是来相屬謂四獸織皮乃西傾之戎因桓水而以此来貢也鄭氏曉曰西傾在今臨洮若貢俱從西傾而来是東南亦至西北登舟矣西傾因桓止言織皮出處與所由来也潛亦非一梁州三十六江皆是隨處登舟都到沔車行入渭又舟行也按鄭說同葉氏九州貢道各以浮字起此与雍州西戎之貢相似當從之又曰自梁而奠限于雍州西傾在雍之西南实跨梁之西北也桓水出西傾自臨洮府南流過嶓冢之西入梁州境東流入潛貢道不自西傾自桓而来言西傾者志桓水之源耳按洮水入河此云桓水入

潛則桓予[?]明非一水但经云因桓是来是陸道車載貢物至潛始從水運必云桓水東流入潛亦未必有明証也

易指熊羆狐狸在雍之西南，不在梁州貢物，乃行道由之。西傾因桓之記織皮毛所由來耳。況他州貢道多以浮字起，此與雍州西戎之貢相似，蔡氏無說甚精。鄭端簡公云西傾因桓是來當合上作一節，浮于潛沔作一節。

禹貢長箋卷之九

東吳　朱鶴齡長孺撰

黑水西河惟雍州

爾雅河西曰雝州應劭曰四面積高曰雍東二崤西隴山南商山北甘泉九嵕諸山或云今鳳翔府西北三十里有雍山雍水所出州名因此

正義禹治豫及梁自東向西故先華陽而後黑水從梁適雍自南向北故先黑水而後西河計雍州之境被荒服之外東不越河而西逾黑水王肅云西據黑水東距西河所言得其實也徧檢孔本皆云西距黑水東據河必誤河在雍州之東

而曰西河者龍門之河在冀州西界故謂之西河王制云自東河至于西河千里而近是河相對為東西也愚按爾雅無梁州李巡云雍州兼得梁州之地則商制與周職方同雍州之境阻以函谷二崤表以終南太華山最高而不言其言黑水西河者以不勝紀也黑水在雍州西北鄭端簡謂是鎮夷黑水與經導黑水不同且與註據字合鄭意以梁雍二州各有黑水故前云疊溪此云鎮夷今考鎮夷所在甘肅即漢張掖地與三危相近此政導黑水之黑水也水經漢水又東黑水注之此黑水源出太白山在慶陽府城北百五十里南流入漢雍大記黑水在

考李氏若漢中黑水源出太白山東南流入漢

城固縣西北諸葛亮牋朝發南鄭暮宿黑水是也又非雍州表識之黑水○漢改雍為

此之地則商洛与周鳳之間漢改雍為

又按宋雅言黑州李迎大云雍州當五日界

涼以西方常寒涼也地勢西北斜出在南山之間南隔西羌西通西域獻帝時涼州數有亂河西五郡去州隔遠于是乃別為雍州合又末關右為雍州宋中興四朝志潘岳以秦在函隴二關之間是為關中然鳳州之散關商州之武關原州之蕭關藍田之嶢關其名皆先秦而立秦又自命其国以關中則凡北在四關之內者皆當係關以為之名也○熊氏禾曰雍州秦地婁敬謂金城千里天府之國合天下形勢言之所謂秦得百二者實以據地勢之上游當天下之要脊四塞為固全一面之險以東制諸侯故言定都者必先焉但其地迫近西戎周秦漢唐世有羌胡之患必

盡陰山與唐三受降城及靈夏河西五郡為塞地乃可尔又嘗考之古今地志雍州之地即無黑水所謂導黑水至于三危者三危山或云在燉煌郡則今瓜州也昌嘗有此水踰跨諸山以至于南海哉若以河源崑崙推之崑崙山脊以西人跡所未到其東中一支則重岡積嶺直至終南太華皆是雍之南山而瓜州乃在河西五郡实當西北界上漢人所謂斷匈奴右臂者以其不與西戎相接也史當有錯

班固配十二次自東井十六度至柳八度為鶉首之次費直起井十二度蔡邕起井十度于辰在未秦之分野屬雍州張衡曰漢津者金之氣也

其本為水雍州乃金水之位河漢之源○陝西志柳星及張
雖豫州分野而雍州分野六得柳之七度至張十七度寔及
鶉火之次焉故唐志謂柳在鬼東接于漢源當商洛之陽○及
春秋緯文耀鈎華岐以西龍門積石至三危之野雍州屬魁
星廣雅北斗七星
一為樞ミ為雍州　晉天文志東井輿鬼秦雍州雲中入東井
一度定襄入東井八度雁門入東井十六度代郡入東井二
太原入東井二十九度上黨入輿鬼二十九度
十八度　袁黃曰周禮保障氏以星土辨九州之地所封之域
各有分星在傳熒惑守心宋景禳其咎實沉為參晉
侯受其殃是也然其間相配者少相及者多并在北而娵訾
在北荊在南而鶉尾在南與其躔次相配可考也青正東玄
枵在北雍在西鶉首在南揚在東南而星紀在北冀在北而
大梁在西此其躔次相及可疑也唐一行謂分星有山河脉
絡之兩戒雲漢升沉之四維認而識之可以見其相配鄭漁
仲深取其說近世蕪平仲又指為疏遠而謂分野分星古不
謂地又引有分星而無分野之言以証其不必盡泥然以史
冊觀之四星聚牛女而晉元王吳四星聚觜參而齊祖王魏

慧星掃東井而苻堅亡秦景星見箕尾而慕容德復燕此豈非分野之驗而不容誣者耶○陳子龍曰分野之說自古有之然中國之于天下數分之一耳奈何以周天之星而分配之止以衣星畨為蠻夷之星乎且兖青徐千餘里之地而占角亢氐虛危奎婁胃八星吳越以南瀕海荆楚以南包嶺何亘萬餘里而皆在牛女翼軫之分乎此皆不可解者也或封國之始實主此星或分陰陽若街南北之說當近是

周職方氏正西曰雍州其山鎮曰嶽山其澤藪曰弦蒲其川涇汭其浸渭洛其利玉石其民三男二女其畜宜牛馬其穀宜黍稷通典雍州秦其分野兼得魏趙之交始皇置郡此為內史上郡北地九原隴西及雲中之西南境項羽分秦地為三曰雍塞翟章邯雍王都廢丘司馬欣塞王都櫟陽董翳翟王都高奴謂之三秦漢武帝

置十三州以其地西偏為涼州又置司隸領三輔京兆、左馮翊、右扶風、漢地理志秦地其界自弘農故關以西京兆扶風馮翊北地上郡西河安定天水隴西又有金城武威張掖酒泉燉煌秦之先栢益佐禹治水為舜朕虞至非子為周孝王養馬汧渭之間乃封諸秦今隴西秦亭秦谷是也平王東遷以襄公將兵有功賜以岐豐之地秦遂橫有宗周畿內八百里之地後穆公稱伯惠公称王其地于禹貢跨雍梁二州詩風兼秦豳两國有鄠杜竹林南山檀柘之饒称陸海為九州膏腴天水隴西民以板為屋及安定北地上郡西河皆迫近戎狄上氣力脩習戰備漢

故城在今臨洮州城北　今鞏昌府　今秦州府　故城在今西安府　故城在今慶陽府西南　今慶陽府　西河郡在今汾州

興六郡良家子選給羽林期門名將多出焉自武威以西本匈奴昆邪王休屠（音除）王地武帝時攘之初置河西四郡以通西域隔絶南羌匈奴後漢郡國志凉州刺史部郡國十二隴西漢陽武都金城定安北地武威張掖酒泉燉煌張掖屬國居延屬國（凉州刺史治隴）通考漢時為弘農安定北地上郡（故城在今綏德州）朔方五原（本秦九原武帝改故城在今神木縣）天水隴西金城武威張掖酒泉燉煌九十三郡而西河雲中二郡之西南境亦隸焉唐地理志關内道古雍州域京兆（本雍州）華（華陰析京兆置）同（馮翊）鳳翔（扶風本岐州）邠（新平析北地置）隴（汧陽析扶風安定二郡置）涇（安定）原（平凉）渭（隴西析原州平凉縣置）武（析原

州蕭關置寧彭原本北地郡慶順化鄜洛交本上郡坊中部析鄜州置丹咸寧析延州置延延安灵
灵武威析灵州故鳴沙縣置雄故城在今寧夏會会寧析平凉置鹽五原綏上郡本雕陰郡宥寧朔為
鶉首分麟新秦析勝州置豐九原勝榆林銀銀川析綏州置夏朔方為實沈分商上洛
為鶉火分府二京兆鳳翔都護府二單于安北州二十有七內渭州通典十道圖
俱入隴右道又雍華同岐邠通典入京畿道渭州通典十道圖俱入隴右道隴右道則涼武威
畿採訪使治西京關內採訪使以京官領之
秦天水瓜晉昌析沙州置鄯西平沙燉煌肅酒泉析甘瓜二州置蘭金城河安昌本枹罕郡廓寧塞
○杜佑曰伊吾以西並雍州封域外羌胡之地
洮臨洮甘張掖伊伊吾西交河亦鶉首分都護府二北庭安西州十三隴右道所
領有岷州地理志屬梁州通典十道圖屬雍州自禄山之乱
杜佑曰伊吾以西並雍州封域外羌胡之地
沒于吐蕃至貞元間隴右州縣盡矣初學記關內道東自同華暑河而北西自岐隴

原会極于北番隴右道自隴西西尽其地也并得禹貢梁州之北境宋史雍州為陝西路慶曆初紏分陝西沿邊為秦鳳涇原環慶鄜延四路熙寧五年神宗以熙河洮岷州通遠軍為一路五路共三十四州軍後分京兆本永興軍河中二府陝商解同華耀虢鄜延丹坊環慶邠寧等州清平保安綏德定邊等軍為永興路鳳翔府秦階本武州隴鳳成涇原渭熙河洮岷等州鎮戎德順通遠等軍為秦鳳路仍以永興鄜延環慶秦鳳涇原熙河分六路各置經畧安撫司宋陝西路南得利州路興元府之城固褒城廉水三縣及洋文汚金房階西和鳳縣州大安一軍東得河東路之麟府二州及石州之葭芦吳堡二砦地通考宋陝西夏寧綏宥靜靈鹽諸郡為西

夏所據甘涼瓜沙肅西伊安北安西北庭六沒于西夏及諸蕃後以五路三十四州軍分為兩路見冨平之敗五路俱陷僅守鳳翔之和尚原和議成歸陝西地尋背盟再取止餘階城岷鳳四州屬四川之利州路云大明一統志古雍州域今

陝西省

西安

秦置內史郡漢為三輔長安以東為京兆以北為左馮翊渭城以西為右扶風東漢曰雍州周秦漢晉西魏後周隋唐並都焉宋陞大都督府領永興軍路其地左崤函右隴蜀南有巴漢之饒北有胡苑之利

鳳翔

周岐雍地秦故都後屬內史漢屬右扶風唐曰岐州為西京其地為三秦之一山如犬牙原如原蛇汧渭岐漆雍五水皆会于郡界

平涼

春秋朝那地秦屬北地郡漢分置安定郡唐平薛仁杲置原州宋為涇原路其地近北風氣高寒山川險阻旁扼夷落

鞏昌

春秋羌戎地秦置隴西郡漢分置天水郡東漢平隗囂更名漢陽三國魏為重鎮晉

分置南安郡元魏為隴西南安：陽三郡唐置渭州宋曰鞏州其地接壤羌戎通道隴蜀用武要地

臨洮 古西羌地秦屬隴西漢置金城郡晉析置狄道郡唐置洮州宋為鎮洮軍改熙州其地接巴巂拡迆陲長城始此

慶陽 周之先不窋所居號北豳春秋義渠戎地秦置北地郡漢因之東漢至晉復為戎有元魏置翔州唐宋為慶州其地原阜列峙濟闊輻輳為關輔保障府城北白豹城宋與西夏分界處

延安 古雍州西春秋白翟所居秦置上郡漢因之亦朔方郡之南境元魏置東夏州改延州唐置衛國軍宋為彰武軍陞延安府其地因河為塞五路襟喉

各府寧夏 秦屬上郡漢置朔方郡魏周隋為夏州唐末以托跋思恭鎮之其後元昊叛宋為西夏其地西北有賀蘭之固東南有黃河之險寧夏中衛即唐灵州

洮州 秦漢諸戎地晉為吐谷渾所據後周置洮陽郡唐宋曰洮州其地西控番戎東蔽湟隴

岷州 秦漢屬臨洮唐置岷州其地東連熙鞏西並洮疊

河州 秦漢屬隴西隋置抱罕郡唐宋曰河州其地環山距河華亭分壤

靖虜 秦屬隴西漢屬金城安定唐平李軌置会州宋因之其地面山背河

榆林 秦屬

雲中九原漢置五原郡隋唐曰陽州地臨河套朔北要關各衛及陝西行都司古月支國地武帝置酒泉武威張掖西平四郡晉置涼州後分五涼入拓跋魏為甘州宋金時西夏所據其地環以和連合黎之山浸以居延鮮卑之水為羌戎通縹之路其漢中府戰國屬秦楚之北境始皇置漢中郡漢因之晉置梁州宋曰興元其地前控三秦後拠兩蜀左通褒沔右走陰平崖谷峻絕千里百折則梁雍二州域南鄭褒城城固洋縣西鄉鳳縣界略陽屬雍州鳳縣是梁雍之交

朱子曰前代都關中以黃河左右旋繞所謂臨不測之淵也近東獨有函谷關一路通山東故可據以為險又關中之山皆自西而東若橫山之險〔今名橫山嶺在慶陽府寧州東一百里乃子午山別名也〕乃山之極高處本朝則自橫山以北盡為西夏所有據高以臨我是以不可都也神宗銳意欲

取横山夏人以死争之○章俊卿曰河北江南皆天下制勝之地而挈南北之輕重者又在川陝夫江南所恃以為固者長江也而四川據長江上流下臨吳楚其勢足以奪長江之險河北所恃以為固者黄河也而陝西據黄河上游下臨趙代其勢足以奪黄河之險是川陝二地當制南北之命也○鄭氏曉曰雍州今金陝之地據岷嶓既藝則鞏昌府半當屬梁州據西傾因桓是來則臨洮府州縣亦當有屬梁者夫雍稱天府所謂秦中自古帝王州也其險四面山廻而東面臨中原險處正在華岳與黄河交會雖在潼關（在西安府華州華陰縣）然

按[illegible]北接陝西洮州衛大抵洮州以南屬梁州境

河之南若無新安河南府新安縣有函谷新關漢武時楊僕所徙移東三百七十八里以故關為弘農縣弘農郡治焉今灵宝縣是也則由沙澗可渡河至蒲州屬山西平陽府河之北若無平陽平陽府則由烏嶺冷泉平陽南有東烏嶺北有冷泉關入平陽至蒲州自蒲州至龍門兩岸平廣可渡者百里秦據函關陝西統平陽也（平陽戰國時屬韓，戰後併于秦。）夫守河北者當守陝西守陝西者當極力守平陽河南府無陝西則河之南江之南皆不可守五胡以迄宋元皆炯鑑也又曰東距西河者今西安府同州朝邑縣及臨河諸縣是也據職方豫州其山鎮曰華山則西安府東境華陰華州當屬豫（按華山宜入雍州，周礼与禹貢不同。）而臨河諸邑皆當為冀州地一統志俱作雍州豈別有據乎。○愚按從古入秦之道，由河北為正道，由河南為安道，由南陽為間道，由漢中為險道。其從河北入者，必渡河津經臨晉，歷代以來，惟東漢鄧禹、唐高祖及金婁室由之，餘皆由河南道。戰國時秦兼有河東之地，故六國攻秦，必叩函谷。雖項羽戰勝河北，仍從新安攻破函谷，至咸陽。以後桓温克苻健，刘裕滅姚泓，安祿山犯長安，皆自潼関入，所謂要道也。武関路通南陽，西即嶢関。漢書註：武関在商洛。始皇南巡衡山，自南郡由武関歸，知此是間道。當山東兵起，秦必以重戍守函谷，故漢高從宛城南攻武関，入藍田，所以擣其虛也。及出函谷為楚敗滎陽復入關由武關軍宛葉所以分其洛也劉裕之伐秦檀道濟潼關沈田子入武關蓋即祖漢高故智耳至漢中道險実為窺三秦之要徑項羽王漢高巴蜀而張良力請漢中地其意已在關中故漢高從武都故道今鞏昌府西當縣入巴蜀已而又從此路出襲雍王章邯諸葛亮六從此攻魏進規關洛然陳倉武功之間山谷陡峻轉運極艱此亮之屢出而無成也歟

弱水既西

弱水地理志在張掖郡刪丹縣今陝西行都司甘州山丹衛一統志弱水在甘州西薛

氏肇明曰源出吐谷渾界窮石山丹西至合黎山詳後與張掖河合雍大記張掖河俗名黑河北入亦集乃海子即古居延海弱水去雍州甚遠初必壅遏而東欲治主水先治客水禹因其性導之西流使不復入中國林氏之竒曰衆水皆東西弱西独西黑水獨南此其性與勢然也必欲東之則逆其自然非行所無事矣蔡傳通鑑魏太武擊柔然循栗水西行至菟音徒園水在燕然山南去平城三千七百餘里又循弱水西行至涿邪耶音山則弱水在菟園水之西涿邪山之東矣北史載太武至菟園水分軍搜討東至瀚海西接張掖水北度燕然山與通鑑小異豈瀚海張掖水于弱水為

近乎程氏據西域傳以弱水為在條支漢書西域傳條支臨西海傳聞條支有弱水西王母而未嘗見自條支乘水西行可百餘日近日所入也按條支一名大秦魏畧云弱水在大秦西援引甚悉然長安西行一萬二千二百里又百餘日方至條支去雍州如此之遠禹豈應窮荒而尊其流也哉其說非是唐書小勃律王居孽多城臨娑夷水娑夷水即弱水也不䏻勝草芥去長安九千里而嬴此似近也○愚按郭璞云弱水不勝鴻毛柳宗元謂弱水淖散無力不能負芥而舊唐書又云東女國王居康延川中有弱水南流用牛皮為船以渡夫牛皮船可渡則前說為誣矣王樵亦云宗元愚溪對近于寓言未可深信羅苹曰出陽關至于甸路經陥河伐檉置中乃得渡弱水亦陥

涇屬渭汭

涇水地理志出安定郡涇陽縣（今平凉府平凉縣）西开頭山東南至馮翊陽陵縣（今西安府高陵縣）入渭過郡三行千六百里　愚按山海經涇水出涇谷（郡縣志涇水源出原州百泉縣西南涇谷）淮南子出薄洛山高誘註一名笄頭山（即崆峒山括地志在原州平陽縣西百里涇水所出雍大記笄頭山今在平凉府城西十里山如婦人笄頭狀漢志作开音牽）雍大記云自平凉府城西南發源涇州又東南至邠州界（屬西安府）又東北至涇陽縣界（屬西安府）由涇陽東流至高陵會于渭鄭白二渠（在涇陽）皆以涇水為源渭水地理志出隴西郡首陽縣（今臨洮府渭源縣）西南鳥鼠同穴山東至京兆

> 淮南子涇水出薄洛山高誘注一名笄頭山雍大記笄頭山今在平凉府城西十里山如婦人笄頭狀

一統志渭河在渭源縣北二里自鳥鼠東流經岐山扶風盩厔興平咸陽渭南至華陰界入黃河注

北船司空縣三輔黃圖有船庫官後為縣華傳今華州華陰縣入河過郡四行千八百七十里水經出首陽縣渭谷亭南鳥鼠山北過襄武縣北今鞏昌府隴西縣漢隴西郡治又東過豲音桓道縣南豲戎邑也漢南安郡治冀縣北今鞏昌伏羌縣漢天水郡治明帝改漢陽郡又東過陳倉縣西今鳳翔府宝雞縣又東逕武功縣北今屬西安府槐里縣南今西安府興平縣又東澧水南來注之又東北與鎬水合酈註鎬水上承鎬池于昆明池北北經灵臺西又北入于渭一統志源出太乙山西谷中○灵臺在今鄠縣又東北逕渭城南今西安府咸陽縣漢長安故咸陽也武帝別為渭城在長安西北角泥水逕之即滈水出杜陵北注渭又東過長安縣北今西安府長安縣始皇作渭橋于此又東過鄭縣北今西安府華州又東過華陰縣北今西安府華州華陰縣酈註洛

水入焉闗駰以為即滦沮按史記魏與秦接界魏築長城自鄭濱洛即此又東過霸陵縣北今西安府咸寧縣霸水西北流注之霸水出藍田縣藍田谷在今滻水北入渭滻水出藍田縣西東入于河鄭註春秋之渭汭也水会即船司空所在汭孔傳訓水北正義毛詩傳汭水涯也鄭云汭之為言内也人皆南面望水則北為汭涇水南入渭名為渭汭知是水北蔡傳汭水地理志作芮出扶風郡汧縣今鳳翔府隴州弦蒲藪西北東入涇陝西志汭水在隴州南七十里職方雍州其川涇汭詩汭鞫之即是也蔡說是渭涇水上屬于汭而下屬于渭鄒氏季友曰若涇水先合汭後入渭則經當言汭渭不當先渭而後汭況下文即有渭汭不可異說黄震曰古註水内為汭如古說

涇入于渭水之内而漆沮灃水皆主渭言文意俱協若以汭為一水而入涇則涇屬渭汭者是涇既入渭汭又入涇下文漆沮之從灃水之同孰同孰從耶耿方氏其川涇汭易氏解云汭非禹貢之汭禹貢言汭皆水内此川名蔡氏解媯汭云水北解洛汭云洛水交流之内此却自背其說當為耿方所誤由未覩易氏解耳況導渭止言灃涇漆沮絶不及汭愚按涇渭合流三百里涇未屬渭之時雖濁而未甚見二水既合而清濁益分詩所謂涇以渭濁也夏書以洛表對洛汭〻是水北之曲此與同義當從傳疏無疑

夏允彝曰：涇、渭、灞、滻、灃、鎬、澇、潏為關中八水，而溉田之利，溥之涇水為多。秦時鄭國鑿涇渠，並北山，東注洛三百里，溉田四萬餘頃，收皆畝一鍾。漢兒寬（同州守）穿六輔渠，益溉鄭渠旁高仰之田。白公復穿渠引涇水，首起谷口（漢谷口縣屬左馮翊，故城在今醴泉縣東北），尾入櫟陽（故城在今西安府臨潼縣北），注渭，袤二百里，溉田四千五百餘頃。唐長孫無忌言：白渠水帶泥淤，灌田極肥美。又渠水發源本高，向下支分極衆，若湯流至同州，則水饒足。比為碾磑用水，洩渠水隨入渭，加以壅遏耗竭，所以失利。于是盡毀水上碾磑。自宋迄今，屢修鄭白二渠。項忠、余子俊既勤並鑿石通水乃得引涇入渠水分為三名上白中白下白立斗門以均水夫秦漢時涇河平淺計古溝澮猶有存者故引河作渠易耳年久河益深水勢與渠口相懸益就上流然後能引水而疏鑿非故渠且多石故其用力益难然欲变瀉鹵為沃壤亦存乎人若高涇渭之渠杜入河之口如李冰壅江作堋法即高陵櫟陽以北不讓江南諸郡矣

漆沮既從

漆水秦傳自耀州同官縣今西安府耀州同官縣一統志同官水即漆水〻經注作銅官東

北界来經華原縣(今省入耀州)合沮水(此據寰宇記)地理志出扶風漆縣(今鳳翔府永壽縣)西(闕駰十三州志出漆縣西北岐山)水經出扶風杜陽縣(今鳳翔府麟遊縣故城在府城北)俞山東北入于渭(山海經輸次之山漆水出焉北流注于渭)沮水水經注出北地郡直路縣(今延安府宜君縣)東過馮翊祋祤縣(今耀州同官漢祋祤地祋丁活反祤音翊)北東逕懷德城南(今耀州富平縣括地志懷德故城在同州朝邑縣西南四十三里)又東注鄭渠東北流注于洛蔡傳沮水自坊州(今延安府中部縣)昇平縣北子午嶺出(今宜君縣之子午嶺)俗號子午水下合榆谷慈馬苛州遂為沮水至耀州華原縣合漆水至同州朝邑縣(今西安府朝邑縣即漢臨晉)東南入渭(疏云沮不知所出蓋東入渭時已與漆合雍大記沮河在臨潼縣東三十

三自華原富平來入縣界合渭水蘇傳從如少之從長渭大而漆沮小故言
王世懋曰沮河北自雍州城外西東漆水自城右出考當從其從扶風武功來者一
從○程大昌曰雍地四漆沮而實三派富平新平普閏禹貢漆沮惟
富平石川河正當其地何以知其然也曰禹貢叙尊渭自渭
原以至入河漆沮僅一見而其水行之序又在灃涇之下則
自灃涇而上凡後世名為漆沮者皆非也今以漢唐郡言之
灃之入渭在盩厔縣境今西安府盩厔縣山曲曰盩水曲曰厔縣蓋咸陽西南
涇之入渭在陽陵則在咸陽之東矣漆沮入渭即石川河在漢馮
翊之怀德縣即唐同州之朝邑縣也朝邑又在陽陵東北三
百里故石川之沮漆其派序入渭在灃涇之東全與經應也

縣詩自土沮漆此唐普潤之漆水也允縣詩所指自太王遷岐為始曾無一語上及公刘其曰緜緜瓜瓞民之初生自土沮漆言民命所生自迁岐之後有瓜瓞之綿綿不絕也下文並及太王亶父不與公刘居豳之事一語相関自鄭氏疑漆沮于公刘談詩者悉主本其說按水經渭水自雍縣東下至岐山與岐水漆渠水會此（今郿縣境杜水東南流者今漆水亦云渭水會同）三水者東及周原之地岐山之南是為太王之邑故周頌曰猗與漆沮潜有多魚毛氏釋之曰漆沮岐周之二水其說確也詩兼漆沮言之而諸書止言漆不言沮不敢強通若元和志之誤則能証其所以矣漢志扶風漆縣有漆水與漆縣

疆境甚濶唐鳳翔之普潤（漢杜陽即唐岐山普潤縣地）暨邠州之新平（今邠州東漢為新平縣邠在岐北二百里）其地本皆屬漆今從唐郡縣以求古地則公劉之邠自在邠州新平而太王之岐則在鳳翔普潤岐之與邠固皆同隸漢世漆縣矣然而漢志漆水特一出無兩漆也李吉甫務合鄭說遂分漢志一漆為兩故普潤新平皆有漆水仍于新平明立之說曰漆水在縣西九里西流注于涇今鳳翔麟遊（即普潤上流）亦有漆水與此異也按志此言政謂邠州漆水合涇而岐下漆水不與縣應則酷信鄭玄之過也至秦漢以後皆言洛即漆沮所謂洛水者地理志源出北地郡

普潤廢縣在今麟遊西本漢杜陽地

歸德縣北蠻夷中。山海經：白於之山，洛水出于其陽，而東流注于渭。括地志：白於山在慶州洛源縣。其水自入塞後，經鄜坊同之三州，乃始入渭。孔安國輩謂自馮翊懷德縣入渭者是也。漢懷德，唐同州衙縣也。所謂沮水者，長安志曰：自邠州東北來，涇水向陽陵入渭，在邠之南面；沮水在邠之東北面。至華原縣南流，乃合漆水，入富平縣石川河。石川河者，沮水正派也。所謂漆水者，長安志曰：漆水自華原縣東北同官縣界來，南流入富平縣石川河，是爲合漆之地也。此三水分合之詳也。漆在沮東，至華原而西，乃始合沮。沮在漆西，既已受漆，則遂南東而合乎洛。洛又在漆沮之東，至同州白水縣與漆沮合。

水經注：渭水逕華陰縣北，洛水入焉。闞駰以爲即漆沮。

而相與南流以入于渭三水雖分至白水遂混為一流故自孔安國班固以後論著皆指怀德入渭之水為洛水而云洛即漆沮言其本同也若鄭白二渠亦分漆沮之名者二渠自雲陽谷口東入石川河石川河既為漆沮故世亦誤以二渠為漆沮也○韓邦奇曰漆水出鳳翔府隴州東入渭沮水出鞏昌府階州角弩谷東南入渭二水源流甚明隴州漆水即扶風漆也階州沮水各志未載但其地在澧水入渭之上考洛水出慶陽府環縣即古洛源縣也經延安府甘泉縣鄜州宜君縣子午嶺至中部縣入西安府界經耀州及同官縣至富平合沮水歷蒲城

同州至朝邑縣東南入渭人皆呼為洛河（水経注洛水東南沮水入焉曹孝佺曰沮水即洛水同流入渭故西魏以之名州）此後世指洛為漆沮之由豈洛亦名漆欤沮水出宜君縣至子午嶺合子午水逕中部縣東南流至富平合漆水子午嶺乃子午山一支其山歷延安慶陽西安三府綿亘八百里蔡傳合榆谷川（榆谷在臨洮府蘭州）非也同官有漆潭三面山如壁立水流其東正所謂自同官縣界来者至富平不百里即入洛但其水甚小禹何故舍洛而取漆豈無施芳者雖大亦畧欤○愚按漆沮雖名三派实止二派詩漆沮入渭上流（在岐周之間）此漆沮入渭下流（在灃涇之下）故諸家以富

平之石川當之但沮源遠出宜君而漆潭即在同官又甚小恐非禹貢所指一統志漆河出扶風古漆縣西至舊富平縣界合沮水王敬美謂沮水自耀州城後折而東漆水自城右至考圖經是從扶風武功來者雍大記在武功縣東門外然康海云漆水今謬為武水則富平之漆意即扶風之漆欤雍録以邠州漆水不与縣詩岐地相應然邠岐地近未見其必非通流詩疏云漆沮在豳二水東行六過周地是古扶風之漆無二派也詩書兩漆沮雖不别異焉可也

灃水攸同　灃漢書作酆

澧水地理志作酆出扶風鄠縣今屬西安府東南雍大記出長安縣西南五十里終南山澧谷北過山林苑在今西安府渭南縣入渭蔡傳東至咸陽縣入渭

詩曰澧水東注惟禹之績言澧水自東北流經豐邑之東鄭氏詩箋豐邑在澧水之西鎬京在澧水之東三輔決録相去二十五里入渭而注于河也同者同于渭西魏取澧水依同名州今西安府同州是也程太昌曰漆沮下流既已附從則上流不壅澧水亦遂東行也○考陝西澧水在鎬京西二十五里周鎬京在今西安府城南源出秦嶺西北經子午谷西入豐谷北流諸谷水入焉北經周豐邑灵臺又北至短陰山入渭水經注渭水又東與澧水会于短陰山漢書王商傳商嘗穿城引澧水入第至唐貞

觀閒又堰豐鎬以入昆明而二水于是乎斷流

荆

岐既旅終南惇物至于鳥鼠

荆山北條荆山左傳荆山終南九州之險謂此地理志在馮翊懷德縣南郡縣志荆山在京兆府富平縣西南三十五里蔡傳即耀州富平縣掘陵縣馬理曰此原乃唐之獻陵非山也路史載黃帝鑄鼎于荆山之陽在今三原縣屬西安府耀州嵯峨山一名巀嶭山又名慈峨山一統志峨嵯與荆山並載疑實一山耳其山高出雲表登其巔則涇渭黃河俱在目前山頂有雲氣即雨人以為候其別嶺有西原中原東原所由名山下有荆渠相傳即禹鑄九鼎處黃帝鑄鼎之荆山一統志云在何南閿鄉縣

岐山地理志在扶風美陽縣今鳳

翔府岐山縣、西北（郡縣志岐山在岐山縣東北十里陝西志在西北皇甫謐云今美陽西北有岐城舊址）山有兩岐故名周之興也鸑鷟鳴于岐山故呼鳳凰堆（又名天柱山）愚按詩曰彼砠矣岐又曰周原膴膴蓋岐山地形險僻而周原在南田疇腴美其險者可以阻固設守其易者可以建國聚人太王之興亦地利為之資也（雍錄邠州南一百三十里為奉天縣有梁山焉是太王去豳所踰也岐水之北有岐山焉是太王所邑也其南為周原蓋太王立都渭北而並跨周原以廣其聚故合兩地而稱岐周也岐周在唐都西三百六十二里）禹治水從下自東而西荆在岐東故先荆後岐也終南即中條山地理志扶風武功縣東有太一山古文以為終南（雍大記終南在西安府南五十里）西起汧隴東踰商洛綿亘千里表裏秦関陝西志終南山連亘藍田咸寧長安鄠盩厔五縣境一名地肺亦名太白道元云在武功縣南去長安二百里俗云武功太白去天三百蓋隨地異稱南山深處高而長大者曰秦嶺嶺水北流入渭號八百秦川一嶺南為地絡之陽山為南列南條水則為江州則為梁北為地絡之陰山為北列北條水則為河州則為雍星野亦于此分焉是地之脊也以居地絡陰陽之中故謂之中條惇物地理志在扶風武功縣東古文以垂山為惇物鳥鼠詳導水孔傳終南惇物鳥鼠三山名言相望正義至于為首尾之辭故言相望也鄭氏曉曰荆山漆沮所經岐山涇汭所經終南灃水所出惇物灃水所經鳥

鼠渭水所出是按終南在雍之南境其西則惇物又西北則鳥鼠自東而西峯其起止中間水土之平可見○程大昌曰終南山橫亘關中南面凡雍岐郿鄠長安萬年（即咸寧縣）相去且八百里而連綿峙據其南者皆此一山既高且廣多出物産故禹貢曰終南惇物厚物者即東方朔傳所記謂出玉石金銀銅鐵豫章檀柘百工可以取給萬民可以仰足者也秦詩終南何有有條有梅條梅其物也兼有此者明其富舉一以見餘也毛氏曰終南周之名山中南也關中記曰中南言居天之中都之南鄭箋曰問何有者意以爲名山高大宜有茂

木也是自堯禹以至周漢皆言終南之饒物產不當別有一
山自名厚物也武功有太一山重山漢志引古文而曰太一
程大昌
者終南也重山者厚物也不知何本又曰太一之名先秦無
之漢武帝始用方士言尊太一以配天帝則凡言太乙者皆
當在武帝後也水經注于武功終南引杜預為據而曰此山
一名太白其曰終南則無間乎武功之與萬年此山皆在矣
至曰太白則實隸武功東距萬年蓋不啻三百里古圖經無
言太白即為太一者也長安志萬年縣炭谷有太一祠焉始
可命為太一而非武功之太白矣古文謂武功之終南即為

太一是殆誤認武功之太白而世莫之正耳關中記曰終南南山之總称太一山之别號元和志亦曰終南太一非一山然其說是也又三秦記曰太一在驪山西去長安二百里一名地肺山則凡指終南以爲太一者當在萬年不當在武功然又可審也至于南山首末不止近在關中而已西域傳曰于闐南山東出金城與漢南山屬焉則自于闐南山以至長安之南山數千里相屬未嘗間斷合其本末于闐南山爲南山發跡之始而關中南山爲南山東出之終秦詩作于周時固已指關中南山爲終南矣知非班固臆說惇物辨甚核而疑其鑿

原隰底績，至于豬野。豬，史記作都。

下濕曰隰。說文：阪下濕也。王氏樵曰：原隰泛言，則為廣平下濕之地；此對豬野，則有定指。故鄭玄引詩「度其隰原」以為說，而曰其地在豳。郡縣志：邠州新平縣有五龍原，永壽縣有永壽原，宜祿縣有淺水原。朱子詩傳亦曰：豳在岐山之北，原隰之野。禹之底績，公劉之徹田為糧，一也。豬野，地理志：武威縣東北有休屠澤。本匈奴休屠王所居，漢武置武威郡，因以名澤。古文以為豬野澤。陝西志：在今涼州衛東北。水經注：谷水出姑臧南山，北至武威，分為二水：一北入休屠澤，俗謂西海；一水又東逕一百五十里入豬野，世通謂之豬野矣。蔡傳：治水成功，自高而下，故先言山，次高隰次陂澤也○愚按原隰在豳岐之間猪野在甘凉之境相去凡三千里而皆底績蓋豳地務農桑好稼穡其本業也而凉州降草茂盛自魏太武北伐謂姑臧城外姑臧漢武威郡治湧泉如河自餘溝渠流入澤中其間乃無燥地又漢書称凉州之畜為天下饒吏民相親穀糴常賤誠沃土也是故諸凉以一郡而椎視西河西夏以一隅而抗衡中國

三危既宅三苗丕叙

三危山海经在燉煌南括地志在沙州燉煌縣東南三十里雍大記在陜西行都司沙州衛東南俗名昇雨山廣圓百里與岷山相接山南帶黑水鄭玄引地記

云三危在烏鼠西南上有三峯𡼏出故曰三危舜流三苗于三危此其後子孫為羌戎黄幹曰羌本姜姓三苗後也今疊宕松諸州皆羌地代有其地謂之瓜州春秋傳先王居檮杌于四裔故允姓之姦居于瓜州允姓之祖与三苗同放是也其地多生瓜馬端臨曰長者狐入其中首尾不出秦及漢初為月氏匈奴境武帝後元分酒泉置燉煌郡即古瓜州南七里有鳴沙山故亦曰沙州禹治水至此使可安居三苗亦大淂其叙聖人之仁不以投之四裔而棄也史記正義今江州鄂州岳州三苗之地也杜佑曰三苗本有苗氏之族今長少衡陽間是徙居三危分而為三○春秋之見于經自三苗始三苗之國左洞庭右彭蠡負固衡湘之間舜竄其首惡而

立其次者于舊都及竄者既丕叙而苗者犹不即工故命禹徂征至来格後乃考其善悪而分背之今自巴蜀以東歴湖南北桂嶺雲貴数千里洛洞山箐之中蛮獠数種曰犵曰狑曰獠曰猺曰獞其間最輕捷者白猫依山以居若猿猱然説者謂即古三苗之後〇陳子龍曰三亾皆一人可迁三苗則举國西徙亾猶漢武之遷甌越成周之迁殷頑也（小注）

厥土惟黄壤

林氏之竒曰物得其常性者兼貴雍之土黄壤故其由非他州所及

厥田惟上〻厥賦中下

田第一賦第六東方朔云豐鎬之間號為土膏賈畝一金田上〻可知賦第六者蔡傳謂地狭而人功少雍州之境首言弱水終言三危恐不為狭孔傳止言人功少良是

厥貢惟球琳琅玕

球琳玉之美者禮記笏天子以球玉琅玕孔傳石似玉蔡傳石之似珠者今南海有青琅玕珊瑚屬愚按古崑崙出玉見之經志又漢書藍田縣出美玉秦記藍田有川三十里其水北流出玉括地志驪山之陽多美玉驪山在今西安府臨潼縣則玉之所産亦多拾遺記崑崙

山有琅玕璆琳之玉，蓋可為脂，是琅玕亦玉類。

[illegible]之墨古人以石之美者多曰珠，廣雅謂瑠璃珊瑚皆為珠是也。

○林駉曰：品琅玕之貢，幾如漢人之誅酎音留金矣；熊羆狐狸之貢，幾如漢人之求天馬矣；海錯橘柚之貢，幾如唐人之荔枝驛騎矣。然古者以貢為賦，故什一便民之法，球琳之屬皆入土貢，以償田賦之輕也。聖人初何心過求哉。

丘氏濬曰：漢時關中之藍田、幽州之玉田，皆出玉。其時西域未通也。今中國不復產玉，所用之玉皆來自于闐。其國有白玉、綠玉、玄玉河，原皆出崑山，西流千三百里，至國界。每歲五六月出暴漲，玉隨流至，多寡由水細大，水退乃可取。國人視月光盛處，必得美玉。抑土石之精，其生有限，而取之易盡用為器用雜佩之屬不一而足是玉在古為用甚多今世小民有不識玉者由是推之漢之金以斤計每以萬言唐漸少宋與今益少無乃千歲之後中國之金將與玉同耶不可不為之限節也又曰三代以來中國之寶珠玉金其而已漢以後西域通中國始有所謂木難琉璃瑪瑙珊珂瑟瑟之類瑟瑟木難即今祖母綠寶名其色碧

浮于積石至于龍門西河會于渭汭

積石地理志在今城河關縣今臨洮府地西羌中日記在今臨洮府河州西北一百二十里一統志河州有積石關鄭樵云積石在鄯西州鄯州古西羌所居謂之湟中今陝西行都司西寧衛

山如削黄河中流西臨蓄界正義河行塞外東北入塞内積石非河源河從西來至此北行故沿河順流而北𣴎水云河千里一曲一直故千里而東千里而南至于龍門西河也龍門地理志在馮翊夏陽縣秦更少梁曰夏陽故城在今郃陽縣北今西安府韓城縣東北八十里三秦記龍門去長安九百里境与平陽府河津縣相接河津古耿地日記龍門在河水至此自山直下懸流千里怒濤若雷地皆震撼兩崖斷山絶壁相對如門惟神龍可越故曰龍門王應麟曰河至慈州交城孟門山是為入龍門口至絳州汾州合河之上是為出龍門口○慈州今平陽府吉州○鄭曉曰河自積石至龍門三千里間繞雍州西北東三面之地龍門在雍東冀西二州之間河流最險隘處禹鑿以通河東之西界魏地記梁山北有龍門山大禹所鑿通孟

則自積石至于西河，其西南皆州，会于渭汭，言渭汭不言河者，當是州之文也。他州亦然，言之不止一道矣。前已互見耳。

津河口廣八十步岩際鏁跡尚在西河冀之西河也鄭氏曉曰渭汭渭之北也貢物之來或由漆沮或由灃涇皆會于渭水之北而入河汭字甚當今渭水舟楫入蒲州必經渭北岸蒲州即冀州也惟徃陝州者屬河南濟由南岸或中流耳愚按河在渭北渭水入河之後為渭汭則不必更言入河而入河之意已見王氏樵曰蔡傳雍之東北境則自積石至于西河西南境則會于渭汭東北當云西北蓋雍東距河若東北境則直浮西河不須從積石也蔡氏所以知其為兩道者以龍門非可越而渭自鳥鼠而東中貫雍境取渭莫徑焉使內地之漕則當徑達西

謂達于西河。

亦甚謂當是州之文別見之。

河更無用經涉龍門以此知其為西北一道西南一道也○
熊氏禾曰正道皆從渭達河惟山脊以西之道地不可道者
必由積石龍門○愚按導河始于積石而即以為貢道治河
兼治漕不獨今然也春秋時秦輸粟于晉自雍及絳相繼命
曰汎舟之役秦都雍（今鳳翔府鳳翔縣）雍臨渭晉都絳（今平陽府絳州）絳臨
汾由渭入河（渭水至華陰入河是順流）由河溯汾（汾水至汾陰入河是逆流）是即雍州
之西南貢道
漢歲漕關東粟以給中都官從渭水而上初止數十萬石
武帝增至六百萬石從鄭當時議發卒引渭穿渠以漕起

長安並南山下至河三百里溉民田萬餘頃于慎行曰漢漕山東粟百萬更砥柱之險以達于渭吴寛曰漢初穿渠引渭以漕關東之粟其後又引汾引河以漕又其後通襃斜道唐初府兵未廢漕甚省開元中裴耀卿主運凢三歲運至七百餘萬石沿河置倉于三門東西置倉開三十八里為陸運以避水險自河陰西至太原倉隨地轉輸天寶三載韋堅修漢運渠乃占咸陽壅渭為堰絶灞滻並渭而東置永豐倉下永豐倉在渭水入黄河處漢之船司空也復與渭合是歲漕粟四百萬石其後刘晏遵耀卿之路隨江汴河渭所宜江船不入汴〻船不入河〻船不入渭江南之運積河陰河船之運積渭口渭船之運入太倉歲運一百

十萬石無升斗溺者。呂東萊曰：唐時漕運極迂遠，自江入淮，入汴，自汴入洛，自洛入黃河，自黃河入渭，方至關中。耀卿之法，雖稍紓民力，當時民丁約四百萬，使丁出錢一百爲漕運費，亦大擾民矣。章潢曰：漕莫善于轉搬，莫不善于直達。直達自宋徽宗始。○王氏樵曰：河從積石北流入北狄界中，折而東流，凡二千餘里，漢人謂之北河，其內今謂之河套，即秦始皇斥奪匈奴南地也，在古已爲通舟轉漕之道。蓋唐虞聲教暨于朔南，曁之北垂，遠出河外，猶在荒服，此其所以不可及也。三代之季，北狄入居河內，始皇逐出之。劉項之際，復爲匈奴所據，武帝開朔方，復取之。宋時爲西夏所據者凡三百年，凡據河內外州郡二十有二。蓋其地肥饒，其人勁悍又產健馬乃關中之屏蔽得之則强失之則弱歷代知其為邊境之要害而不知其為唐虞之故疆也蔡傳引李復駁邢恕之説恕奏乞下熙河路造船五百于黄河順流藏会州西小河内去取興州熙河路漕使李復駁之謂会州西小河鹹水淺狹豈能藏舟黄河過会州石峡險窄峦流直下高数十丈船豈可過此声若出必為夏国侮咲事遂寢疑積石至龍門三千里通舟無阻于後世之跡多所不合然神禹導川通貢著其道路所経明若指掌此曰浮于積石至于龍門西河後曰導河積石至于龍門曰導曰至非河通流至于龍門之験耶曰浮曰至非舟通行至于龍門之験耶邢恕所奏會州小河苛當非積

程大昌曰漢朔方之北代郡之西高闕之東有陽山在西之勝河之北漢書音義謂之河南地誤也注

石龍門故道李復所言亦或出吏民之托辭不必引也抑不特此北河之外陰山綿亘華夷大限當以此分虜得之則據以窺中國中國得之則據以窺虜乘高而望出沒蹤跡皆見其外皆大磧南北數千里東西數千里無水草不可駐牧虜不得陰山必踰大磧而居其北北即漠北也漢武驅虜于陰山之外而漠南無王庭虜過之未嘗不哭也漠南即陰山之南黄河之北虜所利以飽其力而内犯者也柰之何北河之内復使得為巢窟哉鄭曉曰陰山在今陝西山西之北西出賀蘭東抵醫無閭重山連阜隔絕北狄唐三受降城止在陰山

織皮崑崙析支渠搜西戎即叙

雍州西界黒水此諸國又在黒水之外故附于後冠以織皮者諸國皆以此為貢也織皮孔傳訓毛布當時毡裘之属王推曰織皮製之為裘織之為罽與单言皮服不同崑崙是山旁之國山海经西海之南流沙之濱赤水之後黒水之前有大丘名曰崑崙地理志在金城郡臨羌縣西括地志在肅州酒泉縣南八十里唐書在吐蕃界雍大記在今肅州衛城西南二百五十里與甘州山連其嶺峻極经夏積雪不消世呼雪山一統志黄河经其南崑

按逸周書正西崑崙狗國鬼親枳已闟耳貫胸雕題離丘鑿齒是崑崙在正西水经云在西北唐薛元鼎窮河源言崑崙

直匈南之西則又在中國西南此貢織皮之崑崙是西方戎落當以逸書爲欃析支古河南境河水遇山析爲二支處有析支城又有析支河後漢書羌地在金城郡河関縣之西南濱乎賜支至于河首綿地千里應劭曰析支東去在河関千餘里賜支者禹貢所謂析支也司馬彪曰西羌居析支水西河水屈而東北流經于其地是爲河曲舊唐書党項羌在古析支渠搜漢開朔方置縣地理志朔方郡有渠搜縣中部都尉治其地當大宛北界爲極北境水經河自朔方東轉經渠搜縣故城北三國皆西方戎落白虎通西方有六戎李巡云一曰僥夷二曰戎夷三曰老白四曰耆羌五曰鼻息六曰天剛孔傳在荒服之外流沙之内羌髳之屬皆就次序美禹之功及戎

地理志朔方郡有渠
搜縣中部都尉治

狄也○蘇傳三國篚織皮當在厥貢球琳琅玕之下鄭氏李交曰梁雍二州原無入篚之貢此三國序在章末貢道之後與萊夷淮夷島夷之例不同蘇謂錯簡非也○愚按雍州崑崙蔡傳謂即河源所出鄭端簡當非之此崑崙今在西番界近甘肅若河源崑崙去中國極遠水經崑崙虛在西北去嵩高五萬里山海經自崑崙至積石一千七百四十里穆天子傳天子自宗周至崑崙合八千一百里數說遠近不同難以詳究近世焦竑又謂崑崙近山在西涼酒泉之地穆后見西王母之所晉酒泉太守馬岌所言石室玉堂珠璣鏤飾尚在者

者也。崑崙遠山則博物志所言在大秦西海之濱，成光子云在香山南雪山北，山頂上池周八百里，河源出焉。佛經謂之蘇迷山也。其言祖崑崙為地中之説，雖未可深信，要之尊河不及崑崙。亦以九域而外荒遠，宜畧。聖人所以别華壤限絶域也。使在雍州外徼，必為禹跡所經，何以張騫甘英輩久歷西域諸國而卒不得其詳哉。觀禹貢崑崙與析支渠搜並誌，則其地不越玉門嘉峪之間，其國亦在歲見終王之列，而非即河源所出之崑崙明矣。析支渠搜，馬理謂在今河套內寧夏東北，三面阻河，周袤六七千里，唐初與突厥以河為界，則固嘗守河矣張仁愿築三受降城皆在黄河之北大漠之南史謂中城南直朔方意合河套地西域南直灵武意今寧夏地東城南直榆林意在今綏雲之間或謂東勝州即東受降城所在國朝設東勝衛後移內地〇又按雍州迫近戎狄西周末戎逼諸夏自隴山以東及乎伊洛往往有戎渭北有翟豲邽冀之戎涇北有義渠之戎洛川有大荔之戎渭南有驪戎西漢先零東漢燒當晋氐羌唐吐蕃歷代侵軼為患皆西戎也漢武圖制匈奴患其並從西國結党南羌乃表河曲列四郡開玉門西通域以斷匈奴右臂隔絶南羌月氏單于失援由是遠遁漢通西域南道從蜀北道從金城酒泉南道險遠卒不通而北道通焉蓋匈奴遠遁故也然賂遺

萬里師旅之費不可勝計李致輪臺之悔且通西域有龍堆葱嶺之險有身熱首痛風災鬼難絕行懸度之阨班固所謂與漢隔絕道路又遠得之不為益失之不為損也國初下河西棄燉煌（漢燉煌郡今為赤斤蒙古衛）畫嘉峪關為界（在肅州衛）蓋即光武閉玉門之意云

後世稱關中為沃野謂之天府然就其閒較之亦惟涇渭澧滻之區最為膏壤西北二邊偪于戎狄故禹于雍州自終南至鳥鼠則自東而西自原隰至豬野三危則自內而外賦出六等生聚蓋不同也戰國秦漢時富庶甲天下自唐

至今雍輿巻非古矣雖関中六仰東南之粟昔鄭白二渠之饒衣食京師億萬口唐杜佑以為大暦初所溉田比于漢減三萬八千頃是時長安尚為京都而佑言已如此然則古今地利之不同豈無其由哉輯金仁山諸家說

○愚按今九邉陝居其四延綏寧夏固原甘肅也延綏鎮城旧在綏德成化中徙榆林在种世衛所城青闇外二百餘里横絶河套之口固原地近鞏漢与寧夏称唇齒自河套棄而虜據西海鳴鏑日驕甘涼以西即哈密地雖内附無係中國重輕昔蘇子由云戎強則臣狄狄強則臣戎戎狄皆弱而後中國可得而臣戎狄皆強而後侵畧不至于中國一強一

弱中國之憂也斯言豈不信哉

羅泌曰兗之水河患爲甚濟次之江漢次之蜀河所被冀兗重而雍輕濟之所被則徐輕而豫兗重又曰揚不言南青雍不言北則以境接蠻狄提封叛服不常故也○許氏謙曰冀梁雍言山獨詳者天下之勢西北高而多山故也徐雖言山乃蒙羽之小者又止言蓺則不專主于導山冀青梁不言澤者冀梁多山而地峻青邊海而易洩故三州無澤也雍雖多山而豬野在其西北之偏黄河之外地形稍下故有之也揚荊豫梁不言原隰者諸州有澤者無原

隰有原隰者無澤楊州彭蠡震澤其浸甚大荆州雲夢闊
数百里豫之荣波菏澤孟豬皆巨浸則原隰之地固少矣
兖徐雍三者皆有者兖止言宜桑之土耳而雍則豬野在
河外原隰在河内相去甚遠徐之東原地甚卑嘗有水患
雖曰原其实下溼謂居濟之東而稍高耳梁州二者皆無
為多山而下不足豬水且無曠平之地也梁雍無篚者多
山之地雖出獸皮而所織為罽不儆于篚也兖荆豫不言
夷者凡地接山海邊陲之地則有夷豫居天下之中荆雖
居南而禹貢之地不踰嶺兖雖在東北而東南接青徐西

北皆異境故三州無表也兗徐揚独言草木者三州在東方為河濟江淮下流被水特甚草木不生今水去而生草木故特志之也鄭氏曉曰夾右碣石入于河今遼洋運道也浮于汶達于濟浮于濟漯達于河今會通河也浮于淮泗達于河淮安至徐邳也沿于江海達于淮泗國初海運及永樂初中灤之運也浮于江沱潛漢江西湖廣之道也未必盡同大勢若此劍閣雲棧通于秦始皇時故梁州貢道必因桓浮潛逾沔入渭視他州為遠且難也浮于積石至龍門西河今蘭州北折而東為河套轉入中國山西之

西陝西之東之河道是也

禹貢長箋卷之十

東吳　朱鶴齡長孺撰

導岍及岐至于荊山逾于河壺口雷首至于太岳底柱析城至于王屋太行恒山至于碣石入于海岍又作汧

此下隨山也導是相導之導天下之山皆自西北衍迤而東南山脉所聚必有源泉四瀆之源皆在名山之麓是以導水先導山觀山形蜿蜒即知水勢趨向也岍山一名吳嶽山地理志吳山在扶風郡岍縣今鳳翔府隴州西古文以為岍山按班志河東大陽縣亦有吳山在今陝州與吳岳相去甚遠□水經注岍山五峯霞峯叠秀雲天崩蠻傾及山頂相捍望之恒有落勢

泥氏謂今之隴山天井金門秦嶺皆古之岍也蔡傳汧水所出括地志岍山在隴州汧源縣西六十里其山東連汶岫西接隴岡汧水出焉雍大記在今隴州西四十里王楙曰汧水出其西而南入渭汭水出其北而東入涇按水經注汧水出汧縣之蒲谷鄉弦中谷決為弦蒲藪蔡傳汭出弦蒲是二水本通氾愚按岍山地理志水經注皆云即吳嶽商周之世疑以岍為西嶽故爾雅職方皆名嶽山尒雅釋山云河南華河西岳河東岱河北恒雍大記謂岍與吳嶽非一山不知何据岐荊見雍州逾于河即龍門西河疏謂山逾之也蔡傳禹自荊山而過于河壺口見冀州雷首地理志在河東蒲坂縣南今平陽府蒲州水經注雷首在去蒲坂三十里或云首陽山即雷首之南阜山下有雷降相傳即舜漁處括地志雷首一名中條山亦名歷

山山臨大河雷水所出雷水見穆天子傳水經注即涑水太岳見冀州孔傳在上黨西底柱孔傳在西虢界正義在太陽關東析城之西水經注山在虢城東北太陽城東太陽虢都北虢也在今陝州此按地理志云北虢在太陽東虢在滎陽西虢在雍州傳謂底柱在西虢界則似以太陽為西虢矣禹鑿河此酈道元曰河水分流包山而過石見水中若柱然故曰底柱也山西通志底柱在平陽府平陸縣東界河自河津西來微折而南至平陸東流五十里至底柱達于垣曲高不踰數尋圍不及百丈巋然中流撐持地軸亦謂三門山中曰神門南曰鬼門北曰人門其始特一巨石平如底禹鑿之為三水行其間声激若雷而鬼門尤為險惡愚按蔡傳及水經注以三門山為底柱州志亦以底柱即三門山都穆謂底柱在陝州東五十里黃河之中循河至三門

集津三門之廣約二十丈其東百五十步為砥柱崇約三丈周數丈蔡氏未嘗親歷其地故誤攷此則底柱又在三門東析城地理志在河東濩澤縣西今山西澤州陽城縣通志析城在陽城縣西南七十里太行支山峰四面如城下有神池其深莫測世傳與濟瀆相通水經注析城甚高峻上平坦有二水東洩西清王屋地理志在河東郡垣縣今平陽府絳州垣曲縣東北濟水所出一統志王屋在懷慶府濟源縣西百里其絕頂曰天壇濟水發原處山狀如屋故名或云王屋車蓋山形如之太行地理志在河內郡山陽縣西北高誘云太行在河內野王縣西北括地志在懷州河內縣北二十五里○野王今懷慶府治河內縣述征記首始河內從河內至幽州凡有八陘徐廣曰陘者山

絶之名常山有井陘中山有苦陘程太昌曰居庸關其最北之第八陘也朱子曰太行自崑崙北支入中國西南行歷入三晉抵河東復與河會過河便見太行在天半如黑雲然河北諸州皆旋其趾太行分畫東西上党是山脊最高處接山西通志太行亘三着隨地異名析城王屋即其支也鎮志以太行即恒山似誤關程子謂太行千里片石衆山皆石上起峰尒上有天井關地理志關在高都縣今降州恒山北岳日記在雲中者是通志在太同府渾原州南二十里萬物伏藏于此有常度故名恒漢避文帝諱改常山其山北臨代南俯趙東接河海之間山北四十里即蜚狐口也上有飛石窟兩崖懸立谿然中虚相傳飛至真定府曲陽縣歷代就祠于曲陽以為岳灵所寓地理志亦

是稱漢于曲陽地，置恒山郡，蓋因山目名也。後人以古北岳在雲中，相傳有崖石飛至曲陽，歷代因就祠于此，為岳神所寓，其說不能觀焉。又太行恒山連亘，實為相近之地，則恒山之在曲陽審矣。後志北岳恒山一在大同府渾源州南二十里，廟址猶存，援引治者為之。王升建議以其宗北岳，為在京師之上，所移改祠渾源，與元屋隗兵所據，見明代典例。

謂在常山郡曲陽縣西北括地志在定州恒陽縣西北百四十里今真定府定州曲陽縣然

漢經以常山為恆山

矣非古之恒山也碣石見冀州岍岐荆皆雍州山禹導山始此自西而東而渭之入河灃漆沮汧之入渭皆在所經矣壺口至太岳冀西河上山壺口在河之東岸雷首在河口之南太岳兗都是鄣潞汾涑諸水之所經也厎柱至王屋冀南河上山在南河之東北行是沇水之所出也太行至碣石冀東河上山太行恒山綿延東北接碣石而連滄海是淇恒衛滹沱滱易諸水之所經也淇近太行恒衛滹沱滱易近恒山碣石入于海言然諸山之水皆有趨海之勢也號爲百川經然衆山禹皆治之川

多不可勝名故以山言之以上皆太河以北之山○愚按逾于河孔疏以山脉言蘇子瞻書傳云謂地之有山猶人之有脉有近而不相連者有遠而相屬者雖江河不能絶也北條諸山河不能盡南條諸山江不能絶非地脉而何蔡傳則深非其説謂禹之治水必表識諸山之名以見施功之次第初非有意推其脉絡所自来若今堪輿家所言也即以山脉言之河北諸山根本脊脉皆自河北襄武嵐憲諸州乘岡而来其脊以西之水則西流以入龍門西河之上流其脊以東之水則東流而爲桑乾諸水以入于海其西一支爲壺口太岳

次一支包汾晉之源而南出以為析城王屋而又西折以為雷首又次一支乃為太行又次一支乃為恒山其間各隔沁潞諸州不相連屬豈自荆岐跨河而為是諸山哉其說本朱子朱子謂太行自西北發脉來為天下之脊底柱王屋等山皆是太行山脚其言甚辨然疏謂山勢相望越河而東似但言壺口雷首與河西諸山綿亘不絶未嘗未底柱太行諸山皆從荆山發脉也且禹之治水往往破山以分流如龍門底柱不鑿則岨險不開呂梁荆塗不疏則湍怒不洩是皆巨石崇遏跨越江湖聖人劈而出之以通水道必謂山無踰河之理非通論也即朱蔡于岷山條解所云南

支北支者冝非地脉之說而獨于孔氏非之耶大抵逾字与至于字一例禹至壺口不免過河然經文逾河都是史家述其地勢不主禹言○鄭氏曉曰由壺口而雷首自北而南順行也由雷首而太岳則向北逆行也由底柱而析城自西而東順行也由析城而王屋則向西逆行也由王屋而東北有太行由太行而北有恒山由太行恒山迤邐而東北有碣石則皆順行也壺口雷首底柱析城太行恒山千里而近其至于太岳王屋碣石千里而遥又東河之山長于南河南河之山長于西河○呂氏祖謙曰山川之分見于九州者其經也

徐常吉曰道者有路通推挽之義山河以言導也易曰山澤通氣而闡三柔三川謂西岐山開是三川之通為一也似以之上於歷

聚見于後者其緒也無經則不知其定所無緒則不知其脉絡又曰導山有二意水之源未有不出于山水之勢未有不因于山既随山通道相其源委又以導山旁硐谷之水而納之川也林氏之奇曰方洪水懷襄故川舊瀆皆浸沒不見不可施功故先以九州高山巨鎮為表識自西決之使東以殺其滔天之勢水既潤下漸入于海川流故跡稍稍可求于是濬川之功施焉蓋其序然也〇導山先儒有三條四列之説三條者導岍北條西傾中條嶓冢岷山南條此馬融王肅之説也地理志有北條荊山南條荊山是三條之説始于班固四列者導岍正陰列西傾

道山不係列水之流必沿遷而善淺故禹之導山導水並見以導山導水之[illegible]云若蔡氏[illegible]別[illegible]蘇[illegible]經斷以從其師說之相通而已、

次陰列嶓冢次陽列岷山正陽列此鄭玄之説也大畧即蒙恬所謂地脉然内方大别在荆州岷在梁州相去數千里豈可合為一條四列雖是而陰陽正次名称未當故蔡仲默不取分之為南北二條而江河以為之紀焉王氏樵曰蔡説亦有所本唐天文志云天下山河之象存乎兩戒南條北條即所謂南戒北戒江為南河河為北河南北兩河上應雲漢蓋天文地理自然之分判也于二之中又分為二北條有大河之南北南條有江漢之南北横則先北而南從則自西而東義視王鄭益精密矣

舜封岳鎮諸山不可詳考若恒山周礼為并州之鎮在正北今渾源州南二十里即古北岳廟址猶存見一統志宋人祭北岳于曲陽以世傳飛来石之説又宋失雲朔而真定在汴京之北故也本朝定都北平則真定在其南弘治中馬文升建議欲改祭渾源為礼臣倪岳所格或言軒轅居上谷今宣府在恒山之西虞舜居蒲坂在華山之北未嘗擬都改岳然北岳故封不可不正也

西傾朱圉鳥鼠至于太華熊耳外方桐栢至于陪尾

陪，史記作負，索隱曰負音陪。

西傾見梁州朱圉地理志在天水郡冀縣南今鞏昌府伏羌縣雍大記山在伏羌

縣西南三里鄭曉云水経汧山在岍縣南梧中聚開山圖謂
去鳥鼠西二百里開山圖云石鼓山有石鼓于星為河鼓星動則石
之天鼓山鼓鳴秦土有殃○王應麟曰在西河州大潭縣俗
呼為白崖山西和
今鞏昌府西河縣
鳥鼠見雍州孔傳在隴西之西渭水所
出三首雍州之南山相首尾而東太華地理志在京兆華陰
縣南陝西志在華陰縣南十里○山海経太又西八十里有
華之山削成而四方高五千仞廣千里
少華山在華故名太華即西岳也五岳惟西岳最高其著者
州曰蓮花明星玉女三峯
華山對河東首陽黄河流于其間王氏樵曰河自下龍門南
南流其勢湍急及太華之陰喬嶽綿亘不可復南乃折而東
行渭灃涇漆洛伊瀍澗諸水争赴焉山水一大交會也正義

西傾朱圉傳言在積石以東見河所經也鳥鼠東望太華甚遠故傳云相首尾而東熊耳地理志在弘農郡盧氏縣今河南府陝州氏縣盧東伊水所出孔傳洛經熊耳山東西各一峰望之若熊耳故名蔡傳謂此熊耳在商州上洛縣非也上洛今西安府商州若熊耳在上洛則為雍州山矣外方地理志穎川郡嵩高縣有嵩一作崧又作嵩高山括地志在洛州陽城縣西北二十三里陽城即今河南府登封縣孟子益避禹之子于箕山之陰注云嵩高之地古文以為外方郭璞曰云太室山別名外方即中岳也伊水所經東北曰太室西南曰少室相云十七里嵩其總名金氏履祥曰外方非嵩山也嵩高為中岳安得與

江夏之内方相為内外哉擬唐志陸渾山一名方山盖古外方云在伊闕桐栢地理志在南陽郡平氏縣今南陽府唐縣東南淮水所出史記索隱一名大復山陪尾地理志江夏郡安陸縣今湖廣德安府安陸縣東北有橫尾山古文以為陪尾淮水所經俗呼橫山金氏履祥曰陪尾徐州山也泗水縣龍墟西北有陪尾山乃泗水所出舊說拘于地脉故謂即橫尾鄭曉曰吳徐州泗水所出之陪尾固安陸亦有陪尾故誤為一愚按禹貢書法凡言及者以相距之近也言至者以相去之遠也太華去鳥鼠遠故曰至則陪尾亦應遠觀經文導淮自桐栢東會于泗沂其為徐州之陪尾明矣孔傳曰山相連云疏

四山接華山而相連東南在豫州界。王樵曰志熊耳四山明伊洛淮水之所以治先峯所施功之山于上而後條列所治水于下互相備以上皆大河以南之山。接陪尾地志云在安陸宜屬荊州金氏云在泗水宜屬徐州孔氏以安陸之陪尾在豫州界與志不合唐書天文志曰中国地絡在南北河之間首自西傾極于陪尾故隨申光皆豫州分屬鶉火則亦可以安陸屬豫州矣〇鄭氏曉曰西傾在雍州西南自西傾而東有朱圉鳥鼠又轉而南至于太華熊耳在豫州東南自熊耳而東有外方桐栢又轉而南至于陪尾其間皆非止一山〇王氏樵曰山川之脉皆起西北上導河之北境故自雍而盡乎冀之東北此導河之南境故自雍而盡乎豫之東南〇曾氏失名曰妍與西傾

皆北條山故西傾不言導其文蒙于導岍也岷嶓皆南條山故岷山不言導其文蒙于嶓冢也

導嶓冢至于荊山内方至于大别

嶓冢即梁州之嶓也釋名山頂曰冢山海經謂之鲋嵎山荊山南條荊山見荊州内方地理志章山在江夏竟陵縣今承天府沔陽州景陵縣皆漢景陵地東北古文以為内方山水經沔水自荊城東南流經當陽縣今承天府當陽縣之章山酈道元謂即禹貢之内方今承天府荊門州漢江之上湖廣名勝志章山在安陸縣城東四十里古内方山荊州記山高三十丈周迴百餘里大别地理志在六安國安豐縣西南鄭玄亡云在廬江安豐安豐今鳳陽府壽州愚按今鳳

陽府霍丘縣有大别山接河南固始界此即志所云安豐之
大别也但春秋傳吴自豫章杜預云豫章漢東江北地名図經豫章即章山按宋高祖討刘
毅遣王鎮惡先襲之至豫章口豫章口去江陵城
二十里是知春秋之豫章非今南昌之豫章也與楚夾漢
楚乃濟漢而陳自小别至于大别乃近漢之山不當在安豐
水經注漢水東行触大别之陂南與江合今漢陽府漢陽縣
東北漢江之右有大别山是也一名魯山山陰有鎖穴即吴人以鉄鎖截江処
漢水至此入江謂之沔口與黄鶴山夾江而峙黄鵠山在武昌府西南上
有夏口城小别山在其西小别在漢陽府漢川縣南十里一名甑山山〻形如甑孔傳荊山内
方大别在荊州漢所经漢水經此三山其入海尚遠以上皆江漢北境之

山○鄭氏曉曰嶓冢而東至于荆山千里而遠內方而南至于大别千里而近

岷

山之陽至于衡山過九江至于敷淺源

岷史記作汶

岷山在梁州変文言陽者明為南條之南也衡山見荆州江所経正義衡即横也東西長今人謂為嶺山海経謂衡山東南二面臨瞡湘水自長沙至此江湘七百里中有九背罗含云治湘千里九向九背乃不復見故漁者歌曰帆随湘轉望衡九面九江詳荆州敷淺源孔傳一名博陽山在揚州豫章界地理志豫章郡歷陵縣今九江府德安縣南有博陽山博陽川在南古文以為敷淺原蔡傳晁氏以鄱

陽有愽陽山又有歷陵山以為歷地志然鄱愚按德安愽陽
陽漢舊縣不應又為歷陵江州德安近之
蔡傳疑其山庳小不足表識朱子曰敷淺原是衡山東北一
支盡處意即今廬山山之陽為南康山之陰為九江鄭既謂庐江在大江彭
蠡之交當南北滙水口猶導嶓冢于漢入江書至于大別也
王樵亦謂庐山雖高而其中原田連亘人民錯居故名為敷
淺原又顔師古云愽陽當為敷陽蓋古敷字從敷後人譌作
愽敷陽者敷淺原之陽也其山政在庐阜西南是可証敷淺
原為庐阜本名矣其説皆本朱子今考水経註称庐山疊障
千層崇岩萬仭周四百餘里㠑高且大恐不當有淺原之目

既不足釋地、廣平曰原、又說文高平曰原

通典云蒲塘驛漢歷陵縣也有敷淺原西十里有博陽山又潯陽志博陽山在德安縣南十三里望夫山在德安縣西北十五里水經注江水又東逕望夫山山南隋志湓城有望夫山邑人謂縣古有敷淺原登此可以望之故名望敷據此則博陽自博陽敷淺原自敷淺原不可合而爲一但志稱博陽山根蟠三十里爲一邑之鎮是德安之山無過于博陽者朱蔡尚疑其不足表識博陽而外當益庳小豈足與大别對峙耶又按廣平曰原而敷淺之名尤不似山水經注敷淺原地在豫章歷陵縣西南羅泌曰水經所載禹貢山川澤地凡六十稱地者四流沙九江東陵敷淺原也若作地名與導水至于東陵

一例于敷淺原之称甚合特難定其何在亦今江南之地沙平水淺沃野彌望江流至此入海山脉亦自此盡爲大別漢入江處敷淺原乃江入海處秣陵京口以下皆是也然則禹貢所指當不沾沾于潯陽歷陵之間而後人必求山以实之所以不勝異說也欲以上皆江漢南境之山爲過九江與導岍逾于河義同孔傳衡山之脈連延而過九江接敷淺原朱蔡深非之謂岷山之脉其北一支爲衡山盡于洞庭之西其南一支度桂嶺（在湖廣柳州府）包瀟湘之源而北經袁（今袁州府）筠（今瑞州府）之境以至敷淺原二支之間湘水間斷衡山在湘水西南敷

濟淮洛渭者王屋則濟也鳥鼠至桐栢則伊洛淮渭也鄭康成以為四列正此至所謂隨山疏禹只循行閑要將天下水脈大勢統會胸中其餘皆便宜遣官各處浚治若必一一禹自親歷山必臨巔水必窮源雖八年奈之何哉○唐僧一行言山河兩戒頗合禹貢北戒自三危積石負終南地絡之陰東及太華逾河並雷首砥柱王屋太行北抵恒山之右乃東循塞垣至薉貊朝鮮是謂北紀以限戎狄南戒自岷山嶓冢負地絡之陽東及太華連商山熊耳外方桐栢自上洛南逾江漢攜武當荊山至于衡陽乃東循

嶺徼達東甌閩中是謂南紀以限蠻夷故星傳謂北戒為胡門南界為越門河源自北紀之首循雍州北徼達華陰而與地絡會並行而東至太行之曲分而東流與涇渭濟瀆相為表裏謂之北河江源自南紀之首循梁州南徼達華陽而與地絡會並行而東及荊山之陽分而東流與漢水淮瀆相為表裏謂之南河故弘農分陝（今陝州）為兩河之會自陝而西為秦涼北紀山河之曲為晉代南紀山河之曲為巴蜀皆負險用武之國也自陝而東為成周宋鄭陳蔡邶衛申隨皆四戰用文之國也北紀之東至北河之北

淺源在湘水東北其一支又南而東度庾嶺在江西南安府包彭蠡之源以北盡于建康其一支則又東包浙江之源而北其首以盡會稽南其尾以盡閩粵也經文敘峯前二支金氏曰岷山之陽東出一支為衡山其南行而東者為嶺包瀟湘之源而又一支北向以望敷淺原故禹自衡山過洞庭而至敷淺源也愚按衡山之大氣勢綿邈未必斷于九江之西即君山在洞庭湖中上有十二峰與衡山相望安知衡山之脉不能越洞庭而東北以盡于豫章之界耶仍從孔說自優○鄭氏曉曰自岷山而東至衡岳為遠自衡岳而北至敷淺原為近

陳氏櫟曰岍岐一列河濟所經既入海矣何下文導河導

沇二條又各言入于海欲意者當時水患河濟尤甚比江漢淮用功尤難故自發源以至入海先之相視疏導後之開鑿濬導必極于歸宿之地若江漢淮之屬則先行疏導且可至陪尾大別數淺原而止下文方自源徂流言之歟○鄭氏曉曰導岍及岐一條從河西北迤邐而東南西傾一條從河西南迤邐而東北比雍梁冀豫兗徐六州表裏之山導嶓冢一條從漢西北迤邐而東南岷山一條從江西南迤邐而東北此梁荆揚三州表裏之山程泌曰導山独言雍梁冀豫荆揚之山而兗青徐不記焉蓋三州之山絶在東河之東不與西屬各于其州見之矣○導山不及

為邢趙南紀之東至南河之南為荆楚自北河下流為三齊北燕自南河下流為鄒魯吴越皆負海之國貨財之所阜也自河源循塞垣北東及海為戎狄自江源循嶺徼南東及海為蠻越天官書東井西曲星曰鉞〻北〻河鉞南〻河此南北兩戒之所分○魏氏校曰南絡發于崑崙之東委蛇南行其背為西戎其面為中國而其餘氣為南蠻葱嶺自起為祖南起雪山其東為江源地脉因界為二江以南仍為南絡其北別為中絡與大河分為兩界南絡蓋與岷山別祖折而南行東出為五嶺乃折而北大盡于建康而長江至此入海自昔以為帝

王都矣又曰天文起于東南角宿而西北爲天門崑崙發源西北乾維而東南薄大海蓋相首尾矣此天地相逆以成造化也○王氏樵曰山本同而末異故尊山言其至其者其勢漸分水本異而末同故尊水各言所自所會所入者其勢漸合○鄭漁仲言山過山則分水過水則合愚謂山過山則分雖分而性不分其脉理通也水過水則合雖合而性不合其色味别也

禹貢長箋卷之十一

東吳　朱鶴齡長孺撰

導弱水至于合黎，餘波入于流沙。

此下濬川也。弱水，見雍州。合黎，孔傳水名，在流沙東。正義水出合黎山，因山為名。鄭玄及桑欽皆作山名。雍大記：合黎山在甘州行都司城北四十里，張掖河水出其北。旧陜志：弱水在甘州衛西北合黎山東北，入東蒙界。地理志在張掖郡刪丹縣。桑欽以為導弱水自此西至酒泉合黎。酒泉在張掖西，今陝西肅州衛。張掖郡有居延澤，在居延縣東北，古文以為流沙。郭璞云：西海居延澤，尚書所謂流沙，形如月生五日。一云在瓜州南十里。山海經：流沙西三百五十里曰玉山，是王母所居。愚按金氏謂居延澤即古合黎澤水溢則被流沙也以合黎居延為一與志不合考合黎水出臨路松山東北流經張掖縣二十三里入北經合黎山（小在張掖縣西北二百里）折而北經流沙磧之西入居延海行千五百里（居延海在甘州西北即古居延澤）又考雍錄言流沙出蔥嶺之西舊陝志言大秦國西為弱水流沙去長安四萬里而杜佑謂流沙在沙州西八十里其沙隨風流行故曰流沙唐沙州城在今肅州則流沙非極遠地唐櫃言自祁連合黎北張掖河（俗名黑河）諸水俱北注六集乃河（即居延海）西入峽口穿沙磧繞出為黑水放于南海尚導弱水不言其所極蓋有黑水為瀆

其說未知何據大抵西北之地都是沙磧（裴矩西域記自高昌東南去瓜州一千百里並沙磧之水草四面茫然北史魏太武分道出西域一自玉門流沙西行至鄯善一自玉門度流沙北行至車師自鄯善西至且末七百里而還且末國有大流沙數百里則流沙非一地矣）史書所謂河沙諸國佛書所謂沙界恒河沙是也沙則水滲而下于入流沙餘波盡消故不言入海耳程氏若膚曰導弱水至于合黎則其逆行者已順（此止流也）其遠而無所事治者固不必極之西海近而無能為害者亦任其餘波之入流沙則已矣故于雍止曰既西于導水不曰入于西海皆紀實也（唐書西域傳吐谷渾西北有流沙數百里夏有熱風傷行人風將發老駝引項鳴埋鼻沙中人候之以氈蔽鼻口乃無恙一統志今沙州有鳴沙山沙如乾糖天氣情明

吾案于闐傳瓜州南十里鳴沙山云云者夏殿殿有聲次東而爲流沙也

城南十里

沙鳴聞數里外

正義此下所導九水六自北為始弱水最在西北水又西流故先言之黑水雖在河南水從雍梁西界南入南海與諸水不相參涉故又次之四瀆江河為大河在北故先言河也漢入于江故先漢後江濟發源河北越河而南與淮俱為四瀆故次濟次淮其渭與洛俱入于河故後言之蘇傳弱水不能載物入居延澤中不復見此水之絕異者也黑水漢水與四瀆皆特入海渭洛皆入河達異之道故特記此九者餘不錄也

導黑水至于三危入于南海

正義按水經黑水出張掖雞山南流至燉煌過三危山南流入于南海然張掖燉煌並在河北所以得越河入南海者河自積石以西多伏流故黑水得越河而南也按地理志漢水出揵為郡南廣縣汾關山而張掖郡不言有黑水又張掖燉煌並在河西非河北也孔氏渡河之說似未然酈道元曰黑水出羌中西南逕黑水城西其地蓋在陰平西北臨洮西南古宕昌之地愚按黑水為梁雍二州西界涉者膽慄黑郭璞云出崑崙山金氏曰出崑崙南谷考一統志崑崙黑水在肅州三危在沙州而括地志則云黑水源出伊吾縣北百二十里伊吾即唐伊州史記正義云黑水源在伊州漢屯田于此今為哈密衛

程氏曰漢張掖在甘州燉煌在沙州也甘州之北皆入河[illegible]枝在河[illegible]南[illegible]其水已北而南流[illegible]在隴[illegible]保可以截河而過之涯[illegible]

南去玉門關八百里東去陽關二千七百三十里又在肅州西北蔡傳中國山勢關脊皆自西北而來積石西傾岷山關脊以東之水既入于河漢岷江其關脊以西之水即為黑水故黑水諸源亦非一樊綽曰西夷之水南流入于南海者凡四曰區江曰西洱音耳河曰麗水曰瀰渃音眉岩江皆入于南海其麗水即古黑水也三危山臨峙其上程大昌曰樊綽以麗水為黑水恐猶小不足為界所稱西洱河通典一名昆瀰池其漢志葉榆澤地里志葉榆澤在益州郡葉榆縣東水逵東南過交阯郡東界入海相背廣處可二十里既足界別二州其流跂趨南海又漢滇池漢志益州郡在蜀郡西南三十餘里郡有滇池縣即葉榆之

宕州宕昌郡唐置故城在今岷州衛城南一百二十里黑水注

地武帝初開滇嶲音髓時其地有黑水舊祠夷人不知載籍必非附會而綽及道元皆謂此澤以榆葉所積得名則其水之黑似榆葉積漬所成且其地乃在蜀之正西又東北距宕昌不遠宕昌即三危之地與三苗之叙于三危者又為相應也韓邦奇曰黑水自雍之北境直抵梁之南境乃一大水横過二州西界今四川止疊溪千户所有黑水合汶江經茂州安縣入羅江漢地志漢水出犍為郡南廣縣汾關山符即今敘州府慶符縣以志少符二字故縣以慶符名今慶符有黑水蔡傳少一符字按漢志汾關山符黑水所出水經注符黑水出南廣郡南廣縣導源汾關山北蓋漢犍為

有符縣沔關山在南廣是言符縣之黑水出此耳水經注本了然若以沔關山符為句于義難通且漢志未嘗有小符縣也（己亥良弼恭作此一段實為大考）而其水乃自西夷中來北流入江漢志亦謂黑水北至僰道入江且安縣黑水在成都北叙州黑水在城都南一入羅江一入大江于經文至于三危入于南海不合雍之黑水五亦各異源與經文志傳皆不合独肅州衛城西十五里黑水所出與漢志相近而水經引之云南過燉煌今肅州西沙州東西即其地也又云南流入于南海則當遂入于梁〻全無考豈梁雍西界各自有黑水為界與導黑水之黑水不相涉歟程氏又謂葉榆澤為黑水之源葉榆即西洱海出今雲南

大理府鄧川州距蒼山滙為巨湖周三百里古雍之三危南北數千里又不經流梁境又不出于張掖顏師古亦謂滇池西北有黑水祠按地理志滇池在滇池縣西北有黑水祠此班孟堅自註非師古註也楊慎曰黑水祠在今雲南昆明縣之官渡豈黑水既入西域故人莫得而知又南至西洱海復入中國又流入于南海歟然不可考矣呂韋合以為相屬則燉煌在肅州今屬虜是極北境葉榆在大理是極南境梁境黑水是疊溪黑水斷非導黑水之黑水也至謂水黑為榆葉之積梁雍為黑水者亢也漢中亦有黑水未聞皆有榆葉落其下也杜佑曰漢志滇池有黑水祠而不記山之所在酈道元註水經鋭意尋討亦不能知黑水之所經

之處顧野王撰輿地志以為至僰道入江其言與禹貢不同木為实録按韓苑洛書雍果二州是兩黑水不相通魏莊渠言本一黑水觀導黑水至于三危入于南海一黑水為得雍録云黑水遠矣在唐為小勃律以及吐蕃皆是〻六以黑水為一也顧起元曰雍州黑水有六若入積石河則是平涼及寧夏之黑水而非張掖之黑水也今肅州有黑水南流去積石止三百里不與積石河相通此為禹貢之黑水無疑但其去南海遼遠而究南久矣無從考其入海之道唐咸通中懿宗樊綽宣慰安南誌其所親見山川而以麗水為黑水但綽所紫行者西南諸夷而未及于西北其所稱麗江得其下流而不知其上源乃程氏不取其所稱麗水而指其所稱西珥河引

古黑水祠在益州者爲証不知岷成都安縣南之黑水而非禹貢之黑水也元金仁山又謂西南諸水合而爲瀘水夷人謂黑爲瀘ゝ水即黑水也至交趾又名歸化水廣處如江東南入海ゝ道圖自名里水口考四川行都司城南有瀘山瀘水所出河浔以瀘爲黑又交阯海口並無所謂黑水口則金氏之言豈足信歟按通典吐蕃有可跋海去赤嶺百里方闊七十里東南流入西洱河合流而東號漾濞水又東南出会川爲瀘水瀘水即黑水也程氏金氏之說蓋皆本杜佑議濞水見唐書今在大理之西百里土人訛作樣備李元陽曰黑水之源不可窮而入南海之水則可數隴蜀無入南海之水今惟雲南瀾滄江潞江舊名怒江二水皆由吐蕃

西北來與雍州相連但未知果出張掖否水勢洶湧並入南海豈所謂黑水者乎然潞江西南趨蜿蜒緬中內外皆夷其于梁州之境若不相屬瀾滄由西北迤邐向東南歷雲南諸郡界至交阯入海今水內皆為漢人水外即為夷緬則禹之所以別州界者惟瀾滄是以當之孟津之會曰擧人今雲南北勝州楊慎云即漢之賨叟地在蜀之边濮人今雲南順寧府楊慎云諸濮地與哀牢相接哀牢即永昌濮人今名蒲蠻濮蒲字音相近而訛以今考之皆在瀾滄江內則瀾滄之為黑水無疑矣地理志謂南中山曰昆弥水曰洛山海經曰洱水西南入于路西洱河出大理府浪穹縣罗谷山下不數处湧起如珠樹相傳即黑水伏流由石穴中出会瀾滄江而入南海

瀾滄江又名潞水言脉絡分明也元史至正八年張立道使交阯並黑水跨雲南以至其國觀此則瀾滄之為黑水益明若三危山即不在麗江當亦不遠古今山川之名因革不可紀極夫不可移者山川之蹟也隨時異者山川之名也不拘不可移之蹟而據易變之名亦末矣説者但謂隴在蜀之北蜀在滇之東北而旁首黑水為雍梁二州界又入南海故不得不疑其跨河知跨河非理又不得不疑其湮涸曾不知隴蜀滇三省局之隴則西南斜長入蜀滇則西南斜長近隴蜀則夾長滇隴之間如三足鼎然黑水之源正在鼎頭故雍以

黑水為西界對西河而言也梁以黑水為南界對華陽而言也蓋各舉兩端若曰西河在雍東黑水在雍西華山在梁北黑水在梁南云尔所謂梁州可移而華陽黑水之梁州不可移也茅氏瑞徵曰雲南是梁州域以二大江為界東北曰金沙古名麗水楊慎云即瀘水西南曰瀾滄二江之源皆出吐蕃流逕雍州而入雲南金沙自雲南北界入東海瀾滄自雲南々界入南海金沙在漢書為若水瀾滄在禹貢為黑水愚按黑水証據互異主張掖者不符南海之文主滇池者雖合三危之績考一統志瀾滄江源出雍州南吐蕃鹿石山本名鹿滄江後訛瀾滄自

麗江經雲龍州東南流入永昌蒙化順寧景東交阯乃入南海漢書名傳南津然志但称出吐蕃未見其必自張掖經燉煌如桑欽所指也或云雲龍州西五里有三宗山頂有王峰即三危山楊慎亦云三危在雲南麗江其說本之樊綽然則黑水所經之三危乃在梁州與雍州無涉乎此是後人附會之說不足據也

羅泌曰弱黑二水塞外之橫流失其故道而為吾民患者也今為中國治之則决其奔突而注之塞外已矣又奚咎由塞外而決之以入于南沙流海而後已哉計弱之距流沙與黑之距南海皆數千里而遂欲導弱必至合黎而納餘波于

流沙導里必至三危而入其流于南海禹之心一視夷夏視西戎之民無以異于梁雍之民此天地之所以為大也

導河積石至于龍門南至于華陰東至于底柱又東至于孟津東過洛汭至于大伾北過降水至于大陸又北播為九河同為逆河入于海（孟史記漢書作盟伾史記作邳洚史記作降都注誤之江反）

（朱吉）河為四瀆宗釋名瀆獨也各獨出其所而入海（發源西北極序中國之水以河為先）積石龍門見雍州山海經積石之山其下有石門河水冒以西南流水經注積石在西羌之中燒當所居王應麟曰積石在鄯州龍支縣西九十八里黄河在縣西南六十里禹導河始此河州枹夫音罕縣積石山

一名唐述山羌人目鬼為唐述傳其山有神人往述也在縣西北七十里今人目龍支縣山為大積石山此石小積石山史記正義河出大昆侖東北隅東北流經于闐入鹽澤即東南潛行至吐谷渾界大積石山又東北流至小積石山河始闊杜佑曰積石之西砂鹵之地河流小地勢復高不為人患不須疏鑿故施功始于積石班固謂河從蒲昌伏流至此方出斯未詳也龍門即孟門正義河從積石北行又東乃南行至龍門計應三千餘里傳謂或鑿山或穿地以通流龍門底柱鑿山也其餘平地穿地也言自積石至海皆然也按李復云同州韓城北有安國嶺東西四十餘里東臨大河瀕河有禹廟在山斷河出處自東受降城以東至此皆禹疏鑿此正与疏合參傳疑之固矣朱子曰禹未經鑿治時龍門正道不甚泄一派西入關陝一

泒東往河東為患尤甚禹自積石至龍門施功最多其上則散從西域去大河自積石東北流凡

崑崙北谷諸水經諮疊門皆諸合洮湟者皆入焉盤東山硤之

閒千數百里及至龍門山高岸闊谿然奔放聲若萬雷而鑿

之引山中行不令入平地也華陰華山之北梁州東抵華山

之陽則華陰為雍州境矣華山之陰為潼關在今西安府華州華陰縣杜佑

曰潼關本名衝關黃河南流衝擊華山之東後因關西一里有潼谷水以之名關程大昌曰黃河自

鹽澤在今土魯番界達潼關凡四大折由積石而逕湟中則鄯蘭也

是一折也至靈州西南遂轉北行凡千餘里北河西岸即為

涼肅甘沙四郡是又一折也迨其北流千里而還至九原豐

州則又轉而東流故豐州北面正枉大河是又一折也豐州之東為榆林北境河從此州之東又轉而南故勝州北東兩面皆抵大河自此直至潼關是又一折也陝西志河經積石至河州東北受九水至臨洮又東受湟水至蘭州又北受高平水至寧夏東之東過新秦中北受五水至閭揚又南受十三水出龍門又南受七水至華陰大抵自河源至華陰通計九千餘里鄭曉曰禹貢書法互見導山則敘河東之山如壺口雷首太岳導汧則敘河西之山如龍門華嶽是也底柱見導山大河自河津西來至是微折而南正當轉曲之間其水濴洄深不可測謂之海眼水經注自底柱以下五戶以上其間一百二十里河水竦石桀出傍連襄陸合有一十九灘五戶灘名也孟地名今懷慶府孟縣津渡處杜預云河內河陽縣南孟津也在洛陽城北都道所湊古

今嘗以為津武王會諸侯處後世名富平津河流至此始徙洛汭在鞏縣東今河南鞏府縣洛水入河處清濁異流皦焉殊別一名什谷張儀說秦塞什路之口即此程氏若庸曰洛既北入于河河之南洛之北其兩間為汭言在洛水之內也大伾止義黎陽縣今大名府濬縣山臨河括地志名黎陽東山在黎陽縣南七里志浮丘之東二里曰大伾周五里有齊蓋襟太行之左麓蔡傳孔氏曰山再成曰伾或作坯又作伾尔雅再成英一成伾李巡註山再重曰英一重伾與傳異曰張揖以為在成皐水經河水東逕成皐大伾山下是亦以大伾在成皐鄭玄以為在修武今懷慶府修武縣武德地理志屬河內郡界按黎陽山在大河埀欲趨北之地故禹記之若成皐之山既非從東折北之

地又無險隘，如龍門底柱之須疏鑿；西去洛汭既已太近，東距洚水大陸又爲絶遠，當以黎陽者爲是。（黄度曰：黎陽有津，梁雍渡河自蒲津，荆豫自孟津，青兗自黎陽津。）洚水，地理志在信都縣東（今真定府冀州）。水經注：漳水又北，洚水出焉。洚水故瀆逕南宮城北（今屬真定），又北逕信都城東，連廣川縣（今河間府景州）之張甲故瀆（地理志：張甲河首受屯氏別河，東北至蓨入漳水），同歸于海。程氏若庸曰：周時河徙砱礫，至漢又改向頓丘（今大名府開州即澶淵）東南流，與禹河跡大相背戾。漢志魏郡鄴縣有故大河，在東北直達于海，疑即禹之故河。孟康以爲王莽河，非也。古洚瀆自唐貝州（今廣平府清河縣）經城北入南宮，貫穿信都。

（朱批：信都国）
（朱批：今真定府冀州）
（朱批：注見兗州）
（朱批：至宋南宮下有洚水於漢）

大柢北向而入為合北過絳水之文左傳疏大伾以上河道不改大伾以下即是汲郡以東河水東流秦漢後皆然也古之河道自大伾而北過絳水故跡不可復知愚按古絳水今順德府邢臺縣鄗在信之枯絳渠是也全史南宮下有絳水枯瀆一統志絳水在冀州治地俗名枯絳渠自漳水斷而絳水亦輟流其源遂莫考蔡欽所言絳水出屯留西南史記正義絳源出潞州屯留縣西南方山東入漳者直即信都之絳如濟水之入河而還出乎宋張洎以為即濁漳則謬矣大陸見冀州史記河渠書禹以河高水湍悍難行平地乃廝二渠廝分也漢書作灑二渠其一出貝丘西南二折者也其一出漯川漢書溝洫志其一漯川即今所流也一則北瀆王莽時塞故俗名是瀆為王莽河按王莽河水經作長壽津在頓丘引而北載之高地過絳水

至大陸爾雅訓陸為高平知大陸乃地之高者陳子龍曰載河高地狹沿太行之麓以北此測量永平之法蓋其源高首其委不得宣界外之高而不失就下之性也　黃度曰地說以大陸為地喉言河自此始北行也大陸為地腹言水所鍾也九河見兗州張洎曰河自魏郡貴鄉縣今大名府元城縣分為九道下至滄州合為一河今其東界至莽枯河是也趙偁曰河自孟津初行平地必須全流乃成河道禹之治水自冀北抵滄棣始播為九河以其近海無患也逆河止義河將至海更合同為一大河名逆河言相向迎受也蘇傳作以一迎八而入海意逆河即河之經流蔡傳以海水逆潮而得名朱子曰逆河是開渠通海以洩河之溢秋冬則涸春夏則泄王橫曰禹因地之形逆設為河以防暴至之患未至則不

胡氏渭曰：河自積石北行，東折(?)于積石而南，至龍門，自龍門而南，至華陰，所謂雍(?)河、冀之西河也。自華陰而東至大伾，所謂豫河、冀之南河也。自大伾而北至九河，所謂兗河、冀之東河也。

坊氏既至則不墮兀舍故曰逆河按横是漢人故有此議然以解經則鑿

地理志河水行塞外東北入塞內至勃海郡章武縣故城在今河間府鹽山縣入海過郡十六行九千四百里班固謂河入于勃海傳酈亦同然實非禹故跡

水經河水自蒲昌入塞出積石山過燉煌酒泉張掖郡南又自東河曲逕西海郡南西海俗名青海在今陝西行都司西寧衛（至今陝西都司西寧衛城西三百餘里）又東過隴西河關縣北又東北流入西平郡界郡今西寧衛古湟中又東與灕水合地理志灕水出白石縣西塞外東至枹罕入海又東洮水注之桑欽地理志洮水北至枹罕東入河枹罕在隴西郡西二百十里又東過金城允吾縣北（故城在今臨洮府蘭州西南）湟水注之湟水出塞外經湟中臨羌西中樂都至枝陽縣入河一統志在今臨洮府蘭州一名金城河又東逕浩亹（音）縣故城南（至今臨洮府金縣也）浩水名亹水流峽中岸深若門也浩

漢志(?)：勃海郡章武縣入海，亦足見(?)河也。古河入海當在滄海之北，辨(?)詳兗州注(?)

𣸣河出塞外東至允吾縣入湟水　又東過楡中蒙恬為秦開楡中地，即此。後世楡林塞，自在上郡。天水羌地漢牧縣北。又北過武威媼圍縣東北。又東北過安定祖厲縣西北故城在今靖虜衛。又東北高平水注之高平水出若水谷經高平縣東。又北過北地富平縣西。又北過朔方臨戎縣西。又北屈而為南河。迤西溢窳渾縣東。又屈而東流為北河。又南逕陰山西。又東東逕朔方縣故城東北詩城彼朔方。東逕渠搜縣城北。又東逕五原稒陽城南。又東北過雲中楨陵縣西北。又南過定襄桐過縣西。又南過西河圁音銀陽縣東圁水出上郡，即無定河。離石今屬汾州府。中陽今汾州府孝義縣。縣西。又南過上郡高奴縣東今延安府安塞縣。蒲子

〔朱批：故城在今蘭州西二百里。故城在今靖虜衛城西北二百三十里。詳未。今河套地。今河套地。今河套地，漢朔方郡治。古雲州在今大同府。詳未。詳未。見雍州。〕

縣西即重耳所奔西魏汾州治又南過河東北屈今平陽府吉州皮氏今平陽府河津縣
縣西又南出龍門口汾水東來注之詳冀州又南逕梁山東道元
云在馮翊夏陽縣西又南過汾陰縣西今平陽府滎河縣郃陽縣東今西安府郃陽縣詩
在郃之陽又南過蒲坂縣西今平陽府蒲州又南過雷首山西又南至華
陰潼關渭水西來注之詳雍州又東逕湖縣北今河南府閿鄉縣右合
門水見豫州又西逕陝縣故城南今河南府陝州漢志屬弘農又東過砥柱
間又東過平陰縣北今開封府河陰縣春秋晉陰地河陽縣南今河南府孟津縣又
東逕洛陽鞏縣北洛水西北流注之詳豫州又東過成皋縣北
今開封府汜水縣古東虢地濟水北來注之濟水出王屋山而南截河渡正對成皋又東合

東北爲長壽津、河右王莽河至頓丘、東北逕繁陽故城東北逕

汜音似水通志汜水出汝州襄城縣浮弋山北流至孟州汜水縣入河又東過滎陽縣浪蕩渠出爲見豫州又東過武德縣東沁水注之見徐州至酸棗縣西今開封府延津縣濮水出爲見兗州又東淇水入焉見冀州溝洫志淇口東十八里有金隄東即遮害亭又東右逕滑臺城故東郡治又東北過黎陽縣南縣有白馬城衛文公渡河所都河水舊于白馬南決故蘇代說燕決白馬之口酈生說漢守白馬之津昌樂縣東今大名府南樂縣地志屬東郡又東北逕元城縣西北今大名府元城縣而至沙丘堰春秋沙鹿崩即此至于大陸北播爲九河漢屯氏河從沙丘堰而分道元云自堰以北館陶廮陶貝丘南般廣光信都東光河間樂成以東城地並存川瀆多亡鄭樵云東北過館陶爲屯氏河過靈縣爲鳴犢河又北過平原又東北過渤海千乘又東北過甲下邑別出一枝入濟又東北入于海

黃承玄曰考近志河

自積石至河州迤蘭州寧夏出塞外東北至古東勝廢武州
復南入中國西則爲陝西界凡歷延安西安二府起府谷神
木吴堡清澗延川宜州韓城郃陽朝邑以至華陰潼關東則
爲山西界凡歷大同太原平陽三府起河曲保德興縣寧鄉
石樓永和大寧吉州河津滎河蒲州南望華陰爲西河而龍
門之險在韓城東北境與河津值呂梁之險在石州（即永寧州）西
境與郃陽值壺口之險在吉州西境雷首之險在蒲州東南
傳所稱孟門之險即在龍門以上亦吉州西界也又自蒲而
東迤芮城平陸垣曲（俱屬平陽）入河源懷慶之濟源孟温武陟曰

河內自華陰而東入河南開封二府，逕閿閿音鄉靈寶陝州澠池新安洛陽孟津鞏縣偃師（俱屬河南）河陰滎澤原武延津（俱屬開封）西北望大伾曰河外，為南河，而底柱之險在陝州東界，析城王屋之險在澤州陽城，濟源由此過鞏之洛汭，濟之大伾，以禹貢所載，今郡縣可考也。其東河則洚水而大陸而九河而逆河而碣石入海，雖亦禹貢所載，而今郡縣並不可指名焉。如以地形揆測，當在今大名、真定、河間及古北平、營遼之間。（上注）

鄭曉曰：河自積石北行，東轉，又折而南，至龍門；自龍門而南至華陰，所謂雍河，冀之西河也。自華陰而東至大伾，所謂豫河，冀之南河也。自大伾而北至九河，所謂兗河，冀之東河也。

程氏若庸曰：自洛汭以上

山水名称跡道古今如一大抵以下不特水首難考雖名山
舊嘗憑河者亦復不可究辨非山有徙移也河既變遷年世
又遠人知新河之為河不知舊山之不附新河也輙並山求
之安從而得舊山之由歟　夏允彝曰桓譚謂河水濁清澄
一石水六斗泥而民競引河溉田令河不通利至三月桃花
水至則決以其噎不泄也可禁民勿復引河夫引河且不可
況分為九乎然則禹之導為九河也何居蓋河不可分謂其
上流耳若入海之處泄之愈速則河愈通利又何害哉今九
河之下設為逆河此自而下即海潮逆入蓋名雖為河其實

即海也海水内吞九河外灌不惟藉水力以刷沙而海之潮汐亦藉河力以敵之為之以水治水所以為不可及也後世不知其說而徒欲棄地以授河其名則大豈知水性者哉

爾雅河出崑崙虛漢武帝按古圖書名河所出山曰崑崙色白并千七百一川色黃註云源高激湊故水色白潛流地中受渠多沙壤混淆故水色黃漢書河有兩源一出葱嶺水經註河水重源一源西出身毒之國葱嶺之上西去罽賓國北（在于闐國西[illegible]）月氏國南葱嶺在燉煌西八千里（今沙州衛西[illegible]三百）一出于闐于闐在南山下水經注南源出于闐國南山于闐西去皮山國三百八十里東去陽關五千餘里（陽關在今沙州衛城西六百五十六里）其河北流與葱嶺河合東注蒲昌海蒲昌海一名鹽澤山海經水經作泑澤史記于闐

以西水皆西流注西海其東水皆東流注鹽澤爲河源鹽澤去玉門陽關一千三百餘里去長安可五千餘里廣袤三百里其水停居冬夏不增減皆以爲潛行池下（河自蒲昌伏流）南出積石爲中國河唐長慶中（穆宗）薛元鼎使吐蕃自隴西成紀縣（今鞏昌府秦州）西南出塞二千餘里得河源于莫賀延磧尾曰悶磨黎山（地在劍南之西東距長安五千里）其山中高四下所謂崑崙也東北流與積石河相連河源澄瑩冬春可涉下稍合衆流色赤行益遠他水並注遂濁吐蕃亦自言崑崙在其國西南鄭樵言河源有三正源出崑崙東北陬而東行一源出天竺葱嶺一源出于闐南山三河合而至積石

初學記河源出崑崙東流潛行地下至規朞山北流分爲二一出葱嶺一出于闐或云張騫窮河源止葱嶺爾故西域傳但言葱嶺于闐兩源而沒其正源也元世祖至元十七年命學士都実一作蒲察篤実往窮河源言出吐蕃朵甘思西鄙有泉近百泓方可七八十里沮洳渙散登高望之若宿刃然名星宿海在中國西南直四川馬湖蠻部正西三千餘里雲南麗江宣撫司西北七千五百餘里群流奔湊近五七里匯爲二巨澤自西而東連屬成川號赤賓河又合亦里赤忽蘭也里木三河流寖大始名黃河行二十日至大雪山即崑崙也又合細黃河北行折而西遶崑崙北又折而東北行約二十日

至貴德州地名赤里始隸河州入四五日至積石州即禹貢積石又自河州安鄉關東北行合洮河水至蘭州城下臨川朱思本所譯梵字圖書言黃河所歷皆西番地至蘭州凡四千五百餘里始入中国又東北流過胡地凡二千五百餘里始入河東境世言河九折蓋彼地有二折云以上河源考

自禹迄周河不為患者千五百餘年定王五年始決漢文時決酸棗東潰金隄武帝時決瓠子東南注鉅野通淮泗古今河患惟此為甚梁楚二十餘歲不登帝親沈璧馬塞之築宮其上名宣防一作房防房古通用導河北行二渠梁楚獲寧後又北決館陶分為屯氏河復播為八東北經魏郡清河信都渤海入海元帝

時決清河灵鳴犢口成帝時決館陶及東郡金隄入平原千乘濟南後又決平原決渤海（今景滄武定等州）決清河決信都至隋煬帝引河入汴引汴入淮而河淮始通矣（煬帝開通濟渠自西苑引穀洛水達于河復自板渚引河與汴合流入于泗初學記云煬帝于衛縣因淇水入河立淇門以通河東北行得禹九河故道隋人謂之御河）宋初大決濮陽又決陽武太宗時大決滑州韓村東南流至彭城界真宗時滑州河溢歷澶濮曹鄆注梁山泊又合古汴渠東入淮仁宗時決商胡埽復決大名館陶冨弼主李仲昌建議穿六塔河塞商胡北流入六塔河不能容復大決死者数千萬人神宗熙寧時屢決恩

瀛、澶、衛等州。王安石主程昉議，開二股河導河而東，北流斷絶。自魏之北，至恩、冀、乾寧入海，是謂北流。河道南徙，東匯于梁山張澤濼，在東平州西。分二派：一合南清河入淮，河決入鉅野，溢于泗以入淮者，謂之南清河，即今清河口。一合北清河入海，由汶合濟至滄州入海者，謂之北清河，即濟水故道。凡灌郡縣四十五，而濮、齊、徐、鄆為甚，壞田踰三十萬頃。又決鄭州滎澤。元豐時，河復歸北，決小吳、大吳埽，自澶注入御河。議者始欲復禹故瀆，功卒不成。哲宗即位，又決大名，於是回河東流之議起，騷動半天下。元符初，決內黃口，東流斷絶。自魏、恩東至德、滄入海，是謂東流。金之亡也，河始自開封北衛州今衛輝府決入渦河以入淮。元順帝時，河益暴溢，北決蒞河郡邑，以至曹州。從賈魯議，塞北河，疏南河，發丁夫十五萬挽河東行，由淮入海，而汝潁之交動矣。本朝洪武二十四年，河決原武之黑陽羊山（屬開封府），東經開封城北五里，又南行至項城（屬開封府），經潁州潁上縣（屬鳳陽府），東至壽州正陽鎮（屬鳳陽府），全入于淮，而故道遂淤（舊河在開封城北四十里，東至虞城，遶濟寧州界。虞城屬歸德府）。永樂時，復疏祥符故道，築隄遏河，經二洪南入淮，通漕，因罷海運。正統十三年，決滎陽（屬開封府），衝張秋，又決孫家渡，全河南徙，而汴城在河之北矣。弘治初，決原武，復決黃陵岡，都御

弘治二年徙張秋長
隄一處中年下闕氏
逕蘭陽考城歸
合泗河自昌邑築
長隄遏河入淮
復由濟寧導河入
泗又務下溢流河
河南北岸繼之決
張秋隄因以大實

史利本夏治之先跡祥符滎澤上流又跡賈魯舊河四十
里於後于黃陵岡之東西各築長隄三百里金龍口二百
里于是河由歸德徐州以達之淮張秋決口始塞名安平
鎮（鎮在陽穀縣境）正德時決曹縣并決沛縣飛雲橋入運嘉靖初
飛雲橋水北徙魚臺穀亭十三年決開封趙皮寨入淮是
年河忽自夏邑（屬歸德府）歸趙東北經蕭縣（屬徐州）出徐州小浮橋
下濟二洪趙皮寨尋塞十九年又決野雞岡由渦口入淮
二洪大涸自後河勢分流所在多淤遠豐沛（在豐沛間）漫秦溝
入運尚書朱衡始開新河（起南陽湖至留城）復修隆慶時決睢寧（屬淮安府）

開渠百四十里以避河水之侵而築石隄以護

高家堰大潰淮水東趨桃清（桃源清河）萬曆初都御潘季馴築
高家堰故道盡復其後河漸北徙已復南三十一年決黄
莊浚豐沛侍郎李化龍始開泇河（起李家巷口下經直河口泇河上承峄山東西南泇水來會故名丁慎行曰泇河出費峄諸山左合沂武南入于淮脊葉云武河一名小沂水）崇禎六年
河決睢虹（淮安府睢寧縣鳳陽府虹縣）泛歸仁隄（在泗州護皇陵）北經白洋河
出中七年河決長山泇河淹漫東抵邳宿（邳縣宿遷縣）盡為洪濤
（以上河决考）
宋史河渠志河出三門集津過虎牢奔放平壤吞吐小水
以百數勢益雄猛故虎牢迤東距海口二三千里恒被其

害宋為特甚始自滑臺大伾嘗兩經汎溢一時建議必欲回之俾復故流屢塞屢決至南渡而後貽其禍于金源氏由不能順其就下之性也丘氏濬曰古時河水有所豬如鉅野梁山之類又有所分如屯氏赤河之類雖以元人排河入海而東北入海之道尚微有存者今則河淮合一而清又合沁泗沂諸水同歸于淮以一淮受衆水之委欲其無潰不可得已鄭氏曉曰河不決于底柱之上者河由兩山中行也出底柱則平原廣野并受關東諸山之水水流益多水勢益大地形益卑水勢益急虞夏以前皆都在底

柱之上商初都亳西亳亦在諸山中書所謂適于山降凶德
是也以後殷数近都就水利及受其害盤庚自耿近亳從河北而河南也至
武乙又近河北至周之衰井田漸廢侯國争水利者築隄以封己
避水害者亦築隄而壑隣隄日多水日東決溢之禍所由
来也又曰本朝黄河之徙比漢唐以後不同逆河性撓之
東南行濟漕運故河患時時有之自海運既罷中灤運又
罷專由邳濟入淮泗河以達會通河故河不得如禹貢故
道入北海而河之東南行者又分数道蓋自經汴以来支流
益演南出二道皆徑入淮東南出五道皆合漕以入于淮

乘淮入海今數道皆塞止存徐沛一道河流大而所受狹不能容勢必橫溢而決〻而東南有山限閡為禍不大決而東北非東昌則河間苛處故往歲張秋之潰運道不通為禍不小况今之防河自底柱而下行于平地既防決臨清又防決濟寧又防決徐州又防決潁壽以犯鳳陽又欲遏其流不南出不北走循我運道而接江淮之舟此其計誠難也徐階曰明興九河之跡既遠矣其始自汴而出者河猶有六出滎澤者至壽州入淮出祥符者至懷遠入淮出長垣者至陽穀入漕出曹州者至魚臺入漕出儀封者至徐之小浮橋入漕出沛之南者飛雲橋入漕出徐沛之中鏡山之北者溜溝入漕此猶有禹分之遺意其後或塞或微或并為二或合為一而河之道愈寡其力愈

專則其決固宜王氏樵曰嘉隆以來雲梯關海口在淮安有漲沙甚大是以上流益壅徐州河身高于城郭呂梁無復昔日之險徐沛淮揚數百里間几于閭殫為河矣黄水至漫入寳應湖說者謂河有注江之勢大河若入江尚有淮揚耶袁氏黄曰河水半混泥沙急則行緩則澱故禹自河州蘭州而北大同嵩嵐而南直至華山之陰皆引之由兩山間使相激盪而泥不得積及龍門而下懼其將入平地而奔潰四出也則疏三門七津為之節蓄水流至此崩轟衝激泥沙先下而清水隨之故底柱真如柱析城真如城王屋真如

屋皆鱗次植立于河中自唐貞元時王拱開運道將諸山險阨相繼鑱鑿而大禹導山節水之意失矣又曰昔陳平江瑄宋司空禮之治會通河也驅汶水逆流出南旺北至安民山地降九十尺因析六分之水北達臨清為閘十有七南至沽頭地降百十有六尺因析四分之水南接徐沛為閘二十一有貯六分之水者其閘長貯四分之水者其閘短後人以意增損而水之分數紊矣紊而常淤固其宜也頗不之岆察乃更闢而東焉當時故閘由茶城而南地甚峻勢如建瓴故入河無礙後更夏鎮以南地平而水緩黃張清弱每

會必於此河渠之一坏也徐州呂梁二洪其流甚駛其石如矛永樂間運道初開人患其傷舟欲稍平之宋司空不可盖欲藉山之險激水之流使泥沙先下而河流不壅後人相继磨其崖石而呂梁無洪矣无洪則水平而河身漸高此河渠之再坏也至淮河入海之處平曠無山而海沙逆上尤易壅塞陳平江就小陽之滿蒲村累石為山蜿蜒千尺即古鋸牙遺制（鋸牙見宋史）水得翻騰踴躍以入海俗謂之礁嘴取相激而名今皆沒于土中此河渠之三坏也（以上言河患之由）

賈讓曰古者立國居民必遺川澤之分度水勢所不及今
從冀州之民當水衝者決黎陽遮害亭在頓丘放河使北入
海河西薄大山東薄金隄勢不能遠泛濫朞月自定此即門並
所言河決曾衛之域其南北不過百八十里可空此地勿以為官亭民室此功一立千載無患
謂之上策若多穿漕渠于冀州地使民得以溉田分殺水
怒謂之中策至若繕完故堤增卑倍薄勞費無已數逢其
害此最下策也蓋隄防起自戰國齊趙魏以河為竟作隄
去河各二十五里雖非其正水尚有所遊盪時至而去則
填淤肥美小民耕作其間並起宅室久成聚落更恃隄為

命是與水澤爭處所湛溺固其宜也按宋景濂謂分其半水使之北流以殺其力此即賈讓遺意但又須因勢否則河宋人回河之議矣歐陽玄曰治河一也有疏有濬有塞釃河之流因而導之謂之疏去河之淤因而深之謂之濬抑河之暴因而扼之謂之塞疏濬之別有四曰生地曰故道曰河身曰減水河生地有行直直者鑿之故道有高卑卑者平之河身有廣狹狹難受水以計闊之廣難為岸以計禦之減水河者水放曠則以制其狂水隳突則以殺其怒治隄一也有創築修築補築有刺水隄截河隄護岸隄縷水隄石船隄治埽一也有岸埽水埽有龍尾攔

頭馬頭芍埽其為埽臺及椎參牽制薶掛之法有用土用石用鐵用草用木用緪用絙塞河一也有缺口有豁口有龍口缺口者已成川豁口者舊嘗為水所豁龍口者水之所會自新河入故道之潀也賈魯嘗言水工之功視土功為難中流之功視河濵為難決河口視中流又難土丈之口視百丈為難北岸之功視南岸為難用物之効草雖至柔能狎水〻潰之生泥〻與草并力重若碇然維持夾鋪纜索之功實多余闕曰自古以來河未嘗決陝同之間者有崇岡峻嶺為之障也中原之地平曠夷衍非多為之委以殺其勢未可力勝故禹之治河厮為二渠

播爲九河（大伾下河始出峻就平則厮之爲二大陸以下地益平土益疏水益善潰則播之爲九）使河之大有所瀉而力有所分自周定王時河徙迄漢而爲之故道失矣西京時屢受其患後河入千乘而（今德棣今州武）宋州之河又播爲八漢人指爲太史馬頰者偶合于禹跡故自東都迄唐河不爲患者千餘年至宋而河不南決之東南入淮以河之餘且悍惟一淮爲之委故今之河患與武帝時無異然南方之地本高于北河之南徙難而北徙易自宋南渡至今（謂元）殆二百年而河旋北議者以爲河之北則會通之漕廢嘗築隄起曹南訖嘉祥（屬兗州府）東西三百里

青齊之云云蘇自兗而北行故禹同奔禹故大河在梁秦之郊北流而濮郵淮以下北行則是也小註

以障遏之不使之北予則以為河北而會通之漕不廢何也漕以汶而不以河也河北則汶自彭城以下必微微則吾有以制而相之亦可以舟以漕書所謂浮于汶達于濟者也羅韜曰三代以前黃河東北入海宇內全氣隨而鍾聚雍冀青魯聖賢迭興今圖便宜之策自河陰原武懷孟之間審視地勢引河注衛冬春水平漕舟由江入淮泝流至于河陰順流至于衛河則一舉而得兩運道不惟徐沛水患可殺其半而京師形勢亦壯一倍或以河分流于北德滄必受患不知水之流行于地猶血之運行于人身也

血在人身調劑得宜其潤吾之毛髮澤吾之体膚皆血之能也今黄河之水自西域注徐沛安行而横决犹血淫于下積而為痔也自孟津怀慶跳一支于海犹血運于肘腋也治河州郡既為溝洫引納河水旱以灌溉潦以通泄犹血運于肌膚而全体愈光澤也潘季馴曰議者因海壅河高致决隄四溢遂以濬海為上策不知漲沙當海口之中潮退則見潮長則沒無可施功之處縱乘朝退施功而一沒之後狭流渫沙隨復如故矣故海無可濬之理惟當導河以歸之海則以水治水導河即濬海之策也俟治河防

俾無旁決則水由地中沙隨水去治隄即導河之策也若隄日繕而決日開非厚薄不能支即迫近不能容與難以浮沙而不能久耳誠多築縷隄（縷水隄近河濱者）以東之又為遥隄（離河六七里任伯雨云河止宜寛立隄防約欄水勢使不大段漫流此既遥隄之意）使有所游蕩築必以真土則復何患哉如上流聽其旁決下流復歧而分之水勢益分則其力益弱安能導積沙以達之海乎支河一開正河必塞近事良可鑒也李化龍曰河自開歸而下合運入海其路有三由蘭陽（屬開封府）道考城（屬歸德府）過堅城集（在碭山）出茶城而向徐邳是名蜀河為中路由曹單經豐

沛汎昭陽湖出秦溝而向徐邳是名銀河為北路由谐家口往符離道睢寧入宿遷出小河口入運是名符離河為南路南路近陵北路近運惟中路不南不北既遠于陵亦濟于運以守行隄閘泇河無容再計之患按古之治河惟避其害今乃資以利漕古之治河務順其性今則屈之南出且古河北流汴泗諸水不入河今皆入之矣古者河北入碣石之海濟東入千乘之海淮南入揚州之海三瀆入流猶虞衝溢今以一淮兼三瀆之任益以渭洛汶沁泗沂諸河之流而無他瀆以洩之所以治河今日勢不得不盡

矣古之上策而專用下策繞〻乎堅築隄岸築隄不已則困捲埽以當其衝置閘減水以殺其勢復有衝決則有合隄埽不事而議開支河矣議復黄河故道矣議開膠萊河復海運矣議別穿漕渠隄河使北矣其議開支河者謂黄河入淮故道一自中年屬開封府至潁州合長淮之水曰渦河一自小壩經歸德至宿遷曰白河自渦白二道淤塞全河東下徐邳獨受其害今若復引水通渦白河則水勢自平其議復黄河故道者謂河自北碣石入海其性然也漢以後勢漸東宋以來水漸南萬曆時決蓮花口又決荆隆

口衝張秋其勢又斷北但當順其性而導之則禹蹟可復（此即余廷心霍渭厓之說袁坤儀云山脈自兖南行勢同奔馬故大河在梁衛之郊北流為順邳惟以下北行則逆）其議開膠萊者謂膠萊河之南口起麻灣北口至海滄利距三百餘里須濬者止百餘里其下多𥕢石難濬者止三十里先是馬家濠未通舟出大洋故險今此濠既通舟行小海中由麻灣海倉口徑抵天津直沽寔非便道乎其議別穿漕渠者以門河非漕利不得已而貿之耳今幸開泇河以避呂梁之險又開駱馬河以接泇（天啓時開）如再濬石宗河接駱馬則全河盡北不過別開渠二十里自足以漕凡

此皆河籌之大者苟非刘大夏徐有貞其人誰能任之以上言治河之策

嶓冢道漾東流為漢又東為滄浪之水過三澨至于大別南入于江東滙澤為彭蠡東為北江入于海漾史記作瀁滄作蒼

孔傳泉始出為漾水東南流為沔水至漢中東流為漢水鄭樵曰漾水東流為沔水故地曰沔陽又東至南鄭為漢水雍大記漢江在漢中府南三里地理志漾水出隴西氐道縣至武都為漢水一名沔水經漾水出氐道縣嶓冢山漢中記嶓冢以東水皆東流嶓冢以西水皆西流故俗以嶓冢為分水嶺東至武都沮縣今漢中府寧羌州略陽縣皆漢沮縣地為漢水愚按漾訓泉始出蓋漾出嶓冢時涓流未盛故于

嶓冢見梁州山

黃氏度曰漢有沔漾之名皆東漢以後地理志西漢水出嶓冢而嶓冢以東又名漢自[illegible]豈潛沔也[illegible]不著其所出自古皆以為東西兩漢俱導嶓冢水或經已而西漢閬中云河漾之

嶓冢不曰導漢江自岷山以上猶未濫觴至逕汶閼歷氐道則其流已大故于岷山直曰導江漢水東過南漳荆山為滄浪之水水經注武當縣西北四十里漢水中有洲曰滄浪洲水曰滄浪水一統志滄浪水在均州北四十里湖廣通志漢水至武當縣為滄浪水過潛江縣為沔水或以禹貢滄浪在沔陽州者非是不言過而言為者明非他水決入也三澨孔傳水名入漢水經注地說沔水東行過三澨合流至大別山陂故馬融鄭玄王肅皆作水名鄭玄云在竟陵縣界蔡傳今郢州長壽縣磨石山發源東南流者名澨水至復州景陵縣界又名汊水疑即三澨之一湖廣名勝志唐武德初析漢陽置汊川縣以縣南汊水為名即左

鄭樵曰東過荊山為滄浪之水

今襄陽府均州

闓曰闓以澴中出牛山嶓冢山為澴陵漲云此為陂水六日河水其說不投柿都云曰某曷嶓冢是澴源澴中岸嶓冢河水出牛山中流在河人院兴下以為澴水為澴出牛為嶓冢耳志澴江在澴中而城南三里云河水嶓冢出澴水至于漢中出界住橫城南東也南新君曷擇古擇隋代澴源有二東出至郡西出曲阜為漢漢淸為澴出京原也

傳澨水也。承天府志：景陵有三汆水，又有三汊水，云是三澨。愚按許慎云：澨者俾增水邊土人所止也。春秋傳有勾澨、文十六年楚軍次于句澨。漳澨、宣四年楚令尹子越師于漳澨。雍澨、定四年左司馬戌敗吳師于雍澨。薳澨。昭十三年司馬薳越縊于薳澨。杜預註作水際及邊地名，與孔傳不合。韓邦奇謂三澨，汊澨、漳澨、薳澨也，在京山縣西八十里。考各志，或云在沔陽，湖廣志：沔陽州黄蓬之山下枕大江，其東南有三澨，北即滄浪水。沔陽志謂石家河為澨。或云在京山，京山志謂馬溪河為澨。或云在景陵，湖廣志：三澨水在景陵縣南三十里，自安陸達景陵，發原長壽鄉磨石山。俱無確証。承天志則以蔡傳發源磨石者為一區，在景陵，即汊澨。石家河為一澨，在沔陽。馬溪河為一澨。在京山。今沔陽、景陵皆古竟陵地，與康成所云合或一水而經三地故有三名然索鄭諸家已不能辨其津逆未可以今流傳古蹟矣大别見導山漢水入江處名沔口自嶓冢至此凡二千四百二十里匯迴也江自岷來尚小漢水北入東流始大而彭蠡迴合為澤也彭蠡見揚州鄭氏曉曰江初受漢匯于洞庭南受沅湘諸水过此而東滙于鄱陽南受嶺北豫章諸水洞庭鄱陽二湖俱當南水北入江處猶今畝澮凡兩港相交即成大漾按岷江過九江時尚未受漢水鄭蓋指潛漢而言詳荊州愚按漢既合于江故不得復言漢言北江水經沔水至石城分為二其一東北流其一過毘陵北為北江又孔傳江自

彭蠡分為三入震澤為北江考其經流知皆謬說矣入海在今通州海門

朱子曰彭蠡在大江之南自今江州湖口縣南跨南康軍饒州以接于隆興府之北瀰漫數十百里其源則東自饒徽信州建昌軍南自贛州南安軍西自袁筠以至隆興分寧諸邑方數千里之水皆會而歸焉北過南康楊瀾左里則西岸嶃迫山麓小序而湖而稍狹遂東北流以趨湖口而入于江矣然以地勢北高而南下故其入江也反為江水所遏而不得遂因卻而自豬以為是瀰漫數十百里之大澤則是彭蠡之所以為大澤者初非有仰于江漢之滙而後成

導漾、与導江異，江於導其源於岷山，導江源於岷，導其源於嶓冢，山是導漾若從嶓冢山在沔陽附近，所以澤水流不應有滙澤之目矣，水經漢水滙澤水為西漢所受，東漢遂流而入之義也，不辨。

也不惟無所仰于江漢而衆流之積日過日高勢已不復容江漢之來入矣況漢水自漢陽軍大別山下南流入江則其水與江混而為一已七百餘里今謂其至此而後一先一後以入于彭蠡既滙之後又復循次而出以為二江則其入也何以識其為昔日之漢水而先行何以識其為昔日之江水而後會其出也何以識其為昔日之漢水而今分之以北何以識其為昔日之江水而今分以居中耶且以方言之則宜曰南會而不應曰東會以實計之則湖口之東但見為一江而不見其分流也今湖口橫渡之處其北則江漢之濁流

于導江則曰東會于滙，不應曰北會于滙

其南則彭蠡之清漲而已。蓋彭蠡之水，雖限于江而不得洩，然其既平，則亦因其可行之隙，而未嘗不相持以東也，烏覩所謂中江、北江之別乎？吳氏澄曰：漢水南入于江，乃循江北岸東行，爲江之北而入于海。夫漢既入江，與江混爲一水，而又曰東爲北江入于海，似別爲一水，何也？蓋漢水源遠流大，與江兩相匹配，其他小水入大水之例不同，故漢得分江之名而爲北江也。記其入海者，著其爲瀆也。三瀆皆自爲一瀆，惟江與漢共爲一瀆，不以漢附于江而沒其入海之實，故于漢于江並言入海，而爲瀆也。若漢不爲瀆，則東爲北江入于海七字衍文而其序當殿導江之後矣愚按南條之水無大于江漢然自大別以東但見江不見漢故分疏言之明江水以大于大別東者以與漢合也所以尤大于九江東者以與東彭蠡諸水合也蘇氏嘗味之說與朱子不分之辯皆贅

水經沔水出武都沮縣狼谷中東南流注漢曰沮口按地理志沮水出東狼谷南至江夏沙羨南入江過郡五行四千里是沮水即沔水也又東逕沔陽城南故城在今沔縣又東合褒水見梁州又東過南鄭今屬漢中府古漢中郡治城固今屬漢中府縣南又過魏興安陽今漢中府漢陰縣西城地志屬漢中漢末為郡縣南又東逕錫音陽縣北春秋錫穴地鄖陽縣南今鄖陽府鄖縣又東北流又屈東南

過武當縣東北今襄陽府均州酇縣西南今襄陽府光化縣又南逕筑陽縣東今襄陽府穀城縣又東過襄陽縣北今襄陽府襄陽縣又南過宜城縣東今屬襄陽府楚郢縣夷水東來注之夷水出房陵即鄢水左傳楚人伐羅渡鄢又逕鄀縣南左傳楚自鄀遷鄀而改紀其故又東南合臼水臼水出竟陵縣西北左傳昭王奔隨濟于成臼自荊城東南流逕當陽縣之章山即內方又東南逕江夏雲杜縣東今城天府京山縣夏水西來注之見荊州又東南涢水入焉涢水出棗陽縣東南大洪山東南過江夏安陸縣西入沔一繞去涢水在德安府城西北又東逕沔陽縣北今漢陽府漢陽縣又南至沙羨縣北音夷今武昌府江夏蒲圻縣皆漢沙羨地南入于江自夏水入沔之後通流至漢陽名南沔郭璞云至江夏安陸縣江即沔水今漢陽府漢安陸縣地沔穆曰班固所謂

漢則禹貢之導漾自嶓冢山逕梁洋金俱漢中府房鄖陽府均襄俱襄陽府郢復俱承天府今景陵縣隋復州至漢陽入江者也西漢則蘇代所謂漢中之甲輕舟出于巴今巴州乘夏水謂夏源之水盛漲時也下漢四日而至五渚者其源出西河州今鞏昌府西和縣雍大記西漢水在西和縣西南徼外逕階今鞏昌府階州沔今漢中府沔州與嘉陵江合又逕大安宋大安軍屬利州路利今廣元縣劍今劍州俱屬保寧果今順慶府南充縣合今重慶府合州與涪水合入于江水經漾水至武都沮縣為漢水東南至廣漢白水縣西又東南至葭萌縣東北又東南過巴郡閬中縣至江州東南入于江此所謂西漢也地理志西漢水過郡四行二千七百六十里黄度曰漢有沔漾之名皆東漢水也地理志西漢水山西縣嶓冢山南入廣漢白水蓋潛

漢也經不著其所出自古皆以為東西兩漢俱導嶓冢則或
然矣而西漢固無沔漾之名漢志漾水出隴西氐道至武都
為漢武都東漢水受氐道水名沔是則沔漾俱為東漢也独
氐道武都脉絡不通川渠阻隔武都受漾為不可據而桑欽
遂從氐道漾水為西漢之源由是愈紛錯酈道元委曲迁就
通之以潛伏之流証之以難驗之論更覺齟齬故當盡廢諸
說而一之以經文杜右通典秦州上封縣嶓冢山西漢水所
出經嘉陵曰嘉陵江經閬中曰閬江漢中金牛縣嶓冢山為
導漾水至此為漢水亦曰沔水其說為可據愚按大水多重

源河源有三濟源有二漢源亦有二犖昌漢中韓邦奇謂犖昌是漢源嶓冢山可証漢中無嶓冢沔水出金牛山註見梁州人既誤以為漢水遂以金牛為嶓冢鄭玄云嶓冢在漢陽西漢陽今犖昌亦不言在漢中然自班固常璩酈道元並言漢源東出氐道西出西縣則沔漾稱其來已久禹貢漾流為漢改是東源耳班固以嘉陵江為西漢程大昌嘗辨其非考近志閬水巴水渝水嘉陵水皆漢水之異名

夏允彝曰漢水性與其流十里九灣語曰勃莫如濟曲莫如漢今考漢發嶓冢抵土津鄖陽府上津縣入鄖地流至漢陽與大江夏其受害首鄖襄承漢四郡而襄承為甚襄陽古有

大隄曲知隄防之設自漢世已然閲漢受決水灘樊城是漢水為襄樊害最切國朝水流故道不溢為災故大隄漸圮毀民多侵為己業嘉靖末洪水四溢漂潰以數萬計承天則以支湖盡塞而下流竹筒湖復淤下滯上汜固水患之原也董承叙曰漢水最洪與河水相似每多填淤而沮澤之區因成沃壤故隄防之修為急耳

岷山導江東別為沱又東至于澧音禮過九江至于東陵東迤北會于滙東為中江入于海澧漢書作醴滙或作匯

江水岷山山海經注岷山在汶山郡廣陽縣西今成都府茂州是四川揔志岷山在茂羌之列鵝村即瀧山南首故稱瀧蜀江水所出也山直上六十里過其源遠在松州大雪開陝俯見成都列鵝村一名羊膊嶺

境外范成大曰江源自西戎萬山東由岷山澗壑出而會于都江言世江出岷山自中國所見言之也陸游曰自蜀境之西大山廣谷謠嶙起伏西南走蠻箐中皆岷山也郝敬曰江源出今松潘衛西二百三十里大分水嶺北流入陜西洮河南流至甘松嶺東經松潘城岷山在松潘城東三十里自分水嶺至成都凡九百九十里江源志岷江發源臨洮之木塔山由甘松嶺遠松潘經茂州西南至威州過汶川東南入灌縣沱江之別流于梁者孔傳江東南流沱東行止義以上言浮于江沱潛漢其次自南向北江在沱南如江東南流而沱東行此是荆州江沱東別為沱自在梁州孔氏以荆梁二州各一沱水欲云然耳金氏履祥曰江至永康軍導江縣今成都府灌縣諸源既盛

遂分為沱，東至眉州彭山縣復合于江。鄭氏曉曰：江源発果州高處，出陝稍平為流，其上源為三十六江，所謂東別為沱也。愚按沱水分自今灌縣，酈道元云開明之所鑿（開明，蜀帝杜宇之相），郭景純所謂玉壘作東別之標者也。李氷壅江作堋，別支流雙過郡下（水經注一名郫江，一名檢江，揚子雲蜀都賦兩江珥其前是也），大流蜀郡之田。今成都二水來自西北，而合于府之東南，由永康過新繁者為外江，由永康過郫縣者為內江（蜀今以此水濯錦鮮明，名錦江）。呂大防謂此即沱江支流（四川總志沱江一在新繁縣治西北十五里，一在灌縣南十五里）。灃，水名（鄭玄以經自導弱水以下，言過言會者皆水也，言至于者或山或澤，皆非水也，故以合黎為山名，灃為陵名。孔疏合黎與灃皆為水名弱水餘波入于流沙則本源入合黎矣合黎得容弱水如是水名盡辭濯予佩兮澧浦是澧亦水名地理志湖廣名勝志澧水發源岳州府慈利縣西之歷山慈利本漢充縣地晉臨澧東至下雋入沅水經至下雋西北東入于江過郡二行一千二百里水經注澧水東逕零陽今岳州府石門縣孱陵今岳州府安鄉縣流注于洞庭湖按澧水即今九溪至慈利與漊水会稱漊澧至石門與渫水会稱渫澧至澧州與涔水会稱涔澧至安鄉與澹水会稱澹澧王仲宣詩悠悠澹澧是也澧居江流之中與九水分源合派以至酒庭虞喜以為江流別流誤矣當懷襄之時雲夢一壑江身不可復辨禹之道水必于高阜之處有小可識者施其疏瀹之功自武陵以下高阜而多山宜莫如澧由澧導之江偕九水入洞庭以趨潯陽雲

一統志大江從荊州府石首縣北流入過城陵磯乃合洞庭之水也

雲始出而江流之在雲夢中者乃了了可辨江始分而爲二
水經注江陵枝迴洲之下有南北江之名即江水由澧入
洞庭道也陵谷變遷今之大江始獨專其滂湃而南江之跡
僅爲衣帶細流然會澧故道猶可考耳今江自夔門下荊門不復至澧金氏
履祥曰江南受青衣大渡馬湖江北受嘉陵江又南受黔江
在夔州府出三峽而後東注于澧不書諸水以梁州蔡蒙和夷潛
沔皆互見而三峽天險非入都通道計不施功故畧之也九
江見荆州江水自澧而東即南與洞庭相接樂史言大江在
巴陵東北流入洞庭今洞庭水會于江非江流入洞庭矣東

入洞庭與其源清共
出洞庭者為大江、
城陵磯在岳州府城
西北十五里、淮

陵地名在九江之東蔡傳今岳州巴陵縣也今岳州府巴陵縣羅泌曰巴陵與夷陵今荆州府夷陵州相對為東西夷陵曰西陵歐陽修曰夷陵州當峽口江出峽始漫為平流天下之險至是而始平夷則巴陵為東陵信矣岳陽風土記巴陵本下雋縣之江郝敬曰西北山高土平東南地卑多紅壤故荆州諸郡古多稱陵竟陵江陵巴陵茶陵零陵武陵沅陵鄢陵是也其崩據壤者亦曰廬陵廬陵陵陵故唐志以岳州巴陵為是九江蓋在東陵而上必不在彭蠡之下也且以大水受小水謂之過二水相受大小均謂之會河水東過洛汭北過滎水滎洛之水入河河水過之而已漾過三澨渭過漆沮亦猶是也若云江分九道則經當云播為九江不云過矣朱子曰過九江至于東陵者言導岷山之水而是水之流橫截乎洞庭之

按地理志九江在廬江郡、
尋陽縣同江廬江郡之東
陵鄉ミ為南原東陵
即江夏郡之西陵縣
言地也江夏西陵
今黃州府、治

口以至東陵也是漢水過三澨之例也過九江至于敷淺原者言導岷陽之山而導小之人至于衡山之麓遂越洞庭之尾東取山路以至于敷淺原也是導岍岐荊而踰河以至恒碣之例也愚按江水東過武陵為西陵南過洞庭為東陵自地理志云九江在廬江西北鄱道元因之故以廬江郡之東陵鄉為禹貢東陵其江夏郡之西陵今黄州府漢為西陵對言誤也迤訓溢止義言靡迤邪山許慎曰迤邪行也迤故為溢也東溢分流又都共聚合北会彭蠡言散流而復合也愚按江漢皆自西來至其合處則迤邐相屬漢水稍折而南江水稍折而北蓋江在漢南漢在江北其勢相屬故會于彭蠡而復東也自漢視江若漢小江大故言入自江視漢江

是指江与淮會在
淮陰大別之東南
其百餘里之郡
陽湖不當云北
會于匯北會者
會淮也于匯淮
若本作爲匯者
誤也歟

闊大漢亦不小故言會東迤北會彙斷與南入于江句對爲
匯與東匯澤爲彭蠡句村都敬曰
江南諸水在衡山東北者由袁州臨江諸府北至彭蠡入江
在庾嶺以北者由贛州吉州南安諸府亦北至彭蠡入江但
地勢西北高東南下江北受漢之委而南不全
受彭蠡之委故于大別言入而東陵以下言匯吳氏澄曰江
與彭蠡合流之後九千四百里入海江之入于海也必曰爲
中江何也蓋禹貢以江漢共爲一瀆漢分江之半爲北江故
江不得專江之名漢爲北江則江當爲南江然循南江南岸
有彭蠡湖水若曰南江恐疑爲指湖水而言以江水行于湖
水漢水之中故曰爲中江也曾氏曰湖漢九水東至彭蠡入
江此南江也南江乃江之故跡
非禹所導禹導漢水入焉與四江合流而分南北故漢爲北
江又導岷山之江入焉其流倍乎二江之中故江爲中江南

江乃故道故經不表鄧氏寔曰江漢水漲彭蠡鬱而爲巨浸無御其入而有賴其還彼不遏則此不積所謂滙也滙言其外蠡言其內于滙不于彭蠡勢則然也若夫江漢之合范然一水惟見其爲江也不見其爲漢也故曰中江曰北江然其勢則相敵也故曰江漢朝宗集註謂經誤者非是今通州等處土人猶有上江下江之稱金氏曰東迤北滙于会當作会于漢蓋江漢迤江處正受漢江若至彭蠡則東流久矣按此說于經又甚明于水道亦合但東爲中江句又作何解張吉曰江漢二條朱蔡皆以彭蠡乃江西諸水所瀦固無仰于江漢之滙而江漢水二並持東下又不見所謂北江中江孰是以疑經之誤其說甚悖愚嘗親歷其地

而以經文証之乃知經文無誤也夫滙本訓迴乃下流泛濫他水勢不能洩于是迴旋停滀瀦而為滙之謂也今春夏之間江漢水漲則彭蠡之水鬱不得流而逆注倒積瀦為巨浸范然數百餘里無復畔岸其滙為澤蓋如此雖無仰于江漢之所入然實賴其下流充牣故湖水壅閼阻抑而不能出方能成其澤亦非謂江漢之水截入澤內而為滙也若其截入為澤則但如他條曰至曰入可也何必變文言滙哉此東滙澤為彭蠡東迤北會為滙本無誤矣漢水不言會者為江水所隔與彭蠡不相接也江水不言彭蠡者與漢互見也迨夫

二水漸消，則彭蠡之水溢出大江，循南岸而行，與二水頡頏趨海，所謂其北則江漢之洪流，其南則彭蠡之清漲是也。第江水瀦發最在上流，其次則漢水自北岸而入，又其次則彭蠡自南岸而入，三水並持東下，則江為中江，漢為北江，而彭蠡之水入江並流為南江者，不言可知，非判然異派之謂也。此東為北江、東為中江入于海，亦無誤，而朱子、九峰皆不能無疑于斯，何歟？況經文簡奧，其言南入于江、東匯為澤，蓋亦無遠不包，而曰南曰東，與今水道屈折迤邐勢正相符，今卻云經文有謬，與今水道全然不合，此不可曉也。又江水自東

陵而下漢水自漢陽而下其勢皆漸趨東北湖口為江漢所
滙之處正在東陵漢陽東北與經文不合今却云于漢水則
宜改南滙彭蠡于導江則宜改南會于滙此又不可曉也若
夫所謂横截南入于鄱陽又横截而北流為北江又謂至此
而後一先一後以入彭蠡既滙之後又復循次而出以為二
江此自說者之誤非經文之誤也蓋經意以為漢雖入江而
自循北岸以達于海故有東滙北江入海之文朱子偶未之
思以為二水既合則有江無漢故既疑其誤而復有取于鄭
樵之說以東滙澤為彭蠡東為北江入于海十三字為衍文

蔡氏篤信朱子，不復別求其說，遂再立論以疑經，皆非也。或曰：南之有江，猶北之有河，皆大水也。然渭水、洛水皆入于河，不言中河、北河，安知中江、北江之說不為誤乎？是不然。河源遠出問磨黎，以自積石、龍門而下，氣勢雄猛，流波洶洽。而渭、洛二水近出鳥鼠、熊耳諸山，不數百里遂達于河，凡不能見，安得與河為敵？若漢源出于嶓冢，與江源既不甚相遠，而其通流之地，大小雖殊，終不相掩，則漢雖入江，猶得紀其為滙為江入海之實，夫豈過乎？河可以包渭、洛，而江不得以包漢。故兗州則曰九河既道，不兼渭、洛而言；荊州則曰江漢朝宗。

對犇二水而並言之經之立意精矣　黄潤玉曰江水東出巫峽則分流為沱凡出沔南者皆是也正流東至澧乃荆之南境迤沿江築圩而田猶華容縣華臺下仍通川水九江即洞庭湖所受澧江黔江沅江益陽江安鄉江湘江耒江瀏陽江平江九派則瀰漫港汊東陵即岳陽城陵之境又東一帶迤北皆與前沱水會為滙降故沔南之湖澤最廣今江水衝直城陵磯（在荆岳間）而陵江驛（在巴陵）至岳陽湖口六十里皆淤沙漲起南環湖北沿江塞隘九江之口其章臺華之水亦淤窄矣（此說載王方麓日記存之備考）　地理志江水出蜀郡湔氐道岷山東南

廣陵國江都縣入海過郡七行五千六百六十里水經江水自天彭闕東[益州記江源發羊膊嶺下東南百餘里至白馬嶺而歷天彭門]逕氐道縣北又東別為沱又逕都安[今灌縣]臨邛[今邛州]江鄉[即江源縣今崇慶州]又東北逕郫縣又東逕成都[今成都府治]廣都[今成都府雙流縣]又東南過犍為武陽縣[註見梁州]青衣水沫水西南來注之[俱見梁州]又東南逕南安縣[今眉州彭山青神夾縣皆見]又東南過僰道縣北[註見梁州]若水淹水西來注之[若水出蜀郡旄牛徼外東北至僰道入江又曰馬湖江淹水出越嶲遂久縣徼外東北注若水]又東過江陽縣南[今瀘州]洛水東南注之[洛水出洛縣章山逕新都與綿水湔水合入江洛縣漢廣漢郡治今成都府漢州]又逕安漢縣北[今順慶府廣安縣]又東北至巴郡江州

縣東今重慶府江津縣彊水涪水漢水白水宕渠水南流注之彊水即羌水羌水地理志出隴西羌道塞外南至廣漢陰平入白水過郡三行六百里涪水地理志出廣漢剛羌道徼外至巴郡墊江入漢過郡二行千六十九里白水地理志出廣漢甸氐道徼外東至葭萌入漢過郡一行九百五十里宕渠水見梁州又東至枳縣西故城在今重慶府城北延江注之延江水出犍為南廣縣東南至武陵入酉水又東逕臨江今重慶府墊江縣朐忍今夔州府雲陽縣魚復今夔州府奉節縣漢末巴東郡治巫今夔州巫山縣楚巫郡秦隸南郡縣南又東逕巫峽在今巫山縣三峽連山七百里巫峽最長三峽者瞿唐峽巫峽歸峽也又東過秭歸今荊州府歸州信陵今荊州府巴東縣夷陵今歸州府荊縣南又東南過夷道縣北今荊州府宜都縣漢武伐西南夷路由此出夷水東北注之地理志夷水出巫縣東至夷道入江過郡二行五百四十里又東會沮口地理

志沮水出漢中房陵東山東至郢入江行七百里左傳江漢沮漳楚之望也即此沮又東逕江陵故城

南今荊州府治楚舊都郢縣荊枝迴洲江自此分南北又東至華容縣西故城在今荊州府監

利縣今華容在岳州夏水出焉夏水流于江陵縣東南道毛去夏水之首江之汜也楚詞過夏首而西浮又

東右合油口油水出孱陵縣西北逕公安縣入江東又東逕公安縣北今屬荊州府

南郡治又東至長沙下雋縣北澧水沅水資水東流注之湘水

南來注之俱見荊州又東逕烏林南在今漢陽范致明云當在巴陵江夏二郡界又東

北至江夏沙羨縣西北沔水北來注之又東逕魯山南即大別山

又東過邾縣南今黃州府黃岡縣地理志邾縣俱屬江夏巴水注之巴水出大別山

又東過蘄春縣南今黃州府蘄州蘄水北來注之蘄水出蘄春縣北山又東過

此條北江與南支北江異議辨揚州、通志目據蘇照以下、為東書過通江宗、丹陽以為漂陽水為丹陽縣、未可盡柔、左過江都、邪溝以至天東出江陵行以入海、

彭蠡澤又東北出居巢縣南（今廬州府巢縣）入東過牛渚南（在今太平府城北）至石城縣（今池州府貴池縣晉志石城屬宣城郡）分為二其一東北流其一過毗陵縣北（今丹徒縣古毗陵郡治）為北江（水經多錯簡東過彭蠡澤口下係後沔水補入黃潤玉云江水至蕪湖縣一派入太湖由松江入海）愚按古東壩未築江水南東注于具區故地理志云江水自石城東出逕吳國入南海者為南江而以從毗陵北入海者為北江從蕪湖至陽羨東入海者為中江其說未嘗謬戾但與岷漢入滙之文相亂若以傳会震澤下流之三江則益非耳水經所云南江則東逕宣城寧國至會稽餘姚縣東入海併非班固所謂南江也考會稽

之浙江乃發源黟縣（音伊）流派與岷江迥別許慎闞駰諸人多
言江水至山陰合浙江蓋為水經所誤酈善長訊之當矣鄭
夾漈通志自彭蠡以下又東右過江寧丹陽水南來入焉（合丹
陽湖在溧水縣）又東左過江都邗溝出焉又東過江陰許浦入海此
據今日水道甚合　范成大曰江水至嘉州（今眉州）受沫水至
敘受為湖江又十里受南廣江至瀘州受內江（自成都東流千五百里至
瀘州按洛綿潼三水自漢州逕簡州資陽富順至瀘州与江水会攏曰內水楊慎云外水岷江自重慶上敘州嘉定是中
水沱江自瀘州上富順資簡金堂漢州是內水涪江自重慶上合州遂寧潼綿是）至恭州（今重慶府）受嘉
陵江至涪州受黔江至萬州（今夔州府萬縣）受開江於後攏而入于

峽及出峽而下岳陽則會之者洞庭湖自是而下鄂渚則會之者漢口下黃州則會之者巴湖（在黃州東四十里）下江州則會之者鄱陽湖又自是而下則會之者皖水（皖水在今安慶府受淮西諸流）然後攬而入于海略計天下之水會于江者居天地間之半其名稱之大而可考者凡十有二故曰江源其出如甕而能濫觴萬里以達于海所受者衆也

考水利志江源在羊膊嶺分二派一西南流為吳橐大渡河一正南流至石紐（括地志石紐山在茂州汶川縣西七十三里今龍安府石泉縣北有石紐鄉大禹生此）歷灌縣境灌之上流有水出龍溪口白沙口同會

（統志大江源出茂州黃渠玉壘之嶺以北）

于灌經灌西南流者爲南江即禹所導岷江也（自李冰鑿離堆別江水循灌城東注北折于是始以東南正流爲南江）經離堆薄灌城而東北注者爲北江北江自寶瓶口穿三泊洞而北注者爲外江（外江北經崇寧彭縣新繁漢州界出金堂峽）自寶瓶口直東入五斗口而東北注者爲内江（内江東經郫縣崇寧界過府城北以趨于彭合彭山會金堂諸水會于瀘州會綿涪諸水并嘉陵江經合州會于重慶遠近溉田不可勝計）近世設都江堰在岷江中流歲費鉅萬李冰嘗題深淘灘淺作堰此治之之法也

導沇水東流爲濟入于河溢爲滎東出于陶丘北又東至于菏又東（讀東字）北會于汶又北（讀北字）東入于海（溢漢書作軼）

孔傳泉源為沇流去為濟水經濟水出河東垣縣今山西平陽府絳州垣曲縣東王屋山為沇水又東至溫縣今屬懷慶府西北為濟水山海經王屋之山溉水出焉西北流注于泰澤註云溉沇聲相近即沇也溉音輦史記兖州作沇州沇讀如兖故聲相近酈道元曰潛行地下至共山南復出于東丘在原城東北原城在今懷慶府濟源縣晉文公伐原示信即此又曰濟水出溫城西北平地玩云濟水所出在溫西北七十里水有二源東源出原城東北俗謂濟源城其水南流與西源合西源出原城西蔡傳沇水東源周七百步其深不測西源周六百八十五步其深一丈合流至溫縣河南志濟水發源王屋山頂五斗峰下之太乙池伏流東行九十里

復見于濟源縣西三里，匯為二池，所謂濟源池也。李濂曰：東池即東源，周僅百餘步，亦不甚深；西池即西源，周如東池，深深溢三四尺。再鄭氏曉曰：王屋山有三處，蔡傳在山西垣曲縣，今一見山西陽城縣，一見河南濟源縣，實一山也，綿亘數縣。然沈水下發源處則在濟源西八十里。羅泌曰：兖濟二郡正以是名，濟源在河東，濟南、濟北、濟陽、濟陰皆在河南。濟水南歷虢公臺西在今溫縣。皇覽曰：溫城南有虢公臺，基址尚存。南流注于河，當鞏縣北。孔傳：濟水入河，並流十數里而南，截河又並流數里，溢為滎澤，在敖倉東南。正義：濟既入河，與河相亂，而知截河過者，以河濁濟清，南出還清，故可知也。滎見豫州。水經：濟水與河合流，東過成皋縣北，又東過滎陽縣北，又東

按此定陶之丘在濮州鄄城縣西南二十四里舊志陶山在東昌府館陶縣東館陶鎮即其地[illegible]

合滎澤王莽時大旱遂枯絕清水但入河而已不復截河而南莽竭徹口左傳楚伐鄭涉潁次于旃然旃然即濟水溢而為滎遂名旃然唐玄宗封太山道次滎陽旃然見里龜命弧矢射之矢發龜即滅自是旃然伏流述征記物之不同猶鉛錫也北濟既入于河性與河別不能混合滲漉入地伏行而溢為滎爾陶丘地名爾雅再成曰陶丘李巡口再成其形再重也釋名陶丘于高山上一重作之如陶竈然郭璞云在濟陰定陶汜見豫州城中地理志濟陰定陶西南有陶丘墨子以為釜丘也今兗州府平陰州縣有陶山接濟南府肥城縣界在東昌府館陶縣西南五十里或疑即禹貢陶丘陳師道曰濟入于河東出于陶丘北者入而復出也溢為滎者濟之別也滎波既豬障而東之也周官又謂豫之川河洛幽兗之川河泲則

鄭氏曉曰濟自滎澤試地中、歷鄆州中牟祥符北嶋泪流、北抵岸、至陶丘書云曰河數百里方能達河、

鄭注鉅野薛訓渚歷澤西北、又北逕闞鄉城西、見皇覽見壽張縣有闞鄉城、小註

河南無濟矣入于河出于陶丘北
出入二字相呼應
菏即菏澤、見豫州水経

濟水東至乘氏縣西分為二南為菏水酈註菏水又東與鉅野黃水合黃水上水鉅澤諸陂北為濟瀆濟瀆濟故瀆也濟水與濮水合同入鉅野酈註上承鉅野薛訓渚歷澤西北渚又北逕闞鄉城西鄆洪水也皇覽云東郡壽張縣有闞鄉城郡縣志兗州魚臺縣菏水一名五

丈溝即五丈渠東南流合泗水蔡傳謂之至者濟陰縣自有菏派

濟流至其地尔汶北汶也見青州水経濟水故瀆又北右合

洪水又東北過壽張縣西界安民亭南汶水東北來注之以下詳青州

濟與汶合北折而東至博昌入海唐李吴曰濟自鄆以以東貫滑曹鄆濟齊青以入于海

方氏回曰濟水絶于王莽時今其源出河北温州猶

經枯黃河中以入于汶而後趨海清濟貫濁河遂成虛論矣愚按漢武時河決瓠子注鉅野濟為河所滛王莽之世川瀆枯竭明帝時修汴渠起自滎陽東至千乘大海貫濟故瀆以行後河徙益南故道遂為枯磧今濟水諸流從小青河道入海大清河雖曰濟河實汶水北流非本瀆也按東平以下汶水支流時溢入故道從利津入海杜佑謂清河實菏澤汶水合流蓋古河水在唐時猶未涸絕地理志沇水出河東垣縣東北王屋山東南至河內武德縣入河軼出滎陽北又東至千乘琅槐入海過郡九行千八百四十里初學記濟水自溫縣東南流入河過成皋今汜水縣實包鞏縣之界溢出為滎水東

流過陽武封丘縣北（今皆屬開封）又東冤句縣南至定陶縣南又東至乘氏縣西分為二其一東北流入鉅野澤過壽張西與汶水合又北過穀城縣西又東北過盧縣北經齊郡東萊郡而入海（按濟水入海在青州，與東萊無涉）其一東南流東過昌邑金鄉縣南至方與為菏水過沛縣東北至下邳而入淮愚按濟有二派水經謂分自乘氏一為菏水則承鉅野之黃水一為濟瀆則承鉅野之洪水是南北二流皆由鉅野而別郭緣生所云二濟南北異岸而相遠六踰千里是也（今濟枯菏涸惟鉅野之區匯為巨浸南北數百里如故）水經自滎澤以下有南濟北濟之目（水經濟水東合滎澤又東逕滎陽縣北。又東北流，南濟也。逕陽武縣故城南。又東過封丘縣北，北濟也。又東過平丘縣南，南濟也。又東過濟陽縣北，北濟也。又東過冤句縣南。又東過定陶縣南，南濟也。平丘今併入封丘。濟陽故城在今兗州府曹縣。今濟陽在濟南。尋其津途，皆在陳留，不應頓有兩派。兗志以乘氏所分者皆出南濟，則北濟經流，又當詣注何地。王隱謂河決為滎，濟水受焉，故有濟隄為北濟，則似滎澤以下皆北濟，菏澤在南，故相對為南北耳。大抵南北之濟，當分自乘氏以下，而不當分自滎澤以下。又說經文曰溢，曰出。溢者濟之衍為支流也，出者濟之伏而顯發也。濟與河合渾濤，南潰勢必浸淫，焉乃陂而障之，所謂禹塞淫水于滎陽者此也。蔡欽謂禹塞滎澤，開蒗菪渠，引河東南通淮泗。水經注云。

菏澤既瀦，瀦者皆以障之，故為障也。

而

則依當不為有濟之地也明矣。

濟水又東南入陽武蒗蕩渠出焉此光河水東南決溢濟汞之而濫流非爲時故道也春秋傳襄十一年諸侯伐鄭西濟于濟隧（京相璠曰鄭地也滎澤在滎陽縣東南与濟隧合　濟隧上承河水于卷縣北　卷縣今滎陽也）隧道也濟之故道也疑出河之濟此時其流已斷故名濟隧（鄺道元曰世或謂其故道為十字溝）然則滎澤之涸蓋不始于王莽時矣東出陶丘是濟水止流至此穴地而出東出之東指其行于地下者言之古者水官能辨味與色其伏其見皆可別識不獨濟水為然若如桑氏所序自滎澤至陶丘往復遥通如此經何以不言東至而言東出耶鄭端簡謂何自滎澤伏地中歷鄭州

中牟祥符杞梁歸德北抵山東至定陶方出去河數百里方雖遠河此亦未可信今歷城東阿發地輒得泉開封諸處則不然也水經注濟水東北又合河水于定陶縣北此亦抵周漢以後水道爲時河行大伾之北未嘗經流濟陰成灉濮支津在曹濮閒者則有之耳至菏是南派絶汶是北派王氏樵曰濟自王莽末不復南溢河南無濟瀆自受河爲後儀渠然濟未嘗不伏流地中今阿井煑膠其性鎮墜能清濁水歷下發地皆泉皆濟所過也又大小清河七十二泉皆濟水也或分流以濟運或疏引以溉田濟之陰功甚溥愚按刘向称

濟能蕩滌垢濁通百川于海為出雲雨其流甚細而在四瀆
非止以其獨能赴海蓋亦神異故也酈道元鄭樵皆言後世
枯涸今觀濟水性下勁疾能穴地伏流隱見無常乃其本性
豈真涸竭耶曾子固齊州二堂記言岱北與齊東南諸谷之
水西北滙于黑水柏崖之灣至渴馬之崖泊然而止今黄北山下
至歷城西五十里有泉湧出是為名趵突泉音剝不明言為濟水然
実王屋派也又衛輝府輝縣蘇門山出百泉為衛河李夢陽
謂即濟水伏流見此去王屋不遠或云百泉在邢臺按蔡傳引沈存中筆談謂歷下
發地皆泉濟水經其下于欽齊乘又云古濟行清河如在井底南仰泉源遠在山盤豈能相及蓋歷下衆泉皆係陰伏流所發

西則趵突為魁東則百脉為冠地勢使然無關于濟存中得之傳聞後遂以瀆為濟誤矣其說与沈不同　王綱

根曰濟水無三伏三見其云斷續伏見蓋因一濟而前為沇後為滎既入河又出河既出河又入海不似他水行直故云斷續伏見耳況經文明言浮于汶達于濟浮于濟漯達于河河濟本通而此曰流曰溢曰入曰出曰至曰會六並無間斷不知三伏三見何據

導淮自桐栢東會于泗沂東入于海

釋名淮圍也圍繞揚州北界東至海也桐栢見導山水經淮水出南陽平氏縣胎簪山東北過桐栢山註云淮水與醴水

同源西流為醴東流為淮按汝水註又云醴水出南陽雉衡山東南入汝地理志雉縣衡山醴水所出㳂吹則澧源又不由桐栢今雉衡山在南陽府城北潛流地下三十許里說又淮源初則湧出復潛流三十里然後長驚東出桐栢之大復山南即復陽縣今南陽府桐栢縣口在大復山之陽故曰復陽愚按近志胎簪山在桐柏縣西三十里淮水發源在峽一名大復山其源若井方一丈東伏地中二十五里復見桐栢山在桐栢縣東一里唐縣東南一百八十里其山東南接隨州界屬德安府西接棗陽界屬襄陽府峰巒奇秀淮水出其下風俗通唐州東二十里淮廟前槐樹下有一泉眼淮水出焉其源甚窄可蹻而踰流至徐揚間始大胎簪出桐栢甚近孔疏以胎簪為桐栢旁小山是也經不言胎簪而

義注曰泗沂亦同歸故言沂泗入泗入

實資其名曰桐

宗主稱江淮之例

言桐栢當以支岡在所畧尔泗沂見徐州正義沂水南至下邳入泗泗水至臨淮睢陵入淮乃沂先入泗泗入淮耳沂水入泗處去淮已近故連言之蔡傳入海在今淮浦今淮安府海州界

今邳州睢寧縣

按長淮界南北而別江河自淮以北為北條自淮以南為南條導河至陝並措以入于海者海受百川不窮水所歸不止也古岳瀆經禹治水三至桐栢山獲淮渦水神名巫支祈鏁于龜山之足淮乃始得安流耳地理志淮水出南陽郡平氏縣東南大復山東南至臨淮郡淮陵縣入海過郡四行三千二百四十里水經淮水東逕義陽今汝寧府信陽州漢平氏地晉又陽郡治新息今汝寧府息縣縣南又東過期思縣北今汝寧府固始

縣又東過原鹿縣南[杜預曰汝陰有原鹿縣]汝水西北來注之[汝水出南陽郡魯陽縣大盂山西即盧氏界地理志出潁川郡定陵縣高陵山東南至汝南郡新蔡縣入淮過郡二行千三百四十里]又東過廬江安豐縣北[今廬州府六安州]又東北過九江壽春縣西北[今鳳陽壽州春九江郡治]潁水西北來注之[潁水出潁川陽城縣少室山地理志東至沛郡下蔡縣入淮過郡三行千五百里]肥水東北流注之[地理志東南至下蔡入淮過郡一行六百二十里一統志肥水出宿州志小湖流廬州府城南]又北過下蔡縣東[故城在今壽州北]又東過當塗縣北[故城在今懷遠縣]過水西北來注之[渦水即陰溝水地理志東至沛郡向縣入淮过郡三行千里]又東北濠水注之[濠水出今鳳陽府城南負耶山]又北沙水注之[沘謂蒗蕩渠]又東過鍾離縣北[今鳳陽府臨淮縣]夏丘縣南[今鳳陽府虹縣]渙水西注

隋改今據得當有
淮陰淮陰之水字而此
淮陰所有淮陰
縣而淮陰所在淮
陰城、蓋宋之淮
陰、即陳之淮陰
也、寰宇記古淮陰
城在淮陰縣西二
十五里、按明高皇
得以淮陰在楚州、
此也、五胡□者淮
陰故城在山陽也
附□□□□□辨
□□□淮陰□
淮□入海□□□
□淮陰□□城在

[illegible]

小注

之詳見兗州又東逕浮山梁武帝欲堰淮水灌魏壽陽立堰于此又東逕盱眙縣西今屬鳳陽府又東北至下邳淮陰縣西北泗水西北來注之酈註淮泗之会即角城所謂泗口高貢廣記今盱眙軍相對即泗口也自清河口而上者呂梁自渦口而上者譙梁自潁口而上者蔡河中瀆水東北注之酈註中瀆水首受江于江都即邗江也東北通射陽湖地理志謂之渠水又東至廣陵淮浦縣入于海黄承玄曰古淮水自桐栢而東逕信陽新息壽春臨淮泗州尽攬南條諸山迤北之水至淮陰而與泗水合泗水自陪尾而西逕曲阜滋陽魚臺入彭城至下邳合沂水又南至宿遷東南入淮二水合流東入于海今雲梯關海口即大商以來淮泗入海之故道也愚按淮水

自鳳泗來合阜城洪澤諸湖之水稍北經清河縣南又稍北經安東縣入海泗沂即山東汶河諸水也歷徐邳至清口自淮安府城出淮名清口清口十里至清河縣而與淮會謂之清河一統志大清河小清河俱泗水末流演繁露曰泗即今南清河自宋神宗十年河道南徙東滙梁山泊合泗沂入淮今泗水既從濟寧入漕渠而沂水自挾泇武祊浚諸水至邳州入黃河矣

潘季馴曰淮挾汝潁肥濠等處七十二溪之水至泗州下流龜山横截河中故至泗則湯譬咽喉間湯飲驟下吞吐不及一時呃塞其勢然也且淮張于泗即黃漲于河南徐

徐郊每歲伏秋皆然兩水發有先後各有消長耳　夏允彝曰河與淮合蓋河之利而非淮之利也河決善淤今得全淮之水并力刷沙是河利也然河或有時而淤則淮入海之道并爲河塞凡汝穎肥濠之水皆無所洩故于淮非利也且今皆資之以漕而閘禁不嚴（因初平江伯陳瑄用水平法設五閘于清江口）致河淮並趨南注運渠即兩河無事之日東流勢緩海口淤洇加于昔時若淮水發則盡入清口洶湧澎湃衝決不常若湖水發西則注南河破運東則薄北河破隄至若兩河並溢則民皆魚鱉矣或謂黄河上流往自歸德出沛

下徐地勢不甚相遠，故泛濫可支。厥後河從蕭碭下徐邳，地勢高猛，衝突新堤，下埽植樁，百計難就，即能束水推堤，其实水行堤上，則故道宜講，此一說也。或謂清河縣北有老黄河，本沂水東趨，合淮入海，故道誠然。又聞此河起海必勇雲梯關下，淤塞帶場，當自蕩滌，而海口廓矣，此又一說也。或謂邳州下流有鋤頭灣，河流二十餘里，行稜沙面，故邳徐漲塞，今須從邳州以上力濬河身之積淤，河中必見老底，而旁必見老岸，則水由地中，而欽口自出，河岸既深，則老岸即堤，堤外即田矣，此又一說也。又曰高家堰為兩河關鍵。堰當淮泗合流之衝，在淮安郡城西南隅，去城四十里。史稱漢陳登築堰禦淮，登為廣陵太守時築。本朝平江伯復大葺，以淮揚恃以為安。自河由桃宿至清河，奪淮入海之道，惟弱而不敢爭，始穿高堰入高寶湖，湓溢高泰山寶興鹽之間，河無淮水之刷沙，積而淤罷，涼不能即流，遂由崔鎮四潰，國計民生胥病矣。必高堰堅而淮不南溢，則清口積沙借淮以衝。或虞淮漲之侵泗，欲決堰瀉淮，不知堰決則淮盡趨于湖，入海少而淮弱矣，淮弱則黃躡其後，而清口淤矣。清口一淤，高堰雖決，必不能盡泄淮漲。故淮但可導之以入海，而必不可使由湖以入江寶應之淮為泗患淮即泗之賊也黃為淮患黃即淮之賊也淮退則黃進淮愈退則黃愈進黃既侵淮而入淮必不能敵黃而出故必閉守高堰欲全淮盡趨清口而後黃淮庶不為泗患矣此主潘季馴說袁黃云全淮大患在高堰塞斷下流自徐州以下水不順行其勢不得不趨于北使稍疏此堰則衆水皆泄然耗下而黃河亦不至潰決又云白馬氾光寶應邵伯諸湖吞吐蓄洩連亘數百里乃淮之委也隆慶閒王宗沐為挑河與築此堰以斷淮流癸酉五月淮水驟溢三丈餘祖陵受浸始有分黃導河之議而河事益非夫淮河由雲梯關至廟灣入海而廟灣故在寶應氾光之下往時諸湖各有支湖誠濬其淤滯使五六道分行而又合同歸于海口一分一合之間其勢轉盛可以滌河之淤可以閒海之沙此至便若其說與潘不同

鄭氏曉曰四瀆惟淮流不甚遠河入海在兖州江在揚州濟在青州淮在徐州今江淮入海之道與禹貢同河南徙而奪淮入海濟因會通河借水通漕而其流竟莫可考

導渭自鳥鼠同穴東會于澧又東會于涇又東過漆沮入于河

渭在四瀆而詳雍州鳥鼠見導水孔傳鳥鼠共為雌雄同穴處此山遂名曰鳥鼠釋文鳥鼠同穴其鳥為鵌音途鼠為鼵音突郭璞云鼵如家鼠而短尾鵌似鵽而小黃黑色穴入地三四尺鼠在內鳥在外愚按山海經地理志並云渭水出鳥鼠同穴山酈道元則云出首陽縣南谷山在鳥鼠山西北三源合注東北流與別源合又云鳥鼠山同

穴之枝幹也渭水出其中東北流過同穴枝閒蔡氏從酈說故言渭水出南谷禹只自鳥鼠導之考近志鳥鼠同穴山在臨洮府渭源縣西二十五里一名青雀山與南谷山相連南谷山在西泉眼周七尺四時流注即渭河之源是鳥鼠南谷本一山蔡傳之信酈誤也鳥鼠共為雌雄棄正過莊浪親見之鳥形色似雀稍大頂出毛角飛即匿穴穴口有鼠狀如常鼠但缺唇似兔蓬尾似䑕與鳥偕入彼此聊睨有類雌雄沈約宋書沙州甘谷嶺北有雀鼠同穴雀色白鼠色黃地生黃紫花草便有雀鼠穴甘肅志謂鼠名兀鳥名本周見同穴而處與古所傳鳥名鵌鼠盖物類相感之異世間有之非屬不經蔡傳之疑名鼵異

孔又誤也。灃涇漆沮俱見雍州。孔傳灃水自南，涇水自北而合，漆沮亦曰洛水，出馮翊北。（疏云：漆沮在漆水之東，故孔以為洛水一名漆沮水土膠之，與毛詩古公自土漆沮者別也。）陳氏櫟曰：灃注大與渭並，故曰會；既得灃涇，渭愈大，漆沮皆小，故曰過。蘇傳所言渭水自西而東之次；雍州散言境內諸水，非西東之次也。程大昌曰：詩曰豐水東注，惟禹之績。灃源發南，而其末流復北入渭，未嘗東也；其曰東注者，渭正流東，灃已入渭，則遂與之偕東也。書曰涇屬渭汭，漆沮既從，灃水攸同，非漆沮先已入渭而灃水始與之同也，皆要其首末而槩為若言。

導洛自熊耳東北會于澗瀍又東會于伊又東北入于河
洛在四瀆東詳豫州愚按山海經水經俱謂洛出京兆上洛
縣讙峯山郭璞云洛水出上洛縣冢嶺山又云熊耳在上洛
縣南考陝志讙峯一名冢嶺今商州西四十里有熊耳山南
六十里即冢嶺山洛水所出也陝西通志洛源出商州洛南縣冢嶺山商州漢上洛縣洛南亦上洛地冢嶺熊耳同在上洛故淮南子博物志俱云洛出熊
耳也蔡傳于前兩熊耳並註上洛因言地志伊水出盧氏熊
耳非是于此條則云盧氏熊耳洛所經但上洛盧氏漢志並
屬弘農郡上洛水經屬京兆晉志並屬上洛郡計相去必不遠宜熊

耳本一山隨地得名乎又考河南志熊耳有一在宜陽縣西一百二十里後漢書光武破赤眉積甲宜陽城與熊耳山齊是也一在盧氏縣西南五十里宋書柳元景北伐引軍十百丈崖出温谷入盧氏度熊耳山是也一在陝州東十百五十里，達磨奚處孔氏豫州傳云洛出上洛山此又云在宜陽以西蓋所謂宜陽以西者即指上洛而言耳澗瀍伊並見豫州澗瀍先入洛前先言伊者以水之大小為先後此則以相入之先後次之何楷曰北方諸水雖大河亦冰惟洛水不冰所以謂之温洛一是天地之中二是其北連山以障北風三則前人謂其中有礜石　夏允彝曰四瀆之外大水甚多而獨

言渭洛者雍水莫大于渭豫水莫大于洛而渭則與灃涇漆
沮散列洛則與伊瀍澗並叙不舉渭洛独言之不知二水為
諸水之綱也　茅氏瑞徵曰四瀆以海為宗渭洛又以河為
宗記曰三王之祭川也皆先河而後海河不捧細流而以海
為經源委則有閒矣

正義九水立義不同漾江先山後水淮渭洛先水後山皆
是史文詳畧無義例也又淮渭洛言自其山者皆是發源
此山欲使異于導河故加自耳鄭玄謂凡言導者發源于
上未成流言自者亦發源于上亦未成必流其俱未成流

何須別導歟河出崑崙發源甚遠豈至積石猶未成流而曰導河也王氏推曰蔡氏謂導河積石導淮自桐柏導渭自鳥鼠同穴導洛自熊耳皆非出于其山特自其山以導之然渭源縣之南谷山實鳥鼠相連之枝山胎簪亦桐柏旁之小山而謂渭非出于鳥鼠特自鳥鼠導之淮出胎簪特自桐柏導之似俱未安詳經文之例凡言導其水自其山者皆水出其山之名也惟河不出積石故但言導河積石沇多伏流故經不顯其所出孔氏亦但以在溫縣平地者言之蔡氏拘于先言山而後言水先言水而後言山之

按王説最是但[illegible]
[illegible]
[illegible]
所以蔡傳小水合大水
謂之入大水合小水謂
之過二水勢均相入
謂之會天下之水莫
大于河故河不言會
此禹貢立言之法也

說則孔疏所云漾江先山後水淮渭洛先水後山皆史文詳畧無義例斯言足以斷之矣 胡渭曰凡導山水皆自西而東自北而南河伏不識其源故不言自且為四瀆之宗故不言會江漢自其源導之故先言山而後言水淮渭洛自其藏處導之故先言水而後言山沇水不言山者流流伏不可據也黑弱亦不言者地遠不必誌也 羅泌曰說者謂禹之治水自下之上始于冀次之兗青徐而終于雍雍最高故治最後是不然夫上者水之源而下者水之委也上者既已懷襄則下者淹沒而無餘矣予求之導山

之文而知治水必自上流始予曰禹别九州隨山濬川（書序）禹曰隨山刋木夫濬川刋木必隨乎山者上流始也小豈可導哉導山者導水而已是故四列之山自正陰以至于正陽自北而南也中國七水自河以及于江亦自北而南也導岍及岐河之始功也至于王屋濟之始功也渭自鳥鼠洛自熊耳淮自桐柏此陰列之山也漢自嶓冢江起岷山此陽列之山也孰曰先後之不可見乎抑又求之堯水之害盛者莫過于河濟短者極于渭洛河之害在冀兗雍而濟之害在兗青徐是故河濟則治其近而不治其源洛

止于豫渭亦于雍是故渭洛則附于河而不待致力盖河一治而渭洛自從也治冀者必首于雍河治青徐者必先于豫濟淮治揚荊者必先于梁江漢所謂水之道也夫惟自上而之下故揚州惟一敷浅原而兗青徐則無入也若夫九州之次特鴻洞既平之後則其疆界陂其餘浸作其平陸以定賦之輕重焉是則禹貢之書實非治水作也以定賦而附見伯禹之功也九川之列非出治水時也乃史官所係雖易之次也禹之治水始于河而訖于河首于雍而終于雍徐兗梁荊往來經畧皆非止于一而曰雍土最高治最

後岂理也fun

禹貢長箋卷之十二

東吳　朱鶴齡長孺撰

九州攸同四隩音郁旣宅九山刊旅九川滌源九澤旣陂四海會同

堯遭洪水道路阻絶今水土旣平天下大同故揔叙之下則所同之事是按頗須至禹皆九州禹州之與舜異者禹主治水幽并營皆北方廣漠之地罹水患少故幽并統于冀營統于青也周時九州大約同禹但淮與大野在禹貢為徐州之川澤而職方青州之川淮泗兖州之澤大野是以徐而入青

兖矣華陽璆鉄砮磬在禹貢為梁州之山與貢而職方豫州之山華雍州之利玉石是以梁而入雍豫矣禹貢豫州曰被孟豬而職方以望之隸青是青之入豫也禹貢青州曰盐絺海物而職方兖州曰其利蒲魚是兖之入青也蓋周以禹之冀州分為三以禹之八州分為六秦制天下為三十六郡漢興加制郡國以十三州統之司隸并荆兖豫揚冀幽青徐益涼交東漢畧同晉分天下為十九州目錄改司州別立梁秦寧平廣五州餘仍漢舊唐因山河形便分為十道復為十五道宋為十五道路已又增三路又為二十三路而古之州名并亡州統縣始于周郡統縣始于秦州統郡郡統縣始于漢隋廢郡以州治民

唐乃混州郡為一宗始有府猶漢州並置今則府益大而州益小凡漢縣等　隩隈也孫炎曰隈水曲中也　爾雅疏厓内近水為隩四海之隩水涯之地已可奠居峯甲以見高也愚按孔傳作厥民隩之隩故云四方之宅已可居疏云室隅為隩ゝ是内以隩表宅也蘇氏云隩深也四方深遠者皆可居説皆未安從尔雅為當則是治水之始槎木通道旅言治功畢旅義往前火水旅祭礼廢已旅見已治也山非水体故以旅見治其実水亦旅実發首云奠高山大川但是定位皆旅祭也滌源疏滌泉源壅源以見流也　尔雅泉一見一否為瀸濫泉正出湧出也沃泉縣出下出也氿泉穴出仄出也　正義川言滌除泉源從其所出至其

所入皆蕩除之無壅塞也陂澤障也作陂障之使無決潰患
勘曰陂繁也因下鍾水繁利萬物也今陂皆以灌溉袁黄曰澤是止水故當陂川是行水則當滌其源而安其流不可陂也愚按考工記凡溝必因水勢防必因地勢防即陂障之謂也禹之治水何嘗不用隄防哉亦相其宜耳又按周礼所記九山為會稽衡山華山沂山岱山岳山醫無閭霍山恒山九川為江漢滎洛淮泗河濟涇汭漳滹沱嘔夷九澤為具區雲夢圃田孟諸大野弦蒲貕養陽紆昭余祁與禹貢所載異史記索隱以岍壺口底柱太行西傾然耳嶓冢内方岐是九山弱黑河瀁漾即江沇淮渭洛是九川

然四隩既鮮作四方則九山九川九澤亦當解作九州況山川之見于禹貢者實不止于九也山凡四十有二水凡四十有六宜從傳疏懸言九州所有四海會同于京師九州同風萬國共貫蔡傳百川以海爲歸是無不會同也禹所治水惟黑水入南海餘皆入東海而言四海者諸水總入于海自海圜流無不之也陳氏大猷曰上雖各載達河之道而四方之趨帝都者不止是也故以四海會同總之此主孔說林氏之奇曰周礼職方氏辨九州之國同其貫利必先辨之于其始乃可同之于其終禹貢所分九州別其山川貢賦者所以

立其辨也九州攸同以下又所以同之也有以辨之則廣谷大川異制民生其間異俗五味異和器械異制衣服異宜各得其所而不亂有以同之則同軌同文同倫各要其歸而不悖先別而後同此先王疆理天下之大要也

古者之制八家為隣三隣為朋三朋為里五里為邑十邑為都十都為師州十有二師蓋州凡四十三萬二千家禹平水土九州之地凡二千四百三十萬八千二百四頃定墾者九百二十萬八千二十四頃不墾者千五百萬二千頃民口千三百五十五萬三千九百二十三人見帝王世紀

章潢曰禹之治水不但疏決江河凡天下平土皆制其井畞疏為溝澮以達于川所謂畎澮者即田間之畎即一同之澮也所謂溝洫者即一井之溝一成之洫也則是井田之制自禹定之考工記二耜為耦一耦之伐廣尺深尺謂之畎九夫為井井間廣四尺深四尺謂之溝方十里為成成間廣八尺深八尺謂之洫方百里為同同間廣二尋深二仞謂之澮夏允彝曰禹自言決九川距四海濬畎澮距川孔子稱禹亦惟曰盡力溝洫天下皆溝洫則天下皆容水之地天下皆修溝洫則天下皆治水之人小水有所疏分則大水不至溢決後世舉古溝洫封畛之法而盡毀之水何得不為害哉愚按考

工記有甽地之溝有不甽地之溝甽地之溝是深廣四尺者不甽地之溝則三十里而廣倍謂之梢溝梢鄭司農讀如桑螵蛸之蛸謂水漱齧水所以行水禹時當亦有之盡力溝洫不專見田間

水道

六府孔修庶土交正底慎財賦咸則三壤成賦中邦府者藏財之處水火金木土穀貨財所聚其生不窮故稱府孔大修治也五行先水水治則餘者無不理淮南子謂以水和土以土和火以火化金以金治木木復反土五行相治以成用夫穀出于土經不言五行而言六府者以穀之利甚大

董比具曰五行行此說則六府皆從

且水火不資于作為金木自產于川澤惟土爰稼穡非力不成故兼言之也張敦實曰四時之次皆相生以相繼六府之修皆相克以相成王綱振曰孔修不專因水治其實六府皆有事焉如數土而土可宅可稼可作是修土也刊木而木漸包惟條惟喬是修木也土可作乂而或賦總或賦銍秸或賦粟米是修穀也苟金不修則揚荊必無三品之入若火不修則雍青安得鹽鐵之供凡此皆所謂孔修也庶土兼高下之土言田亦在內交正者取墳壤之類彼此相校而知其美惡左傳物土之宜是也孔傳交俱也衆土俱得其正謂壤墳壚疏云謂壤墳壚遂復其性也諸州之土青黎是色塗泥是埴土性之

異惟墳壤垆故等三者言之陳氏大畝曰庶土交正則山林川澤丘陵墳衍原隰之土地無不正非特墳壤壚之復其性而已勝按此說孔蘇氏交通也正平準也謂通其有無而平準之非是底致也孔傳致所慎者財貨貢賦言取之有節不過度蔡傳因庶土所出之財而致謹其財賦之入如周大司徒以土宜之法辨十有二土之名物以任土事之類三壤即前九等之田總言之為三也則準則也準則土壤之高下為賦入之差蔡傳九州穀土皆品節之以上中下三等如周大司徒辨十有二壤之名物以教稼穡之類邦諸夏也貢龍蹴及外夷而賦則止于諸夏其時膏壤萬里

山川之利足以富百姓不待蠻貊之地遠方之物而用足也

秦繼宗曰獨言賦者天子畿内原有賦而無貢外八州諸侯則賦于民而無貢其貢于天子者亦從賦出故舉賦可以該貢也

茅氏瑞徵曰水土既平財賦隨定易生心于廣大三壤爲則無偏輕重也賦止中邦不勤遠畧也且一成而不變豈有加賦之擾哉

愚按庶土交正結各州厥土句成賦中邦結各州厥賦句蔡傳分土貢田賦土貢曰慎即惟服食器用也田賦曰成即以萬民惟正之供也然庶土所包者廣據蔡云非特穀土則穀土已在其中況經文賦字有二本無異

同何得以財賦之賦專指貢言耶蓋庶愼是千古理財之本
義兼貢賦特積貯為軍國之命什一尤中正之經故又于庶
土中科斂土言之則壤成賦取民有制是所謂庶愼也義臣
相足非上言貢而下言賦之謂又按王者不言有無天子富
以山海經理財賦末流必至管商聖人豫以身救之曰交正
有廣大公平之象焉曰咸則有謹處節制之義焉夫欲國無
貧莫先卹農欲民無貧莫若均稅皇甫湜所謂任土之貢生
產有常履畝之收簿籍一定人識所出吏難為奸後世之弊
尚囿深慮之矣若乃賦無成類而用民日新疊徵橫索之端

紛紜不已，宜盛世所宜有耶。陳祥道曰：冀州白而壤，雍州黄而壤，豫州厥土惟壤，則壤色非一。壤與墳、埴、塗泥雖殊，而墳、埴、塗泥亦壤中之小别耳。此禹貢總言三壤，而周官總言十二壤也。愚按：三壤止庶土所有。鄭康成謂以萬物生焉則為土，以人所耕而樹蓺則為壤。究文言壤者，耕作之土，以柔濡為貴，亦見汜濫息而灌溉勤，九州之田皆進為上腴矣。

錫土姓

水土平，可以建封諸侯。蔡傳：錫之土以立國，錫之姓以立宗。左傳所謂天子建德，因生以賜姓。孔傳謂有德之人生此地，以此地名賜為姓以顯之。

疏云周語稱帝嘉禹德賜姓曰姒胙四岳賜姓曰姜胙之土左傳稱周賜陳胡公之姓曰嬀嬀汭同生賜姓之事而命之氏者也如舜嬀姓為有虞氏禹姒姓為有夏氏伯夷姜姓為有呂氏　羅泌曰土立國姓立宗國立而民人有所依宗立而族姓有所繫有所依斯有以君之有所繫斯有以宗之方水土未平諸侯國各有土社百官亦各有族姓矣至九州攸同而後得以錫之（契封于商賜姓子稷封于邰賜姓姬）俾各守之也孔氏謂賜與所生之土為姓蔡氏土姓分說其義本此　金氏履祥曰封建之來經洚洞之患則限制多不明有水土之功則庸勞所宜賞當時堯舜在上封建雖非禹所得專而實出其經畫所謂弼成五服也　愚按封建起于黃帝唐虞夏建國五等曰公侯

伯子男塗山之會國號萬其時海上有十里之邦然萬特舉盈數耳即使國皆十里尚時提封豈有十萬里之廓乎王介父洪容齋皆有辨駁矣云禹時七千國未知何本湯受命時定公侯伯三等凡三千國周復五等之封凡千七百七十三國賈山至言作千八百國蓋右王制王制九州州方千里百里之国二十七十里之國六十五十里之國百有二十總計之共千八百国而天子之元士諸侯之附庸不與至春秋時見于經者僅一百六十五國而蠻夷戎狄亦在其中葉水心謂井田封建相待而行自封建法壞而井田雖在不得独存勢使然也

古未有姓若夷狄然自炎帝之姜姜水黃帝之姬姬水始因所

生地而為之姓黄帝二十五子而得姓者十四人同姓者二人得姓以德居官而賜之姓也二人為姬故十二姓德同者姓同德異者姓異其後或以官大史太師司馬司空是也或以國宋之子朝在衛稱宋朝衛之孫鞅在秦稱衛鞅是也或以地左傳東門襄仲為東門氏桐門右師為桐門氏是也或以邑甘原以国邑得氏申鄧以其邑得氏是也或以事巫氏卜氏匠氏陶氏之類或以王父之字始為賜族久乃為姓左傳諸侯以字為謚因以為族朱子謂謚當作氏孫以王父之宗為氏如晋有公子展其孫曰展無駭展禽鄭公子鄭字子駟其孫曰駟帶駟乞宋公子目夷字子魚其孫曰魚莒魚石天子之子亦然王子狐之後為狐氏王子朝之後為朝氏又如魯公孫歸父字子家其後為子家氏又字為氏者也季孫鈕字子弥其後為公鈕氏父名為氏者也其以族為氏者如孟氏仲氏祖氏弥氏丁氏癸氏第五氏第八氏之類降自周衰姓

族漸廣，列國既滅，其民各以舊國為之氏（輯群書）。孔氏穎達曰：姓者生也，以此為祖，令之相生，雖百世不改；族者屬也，與其子孫共相連屬，其支庶則各自立氏。禮記：繫之以姓而弗別，百世昏姻而不通，是言子孫當共姓也。其上文庶姓別于上而戚單于下，是言子孫當別氏也。氏族一也，別而稱之謂之氏，合而言之則曰族。記謂之庶姓者，以始祖為正姓，高祖為庶姓，亦氏族之別名也（正姓為姓，庶姓為氏）。姓則受之于天子，族則稟之于時君（春秋註：天子賜姓命氏，諸侯命族）。鄭樵曰：三代之前，姓氏分而為二，貴者有氏，賤者有名無氏。古諸侯詛辭曰隊命亡氏踣其國家明無氏與奪爵失國同可知其爲賤也故姓可呼爲氏氏不可呼爲姓氏同姓不同者婚姻可通姓同氏不同者婚姻不可通三代以後姓氏合而爲一皆所以別婚姻而以地望明貴賤唐時姓異而所出同者尚禁不得爲婚姻文古男子稱氏婦人稱姓于文女生爲姓故姓多從女曰姬曰姜曰嬀曰姒曰嬴曰姞曰姚曰妘是所以爲婦人之稱如伯姬季姬孟姜叔姜之類並稱姓也後世以氏爲姓故婦人一例稱氏王氏鏊曰姓與氏不分久矣今多以氏爲姓以係百世之正統氏以別子孫之旁出族則氏之所聚

而已。蓋別姓則爲氏，別氏則爲族，族無不同之氏，氏有不同之族，故八元八凱生于高陽氏、高辛氏，而謂之十六族，是氏有不同之族也。宋華氏謂之戴族，向氏謂之桓族，是族無不同之氏也。太史公曰：自黄帝至舜禹，皆同姓而異其國號。又曰：秦之先爲嬴姓，其後分封，以國爲姓，有十四氏。又如周本姬姓，其子孫如魯、衛、毛、聃、郜、雍、曹、滕、畢、原、酆、郇、邘、晉、應、韓、凡、蔣、邢、茅，各以國氏，而皆姬姓也。後之文人惟昌黎知之，故云韓姬姓，又云何與韓同姓爲近。鄭氏曉曰：姓，其本也；氏，其支也。故曰言姓先在上，言氏先在下

左傳諸侯以字爲謚，因以爲族，未可謂族不氏也

如称周王則曰姓姬，不得曰姓氏；称四岳則曰許氏，不得曰姓許。今人嘗書姓其氏，相襲誤耳。按四岳舉伯夷典礼，伯夷四岳皆姜姓，伯夷為呂氏，四岳為許氏，〻有別耳。呂東萊云氏數世而一度，恐未然，如姜姓為許呂二氏，至于今不変。愚按周小史定繫世，辨昭穆，故自黄帝至春秋，統系皆有可考。自秦燬典籍，世本廢而姓氏遂不辨。春秋諸國可以知其姓與爵者四十有六，晉楚之類是也；知其姓而不可知其爵者一十有八，焦陽之類是也；知其爵而不可知其姓者一十有七，沈子之類是也；爵與姓皆不可知者三十有二，陸渾之戎是也。即知其姓者亦难信，如一嬴姓也，左氏謂伯翳後班固又謂伯益後帝昭以伯翳即益也孔穎達復以伯益為皐陶子蓋史記皐陶之後封蓼伯翳之後封秦垂伯益之後不知所封又劉秀表校山海経云夏禹治水伯益與伯翳主驅禽獸是則翳與益非一人而益不得為皐陶子矣 路史云伯翳者少昊之後皐陶之子而伯益乃帝高陽之第三子字隤敳嬴姓之祖

祗台德先不距朕行

台朕皆屬自言或曰是史臣之詞猶春秋指魯為我也禹之治水與徒衆墮山陵斷地脉苟非德盛入神必犯天人之怒矣史臣記此以見禹之經營有本也

五百里甸服百里賦納總二百里納銍三百里納秸服四百里粟五百里米

書傳音釋秸字音作稭稭陸西本反稭説疑矣

張氏栻曰

此敘弼成五服之事服之其事也甸侯綏要荒各服其事于天子故曰服甸治田也孔傳規方千里之内謂之甸服為天子服治田去王城而五百里王城之外四面各五百里陳氏大猷曰甸之甸法達于天下詩奕奕梁山維禹甸之春秋傳少康有田一成皆甸法也王圻然以甸名服者農事國之本也京師聲名文物之所萃四方百貨之所聚其民易以棄本逐末制名甸服示天下以務本農穀也愚按夏商通畿内為五服周以

則除畿内更制天下為九服千里之内謂之王畿周礼大司馬九畿方千里曰國畿職方氏九服方千里曰王畿左傳天子之地一圻列國一同蔡邕曰圻内千里象日月日月躔次千里也王畿外為侯服侯服外為甸服京師之地皆千里而甸服有内外者禹時水土方平力田為急周時商奄未靖居重為尊故其名制稍別耳禾本全曰總孔傳甸服内之百里近王城者入之供飼國馬正義總者總下銍秸禾穗與稾總皆送之周礼掌客待諸侯之礼有芻有禾此總是也蘇氏軾曰独言甸服之賦者内詳王賦之法而諸侯可推刈禾曰銍半稾也正義說文銍刈禾短鐮也詩奄觀銍刈禾穗用銍以刈故以

銍表禾穗也半稾去皮曰秸秸本或作稭馬云去其穎正義郊特牲莞簟
之安而稾秸之設秸亦稾也于此言服擧中以明上下皆有
所納之役而百里獨內納粟此當稾粟別納非是徒納稾也
疏解以服字貫總銍粟未言之馬氏廷鸞曰先儒多以服字就秸字解若去
禾中之粟米而納空稾惟使之服輸將之事是其賦輕于四
百里五百里矣若存禾中之粟米而又納稾又服輸將之事
是其賦重于百里二百里矣惟蔡傳以服字揔前二者言之
或云服如周礼國服之服不但輸將粟穀也金氏履祥曰近者重而遠者輕重
者麤而輕者精賦皆什一力則以遠近輕重耳又曰古人九

數有粟米均輸二法蓋本于此然獨三百里之民納稾而不粟視他處為甚輕而有服役之事焉服役獨在三百里者蓋酌五百之中為轉輸粟米之賦也四百里粟五百里米不言賦納蓋使三百里之民轉而輸之都尔夫三百里之民受遠郊之粟米代為轉輸力若勞而賦則省又以見古者賦役不兩重此帝王之良法也黄曰三百里內去王城為近既自輸其總銍秸而又為四百里五百里之民遞送其粟米于都下也遞者三百里交与二百里二百里交与一百里朱子曰近麤而遠精近者易致遠者難致也畿内不封諸侯故田賦入天子不曰里者道途遠近之數非方井之里也

丘氏濬曰虞夏之世天

子之田止于折內田賦之入止于粟米近地則并其本稾取為蓋米以食人稾以飼馬無非為國用也然其取之因地遠近各有輕重之等精粗之異非若後世概無分別　愚按甸訓治田古者兵寓于農有計地出軍之法則兵政即藏其中釋名四丘為甸甸乘也出兵車一乘司馬法兵車一乘甲士三人步卒七十二人小司徒四井為邑四邑為丘十六井四丘為甸六十四井鄭玄云六十四井為甸甸方八里孔穎達曰知方八里者以孟子云方里而井則邑方二里丘方四里甸方八里也郎兆玉曰甸九六十四井五百七十六夫受田五萬七千六百畝居一成之中成方十里出兵車一乘以為賦法司馬法有甸方八里出長轂一乘又有成方十里出長轂一乘甸擬実出

稅而言成摠通治溝洫而言章氏云三百五十家賦一乘考論語千乘註馬融引司馬法六尺為步步百為畝畝百為夫夫三為屋屋三為井井十為通通十為成鄭云井稅一夫其田百畝通稅十夫其田千畝成稅萬夫其田百畝成出革車一乘馬云千乘之賦其地方三百十六里有奇蓋以方里之里論包咸又云古井田方里為井十井為乘諸儒之說不同大約王畿千里提封當得百萬井除山川坑岸城池邑居園囿街路實出賦六十四萬井據馬說當得百萬井摠包說止得十萬井出士卒七十五萬人為萬乘六十四井出車一乘以杜氏法積算當有戎馬四萬匹牛十二萬頭甲士三萬人步卒七十二萬人按周官鄉遂之民以五起數一家出一人為兵萬二千五百家為鄉故萬二千五百家為軍六軍凡七萬五千人都鄙之民以四起數七家出一人為兵王畿千里六十

四萬井，而出車萬乘，萬乘九十五萬人。牧野之師，紂衆七十萬人。是通藏管發，自晉惠公作州兵，則二千五百家成一軍，而一鄉一軍之法壞矣。魯成公作丘甲，則一丘十六井出一乘，而一甸一乘之法亡矣。井邑丘甸雜出周官，然未必不沿禹制之舊。

丘義甸侯綏要荒五服之名，堯之舊制。洪水既平之後，禹乃爲之鄙文，侯賦役有恒，職掌分定。甸服去京師最近，賦稅尤多，故每于百里即爲一鄙。侯服稍遠，近者供役，故二百里內各爲一鄙，三百外共爲一鄙。綏要荒三服去京師益遠，每服分而爲二，內三百里爲一鄙，外二百里爲一鄙，以遠近有較，故其任不等。甸服入穀，故發首言賦稅也。賦令自送入官故三百里内皆言納四百里五百里不言納者從上省文也侯服以外貢不入穀　鄭氏元推曰禹貢各州皆有貢篚冀州獨不言蓋畿甸之内賦其總銍秸粟米也總銍秸粟米皆倉廪之儲餱糧之濟是食爲土貢之要也兖州貢桼絲豫州貢絺紵其地則密邇畿甸是衣服亦土貢之要也自服食外器用次之器用外不過寶玉玩好而已帝王建都必擇衣食之地而謂之京師京大師衆也天子之居既衆且大非衣食之豐不可以爲國也若夫大賂南金犀革象齒珠貝之類非服食器用之物貴其土

產也皆遠于畿甸而或貢于要荒之服焉苟帝王以為貢
篚之要國家所急則堯舜之都近于荊梁久矣其肯以冀
為都區區僻大河之患圖一日之安耶及周之衰荊揚陷
于吳楚貢金不入而天王求之于魯蓋以魯通于吳也是
豈聖人制貢之初意哉　呂氏祖謙曰禹貢冀州在王畿
甸服之內全不敘土貢止緣已輸粟米蓋當時寓兵于農
所謂貢賦不過郊廟賓客之奉都無養兵之費故取之畿
甸而足自大略言之三代皆沿此制又曰古者天子中千
里而為都諸侯中百里而為都天子之都東西南北所貢

入不過五百里諸侯之都所貢入不過五十里故輓輸不勞漕運之法未備春秋戰國爭事攻戰所論者尚止行運之漕秦漢以後漕法方詳　愚按禹制甸服獨詳田賦天子自膳其畿内既可風天下以力田而京師有備一之足壯根本而消窺伺若漕輓外郡以給中都此後世之失非先王之法也丘文莊謂秦置負海之粟猶是資以行師國都之漕自漢都關中始張良曰關中阻三面而守獨以一面東制諸侯諸侯安定河渭漕輓天下西給京師諸侯有變順流而下足以委輸元都燕順帝時歲漕不至始經營京東海田城門一閉貴人多抱珠玉而死其失祇因

不講甸服之義而集遊惰于京師根本空虛全仰外運故也後人可無以是為明鑒哉

五百里侯服百里采二百里男邦三百里諸侯男邦史記作任國

侯服侯國之服孔傳侯候也甸服外之五百里斥候而服事左傳晉人伐齊使司馬斥小澤之險斥檢行之也斥侯謂檢行險阻伺候盜賊尒雅註侯者候也候逆順也采卿大夫食邑公羊傳註采者不得有其土地人民采之取其租稅耳顏師古曰采官也因官食地故曰采地呂氏曰采邑如今之職田周官有家邑小都大都之田家邑大夫之采地所謂家所之賦去國三百里小都卿之采地所謂邦縣之賦去國四百里大都公之采地所謂邦都之賦去國五百里王子弟所食邑也張氏載曰采地所得亦什

周禮家邑之田大夫采地所謂家削之地也國三百里小都之田卿采地所謂邦縣之地也國四百里大都之田公采地王子弟所食邑所謂邦都之地也國五百里□注

一之法其餘歸諸天子所謂貢也諸侯卿大夫采地必有貢貢者以于時享天子皆廟受之此所謂幣餘之賦也愚按采孔朝供王事既无事役也有役則供不至于一歲但言采作采地解是蔡說然周制家削邦縣俱在王畿之内夏制雖不可考不應畿内諸侯乃食采于畿外周書侯甸男采衛爲五服又周禮九畿有采畿九服有采服此采義與彼同男邦男爵小國孔傳男任也任王者事正義言邦者見上下皆是諸侯之國蔡氏瑞徵曰記稱殷因夏爵三等公侯伯也周更立五等之爵增以子男此曰男邦則夏時固有男爵矣諸侯大

國次國也　正義三百里外同是王者斥侯故合三為一名自下皆先言三百里而後二百里舉大率為差等也朱子曰三百里謂自三至五為百里者三隨之生例蘇傳小國在內依天子而國大國在外以禦侮也言男以兼子言侯以兼公與伯　陳氏傳良曰古者率小大相維其邊國皆大國也故寰內則以家邑小都大都為中外之差寰外則以諸男諸子諸伯諸侯諸公為中外之差羅泌曰神農之國彌近彌大彌遠彌小而唐虞之制必近小而遠大夫大國使處內則近大常稟京師之制而遠小自無雄大之優小國使居內則小國易獲神都之蔽而王圻亾

蕞疆鷔之迫唐虞神農豈故殊哉古今有異時無異勢或

変易而存亡安危之幾或不在乎此惟強大近則尾大之憂

自去而上常惕強大遠則僭擬之心易萌而上易怠神農之

制故兩盡矣而況于德處者乎抑先王之法又有微权其間

而非爲是固也周之五服男列侯外而晉鄭宋衛棊布近

甸萊牟駄弦星分遠服固非小必近而大必遠也然則神農

之國亦豈必近大而遠小哉古封建之君于此必有擇矣

白虎通諸侯封不過百里象雷震百里所潤雨同也雷者陰

中之陽也諸侯象也諸侯比王者爲陰南面賞罰爲陽法雷

也七十里五十里差功德也
五百里綏服三百里揆文教二百里奮武衛
孔傳綏安也侯服外之五百里安服王者之政教蔡傳綏服
漸遠王畿取撫安之義揆者揆度時宜之謂正義王者有文
教外服諸侯揆度王者政教而行之內文而外武故先揆文
教後言奮武衛奮者在國習學兵武有事則征討夷狄陳氏
大猷曰綏服內安中國外安邊疆也內三百里非全無武衛
文所重外二百里非全無文教武所急文教以善其生武衛
以護其生民斯安矣又曰武以衛言保護而已治世武事易

弛故奮以修之聖人不黷武亦不廢武也正義周語先王之制邦內甸服邦外侯服侯衛賓服夷蠻要服戎狄荒服彼賓服當此綏服常昭云以文武教衛為安王賓之因以名服然則綏者撫諸侯安王為名賓者據王敬諸侯為名彼云先王之制則此服舊有二名林氏之奇曰漢魏使外夷入居中國障塞之地至西晉有刘石之禍石晉以盧龍賂丹契至重貴有耶律之難綏服嚴華夷之辨萬世不易之法也

五百里要服三百里夷二百里蔡音殺

孔傳綏服外之五百里要束以文教常昭云要者要結好信

而服從化國曰要徼也邊徼也又如裳之有要所以綱統四裔夷易也無中國礼法孔傳守平常之教事王者而已故有罪曰蔡春秋傳殺管仲而蔡蔡叔是也孔傳蔡法也法三百里而差簡　正義要服之內皆有文教故孔云要束以文教則已上皆有文教可知不于此奮武衛者以要服逼近夷狄要束始來不可委以兵戍

五百里荒服三百里蠻二百里流

孔傳要服外之五百里言荒又簡畧王肅云政教荒忽因其故俗而治之簡畧于要服之蔡也　正義甸侯綏要四服俱有

三日之役十一而稅但二百蔡稅微差簡其荒服則力役田事稅並無蠻慢也禮儀簡慢甚于夷鄭玄云蠻者聽從其俗羈縻其人蠻之言緍也（蠻是緍緍是繩言蠻者以繩束物之名）流如流共工于幽州是也蔡流皆放逐罪人之地罪有重輕故地有遠近耳

正義流如水流其俗流移無常政教隨其俗（馬氏曰流行無城郭常居）林氏之奇曰記以東夷西戎南蠻北狄相對而言則有四名舉一二言者如四夷來王蠻夷率服是也此處不必拘東夷南蠻之名夏允彝曰蔡與流並在夷蠻之外則帝王之擯小人嚴于防夷狄矣苟徒驅之出境使雜居戎狄中猶懼其相誘

為非故更驅而外之也　馬氏子嚴曰甸侯綏為中國要荒已為夷狄聖人之治詳内畧外即五服名義可見治中國則法度宜詳治以必治也治夷蛮法度宜畧治以不治也觀至于五千見德化之遠及觀要荒二服見法度之不安及聖人之不務廣地而勤遠畧蓋如此

陳氏埴曰禹貢分州為貢賦設建服為諸侯朝見設蓋古以封建治天下分州以為經分服以為緯每州為二百一十國有方伯連帥以統之此其經也見大戴記朝事義至其朝則不論州而論服各隨道里遠近為疏數之限因四方而分四時此其

礼記王制九州州方千里建百里之国三十七十里之国六十五十里之国百有二十凡九州千七百七十三国而天子之元士諸侯之附庸不與焉

締也經緯紛錯所以相維而法難壞　正義凡五服之別
各五百里是王城四面〻別二千五百里四面相距為方
五千里也鄭玄以為五服〻別五百里是堯之舊制及禹
弼之每服之間更增五百里面別至于五千里相距為方
萬里禹之功在平治山川不在拓境廣土〻地之廣三倍
于堯而書傳無稱也則鄭玄創造難可據信周禮王畿之
外別有九服〻別五百里是為方萬里又地理志言漢之
土境東西九千三百二里南北萬三千三百六十八里驗
其所言山川不出禹貢之役而里數異者尚書所言據其

虛空鳥路方直而計之漢書所言乃謂著地人跡屈曲而量之所以數不同也王者革易變其法不改其地王制云西不盡流沙東不盡東海南不盡衡山北不盡恒山四海之內斷長補短方三千里者彼自言不盡明未至遠界且王制漢世爲之不可與經合也　蔡傳每服五百里五服則二千五百里東西南北相距五千里故言弼成五服至于五千然堯都冀州冀之北境并雲中涿易亦恐無二千五百里藉使有之亦皆沙漠不毛之地而東南財賦所出則反棄于要荒以地勢考之殊未可曉意古今土地盛衰

不同當舜之時冀北之地未必荒落如後世亦猶閩浙之地舊為蠻夷淵藪而今富庶繁衍遂為上國土地興廢不可以一時概也周制九畿曰侯甸男衛采衛蠻夷鎮蕃每畿亦五百里而王畿不在其中併之則一方五千里四方相距為萬里漢地志亦言東西九千里南北一萬二千里先儒皆疑禹服之狹而周漢地廣或以周服里數皆以方言或以古今尺有長短或以禹直方計而後世以人跡屈曲取之要之皆非的論蓋禹聲教所及則地盡四海而其疆理則止以五千為制至荒服之外又別為區畫如所謂

咸長五建是已若周漢則盡其地之所至而疆畫之也愚
按周礼大司馬有九畿言其有期限也大行人有九服言
其服事上也王畿即禹之甸服侯服甸服即禹之侯服男
服采服即禹之綏服衛服介于其中即綏服之奮武衛賓
服夷服即禹之要服鎮服蕃服即禹之荒服也侯甸男采
衛要服即蠻為中國夷鎮蕃為夷狄內六服去王城三千五
百里相距七千里與禹服不同然周地幅員蓋不廣于禹
之政言方行天下陟禹之跡則亦以禹跡為極特禹時四
方有不盡之地聽四夷居之不勞中國以事外故五服止

于五千耳　王制自恒山至于南河千里而近自南河至于江千里而近自江至于衡山千里而遥自東河至于東海千里而遥自東河至于西河千里而近自西河至于流沙千里而遥西不盡流沙南不盡衡山東不盡東海北不盡恒山應氏鏞曰獨言東海者東海在中國封疆内西南北海則遠在夷徼之外也南独以江與衡山為限百粤未盡開也惟河舉東西南北河流縈帶中國也自秦而上西北袤而東南蹙自秦而下東南展而西北缩言今天地勢與古違也以上應氏　易氏祓曰禹之五服計其一面之數周之九服計其兩面之數禹之

甸服千里而止言五百里是計其一面者也周之王畿與禹甸服同不言五百里而兼言千里是計其兩面之相距也禹五服揔二千五百里兩面相距凡五千里周九服每面各二百五十里通為二千二百五十里兩面相距則四千五百里并王畿千里則通為五千五百里其增于禹者五百里之蕃服耳於周之蕃服雖不列于禹貢九州之外而禹貢九州之外咸建五長東漸西被即成周蕃服之域是周之蕃服其名雖增于禹而其地未嘗增也　唐仲友曰周礼言九服祭公謀父又言五服諸見周蓋九服五服一

按伊訓云侯甸群后咸在云云
商有天下陳東西二京五服
之初周之九服大約因商
之遺

一也自鎮畿而内二畿而當一服与弼成五服至于五千無少牴牾者惟商制不可考然頌曰邦畿千里惟民所止肇域彼四海自邦畿至四海知其與禹貢周礼合也又曰自彼氐羌莫敢不來享莫敢不來王中肇來享外肇來王知其與祭公之言合也況作康誥之初周礼未制已言侯甸男邦采衛則周之因商可知矣　吳萊曰王制四海之内截長補短方三千里是天子壤地之実故周礼雖称九服周官止言六服群辟又曰六年五服一朝是則采衛以降聖人雖制之服而不必其來若職方氏掌天下之圖辨其

邦國都鄙必兼夷衛之初封人民氏族土田分器至詳至悉未有一言及附庸者然又有一說焉夫冀禹之所都冀之北境自雲中九原二千五百里且至于沙漠周之東遷洛陽爲土中曹去王城八百里猶在甸服鄭在河南密縣百七十里已爲男服蓋曹順流極便而鄭則成皋虎牢之險夫豈五服之制非若畫棋局然以定遠迩也是故幽州迩于碣石而共工流蒼梧遠于衡山而虞帝狩　章俊卿曰先儒鳥道之說竊以爲不然嘗討之王制古者百里當今百有二十一里今謂漢也是禹貢五千里即漢之六千

里也況五服之制合以東西四止為控當時堯都平陽止東至東萊之海才二千八百里止西至張掖之流沙才三千三百里是僅可以滿五服之制也而漢九千里則以遼東之海與燉煌之流沙而言遼東在東北隅燉煌在西南（燉煌古在西北）隅非其止也夫止方一尺者裒之而度其兩隅則為尺有四寸而贏五服之制舉其隅而度之宜其九千里也漢制南北萬五千里者舉朔方日南而言禹貢所届止南止及衡山之陽而日南又在衡山之南八千餘里非禹跡所及也至平陽之北不盈千里已為戎狄之地是五服之制惟

東西南三方為然北方僅滿二服而已尚何鳥道之云乎九州四正維近四隅寔遠五服之制乃舉其近蓋不欲以一時廣大之名啓後世無厭之禍也　羅泌曰虞夏之前四正彊理東至瑯琊之海西積石之河五千而縮南至衡山北泊單于府五千而羸使皆封建百里之國惟堪二千五百總并遼東渤海長城外盡契丹高句驪積石塞里水靺鞨流沙之地亦不能五千國況右百里當今百二十一里六十步烏有所謂萬區百里國哉蓋古云有萬國之制而非皆百里也呂覽言神農封建彌近彌大彌遠彌小海

上乃有十里之邦以大運小使臂使指之道也孟子曰海内之地方千里者九古之天子方三千里止矣此批王制五千里者古今鹹寡小川菉藪之通數也周世九服號七千里而戢方蓄畿為方萬里斯亦末紀之微王畿所止亦曷雲千里哉宗周八百成周六百以以百同度計言之古五服之制王城之外甸侯綏面千五百里已盡九州三千里地要荒二服綴九州外其數然也而況九州面距不齊自恒山距南河東河抵西河為各千里此則折内甸服所建然自東河至東海西河至流沙南河至江亦各千里南西二

方侯綏所建外為要荒可矣而東距海要荒已無容繫北距恒山直接邊陲雖侯綏有不得而立惟南自江至于衡山更越千里則要荒二服亦并在九州内而自衡山南盡揚域且復千里未訖南海悉為荒服南大嬴北太嶺則先王之制必有圖法豈至說者之拘哉周之西都今之関中而東都則洛陽也二都地據南山之陰北山之陽東西長南北短短長相補猶不能以千里今古不變而礼王畿四方相距為地方千里遠郊近郊甸地稍地小都大都寧相距為百里豈能容埶固知畿服諸說上世必有除補相乘

之道為疆理之定制者

東漸于海西被于流沙朔南暨聲教訖于四海禹錫玄圭告厥成功

孔傳此言五服之外皆與王者聲教而朝見正義海多邪曲故言漸入流沙長遠故言被及皆是過之意也林氏之奇曰漸如水之漸漬被如衣之被覆南北不言所至以下文四海見之王氏樵曰声教至于海濱則止何以言漸蓋海島之夷與流沙以西之羌戎咸賓貢于中國是以有虞之声教東不止于海且漸入于海中西不止于流沙又蒙被流沙之外

漸深于彼：：遠于暨朔：：方南交趾也以堯典宅朔方宅南交，訛之可見或言古時百粵未盡開，南不至交趾非也五服之境固南盡衡山之陽聲教則固訖于四海矣何得云不至交趾耶丘氏濬曰東西皆指地言南北則止曰暨見聖人向明之治自北而南日拓而遠不可限量也罗苹曰南亦海不言漸北亦抄不言被有不尽也声教及之而已聲謂風聲教謂教化訖四海言功盡加于四海也或曰訖者地之盡聖化雖無遠不入然亦訖海而止蓋天以海為華夷之限欲與声教則治之不欲與者不強治也圭瑞玉上圓下方象天地也蔡傳水土既平禹以玄圭為贄而告成功于舜水色黑故圭以玄云王氏樵曰上之與下為錫禹奉玄圭而曰錫者為舜成萬世之功不可以常辭書猶之歸舜而曰師錫蓋為天下而得人亦非常之事也愚按孔傳堯錫禹玄圭以彰顯其功史記本紀亦同此詳經之文義從蔡說為長但圭是諸侯所執以合符于天子者當時禹必膺三等之封子男不執圭故知是三等若路史禹封高密曰夏伯與地志堯封夏禹為伯邑虹則禹固伯爵也伯執躬圭象人形步俯長七寸則玄圭即是瑞玉舜錫之以象水德適為禹命之符耳漢儒五德之說自不可廢

程大昌海之還中國者在山東為東海在廣南為南海禹跡所及西至

流沙而不言西海東北至碣石而北海之名不著于經漢武帝事遠西北二海遂有身歷之者條支之西有海焉漢使嘗及之而入史後漢班超遣甘英輩親至其地至于西海之西又有大秦即斯汲國賈人之涉海商皆嘗往来若北海則又甚遠霍去病封狼居胥山其小實臨翰海即北海也蘇武郭吉皆爲匈奴所逮寘諸北海之上而唐史載突厥部北海之北更有所謂骨利幹之國在海北岸然則詩書所稱四海實球夷夏而四之非寓言也若夫西北二虜有柏海青海蒲類海蒲昌海居延海白亭海鮮水海皆並海之稱其實衆水鍾爲

大澤如洞庭彭蠡之類借海名之非真海也李吉甫謂河北得水便名為河塞外有水便名為海其言當矣朱子曰自古無人窮至北海緣北邊地長其實北海不甚濶地之下與地之四邊皆海水周流地浮水上與天接天包水與地洪邁曰海一而已地勢西北高而東南下所謂東北南三海其實一也北至于清滄則曰北海南至于交廣則曰南海東漸吳越則曰東海无由有所謂西海者詩書礼經所載四海蓋引類而言之漢西域傳所云蒲昌海疑亦渟居一澤尔班超遣甘英往條支臨大海蓋即南海之西云　江氏濬曰國家祀東海于登州祀南海于廣州皆臨海而祭西海則望祀于蒲州

北海則望祀于懷慶（記載以濟水源通北海，故祭于此）。今建都于燕，往南而祭北海，豈天子宅中之義哉？古謂青州為北海郡，青去登不遠，猶以是名。今京師東北乃古碣石淪海之處，于此立祠，就海而祭為宜。況今北鎮醫無閭山在于遼海，山既可以為北鎮，川獨不可以為北海乎？若夫中國之正西在于秦隴，西南則蜀，稍南則滇也。滇之極西百夷之外，聞有大海通西南島夷，此地在前代未入中國，今既為羈縻之地，則王化所及也，宜于雲南望祀之（楊慎亦云今滇西百夷之外有大海，在今阿瓦地，即西海無疑。又云東海之別有渤海，南海之別有漲海，西海之別有青海，北海之別有瀚海，猶五岳之外有五鎮）。

李贄曰：丘文莊

謂自南越入中國始有南海而西海竟不知所在余謂禹貢聲教訖於四海亦止據經歷統理之地而紀其四至所云四海即四方也豈真有東西南北之海如今南越之海的然可覩者哉又據見在四方論之四川天下之正西雲南其西南陝西天下之西北山西其正北皆不見有海也惟薊遼隣山東始有海山東為東方之海山東抵淮揚蘇松以至錢塘寧紹台處始為正東之海東甌至福建稍可称東南海廣東即南越地今其治為南海郡盡以為正南之海矣不知閩廣接壤亦僅可謂之東南海耳由此觀之正

西無海也正北無海也正南無海也西北西南以至東北皆無海則僅僅正東與東南一帶海耳又豈但不知西海所在耶且天下之水皆從西出西水莫大于江漢江漢從岷嶓來乃川中之水今之所指為正西也又莫大于黄河黄河緣崑崙為西番地是亦西也雖雲南之地今皆指為西南然雲南之水盡流從川中出則其地高于川中可知矣高者水之所瀉流之所始而東南一海咸受之則海決在下流之處雲南四川山陝等去海甚遠皆可知也雲南川陝之外其地更高又可知也不然何以不西注西海而

乃迤邐委迤必向東南行耶則知以四川為正西者亦就四方之勢概言之耳今雲南二宣府之外有遍洋澗机大布道自海上來者是雲南亦正可謂之東南而不得謂之西南又可知矣以是觀之正南之地尚未載之輿圖況西南耶故余謂據今人所歷之地勢而論之尚少正南與西南正北其西北正北與東北諸處者以不見有海故卜之也以天下三大水皆從川中出卜之而知其難以復尋西海于今之世也西海既不可尋則又何名何從而祀之哉水經山海經以崑崙為地之中佛書謂中国特南洲之東一隅是此謹所祖

愚按九州之地

冀青徐揚四州瀕海而皆在東偏粵東之南海則揚州南裔也今雲南之海直環出安南之境安南古南交在禹貢為正南之域越裳氏所云海不揚波即南海也自得以西海北海未見而并疑南海為無據耶導黑水至于三危入于南海則西南海也導河至于碣石入于海碣石之海在遼東則東北海也李贄本竺乾而立說故言中國止有東海耳佛氏引禹貢東漸于海謂上古聖人已知震旦之介在東偏尚有南西北海未及　又按歷代封域漢道里甚廣東西九千三百二里南北一萬三千三百六十八里東至樂浪西至燉煌南至日南北至朔方隋

東西九千三百里南北萬四千八百十五里東東南皆至于海西至且末北至五原唐東西九千五百一十里南北一萬六千九百一十八里東至安東西至安西南至日南北至單于都護（南北如前漢之盛東不及西則過之）宋東西六千四百八十里南北萬有一千六百二十里東南皆至于海西盡巴僰而無靈武北際中山而無燕雲古雍冀西偏沒爲于禹跡六大屈矣元起朔漠并西域平西夏滅女真臣高麗定南詔遂下江南而天下爲一幅員最廣號踰于古明興縱一萬九百里衡一萬一千七百五十里東盡遼左西至嘉峪南

迤于海北抵沙漠方之于漢南不盡南交北不盡朔方東不盡玄菟樂浪西不盡燉煌惟視宋則加拓云鄭端簡謂天限華夷若有意大漠限北狄流沙限西戎滄海限東戎谿嶺限南蠻然中國自漢武以來南境漸闢西北境漸蹙東如故亦古今運勢使然歟

金氏履祥曰天地常形固勻連貫通然亦各有脉絡若以脉絡之可見者言之崑崙四垂而為海皆天下諸山皆起于崑崙而崑崙無定名地之最高山之所聚江河諸源之所出即崑崙尔崑崙之上綿亘糾繆勻連盤互其南為岷

山其北為積石其東為西傾朱圉鳥鼠諸峯其西北諸山尤為紛錯河之所以北弱水之所以西黑水之所以南皆是也惟江淮河漢行乎中國自崑崙之東北言之則自積石而北為湟水星海青海以至浩亹皆河源也入匈奴以東為陰山又東南自代北雲朔而南趨為北岳以至大行為北之脊壺口雷首太岳析城王屋皆其群峰河之折而南汾晉諸水之所以西入河涿易漳滏恒衛之所以東入海也分而東趨者行嵩燕之北為五関之險以至营平而為碣石此北络也自崑崙以東言之則東為西傾而洮水

出其北入河桓水出其南入江又東為朱圉鳥鼠諸隴則為渭之源自渭源以北即夾河源而北以東若岍岐若荆山諸峯涇水漆沮諸源也自渭以南即西傾而下諸峰亘為終南屹為泰華東北為殽陝東南為熊耳外方伊洛之源又南為桐柏淮源以達于淮泗諸山此中絡也又自西傾朱圉而南分為嶓冢漢源夾漢而趨者北則終南蔡熊諸隴南則蜀東峰說者謂蜀東諸山皆嶓冢止謂其岡岫綿亘尔又東則為荆山內方此中洛之次也自崑崙之東南言之是為岷山江源夾江而東者比支則西傾以南嶓

冢以西之脉爲桓水西漢水嘉陵江諸源其南支即南趨爲蒙蔡諸山青衣大渡馬湖江諸源又東包涪黔一盤而北爲三峽其東出者包絡九江之源中盤中爲衡山其再盤而北爲彦阜其嶺之東出者又爲袁吉章貢盱信諸江之源至分水魚梁嶺三盤而北過新安崎天目盡界潤凡再盤之間其水聚爲洞庭三盤之間其水聚爲彭蠡三盤以東則南爲閩浙北爲震澤此南絡也惟泰山則特起東方横亘左右以障中原此所以爲異歟大抵水者山之液故山盤而水之源出焉所以聚爲川流之盛地道以勾連

爲問故山東而水之流壅爲所以資其疏闢之功此其大約也按易曰地勢坤坤順也禹之行水也行其所無事也所謂順也一篇禹貢不出地勢二字而禹之道則順之一言足以盡之金氏之說於地勢頗有發明故備載之

眉隆曰大地之形西北高東南卑故百川東之然亦就其通于東海者而言崑崙天下之中山形最高東西南北皆下崑崙以東江淮河濟諸水皆東流流沙以西水皆西流南自吐蕃而廣水皆南趨北即沙漠直北地勢又漸低水皆北流大海之量水皆歸之而不盈止以尾閭洩之從地下空處轉輸復從西而東故曰如沃焦釜非謂水至此盡

焦竭也。［記］六祖佛書

瀚海在北徼，以崑崙為地之中。佛書以中国為南洲之東一隅，五行禹貢之東漸于海，謂中土聖人亦知寰宇之中不在東偏，而有南西北海來矣。

歷代輿圖之廣，識無加于禹迹，然禹之所成功者，惟在敷土區畫之定，為之奉則壤成賦之法，為之經維。若夫闢土居疆，傳言遺畏，此秦皇漢武之所事也，王者何庸心焉。